"十二五"国家重点图书出版规划项目

顾问：刘魁立 马盛德
主编：高丙中

"心上"的日子
关于西和乞巧的情感人类学

The Daily Life of Heart:
An Anthropology of Emotion on Qiqiao of Xihe

宋红娟 著

图书在版编目（CIP）数据

"心上"的日子：关于西和乞巧的情感人类学/宋红娟著.—北京：北京大学出版社，2016.3
（写文化丛书·中国非物质文化遗产报告）
ISBN 978-7-301-26999-2

Ⅰ.①心…　Ⅱ.①宋…　Ⅲ.①风俗习惯—人类学—研究—西和县　Ⅳ.①K892.442.4

中国版本图书馆 CIP 数据核字（2016）第 049837 号

书　　　　名	"心上"的日子——关于西和乞巧的情感人类学 "Xin Shang" de Ri Zi
著作责任者	宋红娟　著
责 任 编 辑	董郑芳（dongzhengfang12@163.com）
标 准 书 号	ISBN 978-7-301-26999-2
出 版 发 行	北京大学出版社
地　　　址	北京市海淀区成府路 205 号　100871
网　　　址	http://www.pup.cn
电子信箱	ss@pup.pku.edu.cn
新浪微博	@北京大学出版社　@未名社科－北大图书
电　　　话	邮购部 62752015　发行部 62750672　编辑部 62765016
印 　刷 　者	三河市博文印刷有限公司
经 　销 　者	新华书店
	965 毫米×1300 毫米　16 开本　15.25 印张　201 千字 2016 年 3 月第 1 版　2016 年 3 月第 1 次印刷
定　　　价	46.00 元

未经许可，不得以任何方式复制或抄袭本书之部分或全部内容。
版权所有，侵权必究
举报电话：010-62752024　电子信箱：fd@pup.pku.edu.cn
图书如有印装质量问题，请与出版部联系，电话：010-62756370

图一 晨曦中的西和县城

图二 到纸货铺挑"巧娘娘"

图三 接"巧娘娘"仪式

图四 重新装扮"巧娘娘"

图五 "巧娘娘"香案

图六 巧芽

图七 女娃娃们在行情

图八 中年妇女在行情

图九 行情途中的女娃娃们

图十 晚霞湖水库上的巧娘娘塑像

大约一百年前,主张社会改良的《新社会》杂志上刊登了一篇题为《我们今后的社会改造运动》的文章,作者如是说道:

> 可怜!我们出京城十里地外,看他们土著的人民,真是过得上古的生活!他们的顽固,愚蠢的程度,真是达到极顶!最浅近的科学知识,他们也是一些不知道,何况是现在的新思潮了!……乡僻的地方实在是一个最需要改造运动的,也是一个最容易受运动的影响的地方。

差不多一百年后的如今,当我的好友、家人和同学得知我远去甘肃某县城进行为期一年的田野调查时,他们似乎事先串通好了一般,以一种异口同声的语气追问我:你为什么选择去那里做调查、那里有什么好调查的?!为什么不选择一个山清水秀的地方?那里全都是黄土吧?那里很贫穷吧?那里的人是不是依然住在窑洞里?

大概两年前,我来到遥远西北的一个小城,跟随那里乞巧仪式中的烟雾缭绕与歌声悠扬,进入了小城的万家灯火,有幸体悟着小城里人们的情感世界,并为他们日常生活的艺术感动着。这本书的写作,大多是基于这样一种诉求:借助当地人的情感世界展示小城西和的地方文化的丰富性和复杂性,认为不管是文化体系还是社会结构,我们都不能将其视为铁板一块,更不能因此妄言和假设它们的单一与落后。

目 录

引言　乞巧与"心上" …………………………………………… 1

第一章　田野情愫与情感的奥秘 ……………………………… 11
　　第一节　田野 ………………………………………………… 11
　　第二节　背景与词汇 ………………………………………… 21
　　第三节　情感人类学 ………………………………………… 27

第二章　日常生活与定向性情感 ……………………………… 45
　　第一节　家庭礼仪 …………………………………………… 46
　　第二节　当地的人观 ………………………………………… 53
　　第三节　女性想象与女性角色 ……………………………… 59
　　第四节　西和女性的定向性情感 …………………………… 62

第三章　前奏：离开之梦的魔力 ……………………………… 65
　　第一节　站在门坎上 ………………………………………… 65
　　第二节　多重奏的空间 ……………………………………… 70
　　第三节　年龄组 ……………………………………………… 77
　　第四节　生活技艺的媲美 …………………………………… 82

第四章　开端："乞巧娘娘" …………………………………… 95
　　第一节　"看日子"：西和人的时间观念 …………………… 95

第二节　仪式中的集体情感 ································· 102
　　第三节　社火与男人 ····································· 114
　　第四节　"集体情感"及其局限 ····························· 122

第五章　狂欢："狂巧娘娘"与非定向性情感 ····················· 126
　　第一节　轻与重 ··· 126
　　第二节　"心上"与"狂耍" ································ 134
　　第三节　"狂巧娘娘" ···································· 140
　　第四节　耍社火 ··· 167
　　第五节　非定向性情感 ··································· 174

第六章　落幕："谢将"中的最后狂欢 ··························· 178
　　第一节　时间禁忌 ······································· 179
　　第二节　最后的狂欢 ····································· 185
　　第三节　"上台"狂欢？ ·································· 193

第七章　结语　乞巧与"心上"的人类学意义 ····················· 200
　　第一节　西和乞巧的多重维度 ····························· 200
　　第二节　消极情感与积极情感 ····························· 205
　　第三节　情感自觉与社会主体 ····························· 213
　　第四节　来自情感人类学的启示 ··························· 224

参考文献 ··· 227

"是石头要开花的时候了"(代后记) ····························· 232

引 言

乞巧与"心上"

从一首山歌说起

> 唱过穿了唱戴哩,
> 唱我心上的畅快哩。
>
> 没唱穿,没唱戴,
> 一唱心上一畅快。

这是我在西和读到的一首山歌,它一下子将我带入了有关"心上"的思考,并贯穿了本项研究的整个心路历程:"心上"与"唱"有何关系?为什么一唱"心上"就畅快了?为什么"心上"的畅快能够被唱出来?究竟该如何理解"心上"?

西和乞巧中有大量的歌曲与各类仪式相配,西和人叫它"乞巧歌",与当地的山歌稍有不同,"乞巧歌"包括祈神性和娱乐性两类。看西和女性乞巧时,常听到这样的说法:"晚饭后,来巧娘娘这狂一下,心上就亮清了",在她们看来,乞巧与唱山歌一样,都可以用来处理"心上"的问题。

"狂""亮清"和"心上"都是西和俚语,其中最好解释的是"亮清",

指心情不错。"狂"①记音 kuang（阳平）兼表意,有玩耍的意涵,"心上"就是心情;不过,在后来的一年参与观察中,我发现"心上"与"狂"远非字面意思这么简单。这一感触最初来自于杨兰花的故事,她是我房东家的邻居,也是北关村乞巧的牵头人之一;乞巧期间,我会帮她做一些力所能及的小事,比如陪她去买东西、帮忙记一下账,她也开始悄悄地向我诉说起自己的怨愤。她说因为乞巧,一直和儿媳妇闹着别扭。杨兰花是位七旬老人,和老伴跟着小儿子一起住。平日里,她要照顾老伴,也要替儿子媳妇照顾两个孙子;儿媳妇和自己的关系还算可以,但准备乞巧的那些天里,儿媳妇忽然对她冷嘲热讽起来,说她那么大岁数了还出去唱啊跳的,也不怕人笑话。又过了些天,儿媳妇开始阻止杨兰花去乞巧,她说孩子在学校暑期班补课,正是长身体的时候,你去乞巧,谁来给他们做饭！杨兰花最终没有妥协,老伴支持她、鼓励她出去乞巧。杨兰花告诉我,有天下午一点多,她还在乞巧点忙活,忽然感觉很饿,就回家吃点东西,哪知等她回去后发现儿媳妇早已将锅洗尽,她说那天下午她好伤心。

杨兰花的这次伤心绝不单单是因为乞巧,这些矛盾应该充斥于她的日常生活,类似的冲突难免在她心底产生诸多悲伤;不过,她也跟我说,只要到巧娘娘这里来"狂"一下,"心上"就"亮清"了许多。这引发我对"心上""狂"以及"乞巧"与"心上"关系的进一步思考。

首先,"心上"是心情,也就是人的情感范畴,是具有社会性的,即心情的好坏并非单纯地源自个体自身,而更多的是源于人际互动。"狂"是人的行为范畴,是可见的,包含着远离、放松、休憩的趣味,"乞巧"具有"狂"的内涵,"乞巧"是"狂"的文化形式之一种。其次,"心上"与"狂"这两个范畴之间相互区隔又相互联系,情感要借助"狂"的行为进行抒发,对"心上"的重视是西和人"狂"的精神内涵的透彻流

---

① 关于这个"kuang"字,西和当地的学者持有两种观点,一种观点主张用现代汉语中的"逛"字,偏于表义,《西和县志》中便使用"逛"字;另一种观点认为"狂"字更合适,既可以记音又可以表义。在与他们的讨论中,我倾向于第二种观点,认为"逛"字不能涵盖 kuang 的意涵,于是用"狂欢"中的"狂"字,表示超越正常生活状态的一种心态和带有娱乐性质的文化形式。

露。最后,不论是山歌、乞巧歌还是乞巧本身都具有一定的开放性,这种开放性尤其通过主体而面向日常生活范畴,它们能让人借以处理源于人际互动的心情问题,因此,对于乞巧与"心上"问题的考察,就要超越乞巧仪式本身的范畴,将其置于日常生活和社会生活之中来理解。

就乞巧本身而言,它包含着两套话语,分别是关于神的话语和人的话语。乞巧的对象是当地的一位女神"巧娘娘",专司世间女子的心灵手巧,有意思的是,巧娘娘在当地庙宇中没有塑像,因此,西和乞巧衍生出一套复杂的接神、送神仪式。"乞巧"是文人雅士的用词,西和人在一般情境下都说"乞巧娘娘",但有时也说"狂巧娘娘",后者与当地"狂"的概念一致。本文借用"乞巧娘娘"和"狂巧娘娘"将乞巧分为两个部分来看待和讲述,前者是关于神的话语,后者是关于人的话语,后者是研究的重点,但前者是后者的基础并对之有神学意义上的约束性。

从仪式主体来看,乞巧是西和女性的节庆仪式活动,她们在乞巧这个文化形式中,是通过可见的行动("狂巧娘娘")来表达不可见的内在情感世界。费孝通先生(1998:43—47)在《乡土中国》里曾有一段颇为有趣的论述。他说在乡土社会里,人们的感情生活是被压制的,特别是男女之间那种奔放不羁且充满变数的情愫表达;为此,乡土中国设计了一套男女有别的机制,阻隔男女之间的情感交流。男子们不常留在家里,有事在外,没事也在外,茶馆、烟铺甚至街头巷口都是他们寻找情感安慰的消遣场所,在那里有说有笑、热热闹闹。费孝通指出,男女有别的界限使中国传统的感情定向偏于向同性方面发展,即男的和男的在一起,女的和女的在一起。但是,对于女子们如何进行情感的抒发和表达,费先生却颇为惜墨。虽然我有幸与之相遇的小城西和与昔日的乡土中国早已大相径庭,但是在读到费先生着墨于男子们在街头巷尾有说有笑的场景时,我依然不禁遐想,一个社会再怎么压制人的情感表达,却又在别的地方为其留出空间。当我沉浸于西和乞巧的狂欢与喧嚣时,我便在思索类似于乞巧这样的女性节日,对于西和的女子们到底有着怎样的意义?

礼仪与情感:一个有关"盘缠"的故事

2010年9月6日这一天的上午,我在西和寄住的赵叔①家里非常热闹,不停有人进出,像是一个短小仪式的前奏;是的,我正是这个仪式的主角,这一天,我结束了田野,将要离开。这一天,西和的朋友们陆续来话别,让我惊讶的是,他们每一位在起身离开前都塞给了我一些钱,并用几近相同的口吻对我说:钱不多,一点心意,拿着路上当盘缠吧。那天,我总共收到了1100元钱。

看着钱包里的这些"盘缠",我感到有些沉重。赵叔说这是因为他们早已把我当成自己人了,让我收起这些"盘缠",要理解朋友们的心意。这让我欣慰,因为这毕竟是自己在整整一年田野中想要的状态,但是,作为一个终究要离开的外来者,我觉得自己还是承受不住这些"心意"的重量。这让我回想起,就在几个月前,我还曾饶有兴趣地注意过一个与"盘缠"有关的故事;没想到就在离开时,我也与故事的主人公慧美一样,被"盘缠"置于如此的困扰当中,内心生出如此复杂的情绪来。

慧美是一位年长我许多的家庭主妇,在西和的日子里,她曾像母亲一样给我无微不至的照顾;我们是在我刚到西和,看慧美他们村乞巧时认识的,她看我是个外地的女学生,觉得很不易,心生怜惜。西和人喜爱吃面,很少吃米,如果她家里哪天做米饭便会叫我过去,渐渐地,我成了她家里的常客。她丈夫是老大,有个妹妹,慧美告诉我,不知为什么,她总是和小姑子处不好。有几天,慧美闷闷不乐,她对我说,小姑子的儿子考上了大学,丈夫和她商量哪天要去妹妹家里坐坐,坐坐就是给钱的意思,慧美说她不愿意去;因为丈夫要给外甥600元钱,这让慧美心中不平,她说当初儿子上大学时,他们才给了200。之后的一天晚上,在我跟他们一起到妹妹家去,慧美丈夫把600元钱放到外甥手上时,说的竟然也是"钱不多,拿着路上当盘缠吧!"

---

① 关于本书中提到的所有人名我都尽量做了处理,我所起的化名,一是为了避免侵犯到他们的隐私,也是为了突出我对他们性格,甚至他们在家庭和社会中角色的理解和概括。

我一直在想,为什么把"钱"换言为"盘缠"?我想是要在锋利、裸露的金钱上面加入人情与心意,人情中包含着的是礼仪,或者反过来讲,给钱是人情与心意的表达;但不管是哪一种意思,给盘缠总归成了一种仪式。在西和,给"盘缠"是一个司空见惯的事情,盘缠建构的是一套基于礼仪的互惠机制,只要处在一定的社会关系中,人们就会自觉地进行相应的礼仪行为,认为是理所当然,反而是倘若没有践行,心里倒是会生出担忧;这是一个地方的文化习俗,它让人们知道在哪些情况下应该践行哪些礼仪,西和人把这叫做"按照规程办事"。看起来,这是一种可行的分析方式,往下继续的话,可以从这个小小的"盘缠"过渡到对社会关系、社会互动的探讨,这是一种典型的功能主义视角;但是,在我与慧美,这个具有鲜活生命的家庭妇女长久相处中,我又感知到她丰富的内心情感世界,看到了她在践行社会礼仪规范所要求的行为过程中内心的矛盾与挣扎。一方面,我觉得礼尚往来、遵循社会礼仪规范是一件可以赋予人美德,也是值得共同体中每位成员去做的事情,但另一方面,我又觉得慧美的犹豫和不满也颇有道理,也值得同情和理解。

那些天里,我几乎天天与慧美见面,她一直在跟我唠叨着这个事情,我能感觉到,她被这件事情困扰住了,而且,困扰她的不单单是这一件事,还包括由此引发的一连串回忆。有时候,慧美的回忆甚至可以延伸到几十年前,她刚嫁进来时,与小姑子、公婆,甚至与整个家庭的矛盾,自己对这个家庭做出的牺牲和所得到的不对等甚至是相反的回报。我感觉到,慧美的情绪很波动,她常说,"心上熬嘈着"[①]。慧美心情不好的时候,会找她娘家姊妹诉说,有时候也跟我说一些。我注意到,如果她和我们诉苦的时候,丈夫回来了,她就会立刻停住,我想这就是所谓的"说悄悄话"。其实,我觉得慧美的丈夫并不是没有感觉到慧美在这些天里的不满,但有意思的是,慧美却不能将这个大家都心知肚明的情绪直白地表露在丈夫面前。

---

① "熬嘈"是西和方言,心烦的意思。

在决定哪天到妹妹家坐坐的事情上,慧美找了各种借口来推延,其实,丈夫对于这种推延的行为了然知晓,终于,那天晚饭后,丈夫说,你不去的话,我就一个人去了,你爱去不去。慧美很清楚,这是丈夫下的最后通牒,如果她真的不跟着一起去的话,那势必要引来一场家庭风波。在某些场合,夫妻二人不同时出现,往往会被误认为家庭之间出现了裂痕。最后,慧美不仅要跟着丈夫一起去,而且要表现出很关切、很真心的样子,她的犹豫和不满,或者说并非发乎情的登门,都没有表现出来;在小姑子家里,我看到慧美是一位出色的"演员"。

礼仪对人的约束性,并不是在内心,而是在行为,不管慧美是否愿意,她必须践行相应的礼仪,那是她作为社会角色应该有的行为。但同时,我也注意到,慧美自始至终都无法,也不能说出自己心底的不满,那么,可以说礼仪又通过行为来规训人的内心。从另外一个方面看,在礼仪照常被践行的时候,与礼仪相应的情感有可能已经不在了,甚至引发出相反的情绪来。反过来说,这种情绪确实又是礼仪的约束性促成的,但又被排斥于礼仪空间之外。费孝通(1998:43)在论述乡土中国时,提出一个"感情定向"的概念,他说"感情定向"是指一个人发展他感情的方向,而这方向却受着文化的规定;也就是说,情感不止是个人性的,它具有社会性,喜怒哀乐是生理现象,但又是发生在人事圜局之中,又是一种社会现象。

我觉得费孝通先生这个有关感情的定义,正好是指慧美在丈夫,以及小姑子家人面前所表现出来的那种得体的情绪,它与礼仪一样,是文化规定的、社会允许显现的部分;至于慧美在我和她姊妹面前诉说时说表现出来的那种抱怨情绪,就是"感情定向"之外的部分了,是社会所不允许的,但是又与得体的礼仪相伴生的部分,是潜在的、隐性的部分,我称为"非定向性情感"。不过"感情定向"在这里也同样具有启发性,类似于慧美那种逃逸于礼仪之外的情感,它虽逃逸于礼仪,但又来源于礼仪,同样也是发生在人事圜局之中,是一种社会现象,同样受着文化的规定,也有相应的文化形式加以表达,这样的情感也同样具有社会性。

看起来,这个社会是在用礼仪来严肃地规范人的行为,尤其是女人,她们对于家庭的抱怨,往往只能选择说"悄悄话",这让我意识到,慧美内心那些"非定向性情感"就是通过"悄悄话"来宣泄的;"悄悄话"其实成了一种表达机制,构建起一种特殊的表达空间,它脱离礼仪,飘逸于礼仪之外,是一个相对自由的社会空间,人能够在其中表达平时被社会规范阻止的怨愤和不满。但是,这又并非一个颠覆性的空间,同样,这种表达也不强调其颠覆性的力量,就如慧美,丈夫一回来,她就立刻停止我们之间的对话;除非是实在无法容忍和接受的事情,不到万不得已,妻子不会和丈夫撕破脸皮,因为她还要与丈夫继续过日子,而且要把日子按部就班地、好好地过下去,这是生活的重心和生命意义之所在。在义务与内心情感之间徘徊、纠结,怎么样既履行了社会要求的应该做的事情、露出社会所要求的得体的面部表情,同时又达到自己内心感受的平衡,这是一种生活的艺术,也是一种生活方式,更是一种价值观念。这是我在田野中关注的问题。

顾名思义,"悄悄话"就像窃窃私语,是要低声地、偷偷地说,不能让当事人听到;其实,在当事人不在场的情况下,"悄悄话"就不再是窃窃私语,而是毫无约束的宣泄,是声情并茂,甚至是连哭带骂,全然不顾地、通透地发泄心中的委屈和不满。有的时候,这样的"悄悄话"还可以借助一些大声的、张扬的甚至夸张的场景来诉说,只不过,在这些场景中,"悄悄话"往往是以隐喻、象征的方式出现;"悄悄话"就像一串絮语,是这些场景的暗流,倘若我们不用心去聆听,很难发现那些庄重、严肃或者绚丽的场景背后那些复杂的情感曲调。这些让"悄悄话"融贯其中的场景可以被视为情感表达的文化形式,它们可以是临时建立的空间,比如慧美与我诉说委屈时我们二人构成的空间,也可以是仪式、节庆,这类集体性的、具有特定文化规则的活动;总之,它们是一个社会中,基于人们的经验而形成的约定俗成的表达方式,人借之表达情感,但这并不表示人们是被动地接受文化形式,作为具有能动性的主体,人们也会对文化形式进行修改,这就表现为文化形式的历时变迁。西和有很多这类用于情感表达的文化形式,西和乞巧就是其中之一。

慧美是西和女性中的一员,她与很多人一样,都非常喜爱乞巧;但是,我们在研究西和乞巧时往往会只关注乞巧的文化形式或者是社会功能,对于乞巧的人,诸如慧美,她们这些鲜活的人的关注是不够的。总体而言,传统的人类学仪式研究对于仪式主体的关注是不太被注重的;人类学研究仪式最终是要落实在对人的关注上,还是落实在对那些充满理性气质的外在体系的关注上?这是一个值得我们重新思考的问题。

"心上"与涂尔干的"集体情感"

"集体情感"是涂尔干在谈社会团结理论时反复提到的一个概念。他认为社会团结的动力内在于人性当中,并将人性区分为社会性和个人性两个方面,二者是相互矛盾的;社会性能够引导人从个人性中超越出来,面向一种超越个人的更高的善,个人性中蕴藏着深层的危机,它具有变动不居的特性,这一点恰恰会干扰人进行超越,但其中同时也存在着一股潜在的力量,它可以扭转甚至改变个人性的特质,这股力量正是"情感"。但是,涂尔干(2006:399)同样用一种二元的方式将人的情感区分为两种,分别是"集体情感"和"个体情感";"集体情感"是指集体中每一个人都具有的相同的情感,这种情感是外在力量(社会)在人身上作用的产物,因此也叫做社会情感。集体情感通过周期性的仪式活动可以转化为集体意识,而从促成社会团结。而"个体情感"关心的是一己之利,不但不能帮助人朝向更高的善,反而会阻碍这种超越。因此,涂尔干认为在对社会团结的追求中,必须依靠集体情感、压制个体情感。

涂尔干关于集体情感和个体情感的划分是与其圣/俗二分思想一脉相承的。涂尔干(2006:34)用神圣和凡俗两个范畴对世界进行了二元式划分,他在《宗教生活的基本形式》中指出:"整个世界被划分为两大领域,一个领域包括所有神圣的事物,另一个领域包括所有凡俗的事物,宗教思想的显著特征便是这种划分。神圣事物与凡俗事物之间区分的标准是异质性,而且这种异质性是绝对的。"涂尔干认为神圣的领域是社会赖以形成的基础,神圣与凡俗之间不能相互浸染,这主要是神圣不能沾染凡俗事物,否则其神圣性将会受到污染;而凡俗事物内部具有一种朝向神圣的能力,凡俗事物在外力(宗教、社会)的指引下能够转变为神圣事物。很显然,神圣和凡俗在涂尔干这里形成了一种等级秩序,神圣事物高高在上,凡俗事物处在其下,这一秩序允许自下而上的流动,但却杜绝自上而下的变化;总之,"集体情感"属于神圣事物的范畴,"集体情感"和神圣事物处在秩序的顶端,而"个体情感"和凡俗事物是被贬低的。

西和的地方性概念"心上"同样也是一个指涉人的情感范畴的概念,但它既不同于"集体情感"也不同于"个体情感",人们在神圣的仪式中和凡俗的日常生活中都可以使用这个概念。在西和乞巧中,人们在接神、祈神、送神的仪式活动中,身体姿态和面部表情都异常严肃,她们相信所祭拜的女神巧娘娘是在场的,如果仪式在细节上出了差错或者乞巧者的心情不够虔诚和真挚,整个乞巧活动将告失败,这会给自己、一起乞巧的人、各自的家庭乃至整个村庄带来灾难;特别是在送巧娘娘归天的仪式中,悲伤和不舍的情绪充斥着每一个人。这种由象征和心理一起营造的神圣感将所有成员凝结到了一起,她们心中饱含着一种浓厚的集体情感。这种情感的确可以将参与者从日常生活中抽离出来,暂时告别在家庭中的身份、责任和义务,就如喜爱乞巧的杨兰花那样,在乞巧中她不再是儿媳妇的婆婆、孙子的奶奶、丈夫的妻子,而是一位掌握重要知识的仪式组织者,受到村民、仪式参与者的尊重和敬仰。她在乞巧仪式中体验到的情感和其他乞巧者一样,朝向一种神圣的情怀,为村庄、县城和国家祈福。

但与此同时,乞巧参与者在仪式活动中所感受和生发出来的情感却又不仅仅如此,她们也会在乞巧中诉苦,诉说平时在过日子中所受的诸多委屈,比如惠美就会在乞巧中跟朋友们讲诉自己和小姑子的不和、丈夫对自己爱不如他对家人的爱、和丈夫家人之间的矛盾,等等。很多类似的情感都会在乞巧中得到宣泄,乞巧参与者也能够相互地理解彼此的感受,大家聚在巧娘娘那里,唱一唱乞巧歌、讲一讲家长里短,总是会觉得"心上亮清了许多"。

至少从表面上看,西和乞巧与地方性概念"心上"既有"集体情感"也有"个体情感",既包含了神圣的范畴也包含了凡俗的范畴,这两对概念并未像涂尔干所说的那样,完全处在两种不同的空间之中。那么,这本民族志的经验是否有助于我们重新去思考涂尔干的情感理论呢?如果可以,将会有哪些新的突破点?

第一章

田野情愫与情感的奥秘

第一节 | 田野

  大约是在我住到赵叔家的三个月后,一个清晨的半睡半醒中,我隐约听到一阵来自童年时的声音,那是专属于每个家庭在早晨打开新的一天生活时的声音,有哈欠声、锅碗瓢盆的撞击声、扫帚清扫庭院的淅淅声,继而,仿佛听到了母亲在叫我起床;感觉如此清晰,如同真实,朦胧中我努力地辨别自己身处何处,这就像小时候,妈妈带我到外婆家,我总是在早上醒来,看着陌生的房顶,要花很长一段时间才能弄清楚自己在哪里一样;既有熟悉的感觉,又有陌生的景物,等到我挣扎着终于清醒时,看到屋子里的景象,才知道自己原来是在赵叔家的炕上,我在西和。这种熟悉与陌生的交替贯穿我的田野始终,虽然时常会有在家的感觉,但我知道自己也只能努力地贴近,却不可能成为他们。

"拜女子"

  清晨一起还喝茶,
  中午你就要回家。

> 虽然不曾说再见，
> 鼻子早已在发酸。
> 来家居住才几天，
> 融入家庭是一员。
> 鲲鹏欲将展大翅，
> 高高兴兴送你去。
> 人生相聚皆是缘，
> 除夕等你再团圆。

到西和一个月零七天后，我找到了一个可以接纳我同住的人家，在赵叔家住了大概一个月，由于学校里的事情我需要短暂离开西和，上面这段文字便是我坐在返京的火车上时赵叔发来的手机短信。

2009年9月20日的上午，我在西和一家家庭旅社接到刚认识的一位朋友电话，他让我把行李收拾一下，可以搬到他姑姑家去了，这一家便是我在西和一直寄住的赵叔家。赵叔家在北关村三社，紧挨着闫家场；后来，北关人总跟我说起，赵叔夫妻俩是出了名的热心人，我把赵叔的爱人叫做荣阿姨，三社的妇人们乞巧，常会把场地选在他们家。他们专门腾出了家里的西房给我住。

有一天傍晚，我像往常一样，准备出去到小吃铺上买点晚饭，赵叔叫住了我，他问我怎么不在家里吃饭，他说，不在一起吃饭就不像一家人，自那以后，我就开始和他们一起吃饭，直到我田野结束离开西和。一天晚上，赵叔叫我到他们的屋子里，邀请我到炕上去，赵叔告诉我，"上炕"是西和人的礼节，西和气候偏寒，大家都是坐在炕上说话。几天之后的一个上午，阿姨让我把屋子里的地扫一下，语气就如对她的女儿一样；再后来，她开始让我陪着去进货、订货，也开始让我到她的小卖铺里帮忙，比如卖东西、收钱、整理零钱。

刚到赵叔家，邻居来串门问起我时，他们总是不知道该怎么解释，只能由我来回答说，我是学人类学的，专业要求需要住到人家里，但是，我发现解释完之后，他们似乎还是一脸茫然，而我自己也觉得这样的话说起来很费力；后来，赵叔夫妻俩去亲友、邻居家串门时，开始叫上我,我也借此与更多的人熟悉起来。

一个深冬的晚上,赵叔夫妻俩要去探望一位好友,顺便带上了我。到了友人家里,一阵招呼寒暄,待我们坐定之后,女主人便用困惑的眼神打量起我,当她问起我是谁时,赵叔和荣阿姨说我是他们的大女儿;当年刚结婚的时候在外面偷生的,一直寄养在远方的一个亲戚家,今年才敢接回来住几天。对于夫妻俩的平静叙述,不仅女主人表露惊讶和难以定夺的神情,我也着实有些吃惊。最后,赵叔的好友对妻子说那是赵叔夫妻俩编的骗你呢,女主人才恍然如释。不过,赵叔接着对他们说我是他们收养的一个"拜女子",跟自己的亲生女儿也差不多。"拜女子"是西和方言,就是干女儿的意思。西和人有认干亲的习惯,而且颇为盛行;刚出生的孩子如果总爱伤风感冒、身体纤弱的话,父母就要找个阴阳先生询问一下是否要给孩子认个干亲以及找什么属相的夫妻合适做孩子的干父母。① 另外,在抚养孩子的过程中,如果发现孩子与父母一方或双方不和,比如儿子看到父亲便哭、女儿总是与母亲拌嘴,这种情况下,西和人就会说要给孩子认个干亲。当地也流传不少这样的故事,谁家的孩子体弱多病或者是与父母不和的,认了干亲之后,真的就变好了。西和人非常重视干亲关系对于抚养孩子的功能,他们相信是干亲关系保佑了孩子的顺利成长、修正或冲淡了自己与孩子之间的不协调关系。

至于赵叔忽然在友人面前说我是他们的"拜女子",这又是区别前面所讲的另外一种情况,而单单是要建立一种特殊的关系。而且,上面所讲到的两种认干亲的情况最终也导向这种特殊社会关系的建立。从那天起,当别人再询问起我的身份时,不论是赵叔家,还是我自己,都会说我是他们的"拜女子",而不再说是一个学人类学的学生。此后,我不仅在赵叔家里获得了"拜女子"的身份,我也开始随着赵叔家孩子的辈分称呼到家里来的亲友和邻居。与此同时,当北关村的人再提起我时,也大多会说我是赵叔夫妻俩的"拜女子",只有在一些特殊

---

① 西和人把干爹叫"拜大"、干娘叫"拜娘"。

的场合才会说起我作为调查者的身份。

我发现,就在他们寻找以何种身份来认识和称呼我的过程中,我也逐渐找到了如何观看他们、理解他们生活的视角,也意外地触摸到许多动人的情感故事。

小城西和

2009年8月13日至2010年9月6日,我在甘肃省东南部的一个叫做西和的县城完成了田野调查。就像八百里秦川的缩影,西和小城也是在群山之中一块相对宽广的平地上发展起来的聚居地;恰似一条南北飘起的丝带,西和县城南北走向,东西两旁依山而立,分别有隶属道教的朝阳观和佛教的白灵寺,西汉水的支流"漾水河"穿城而过,与白水河在城北相遇。小城里共有两条主街道,当地人把其中一条称作"街上",另一条后修的叫做"背街"或"二马路";①从县城最北面走到城南约二十分钟,从东到西则仅需五六分钟左右。县城坐落的城关镇为汉源镇,但并非整个汉源镇都是所谓的"城里",被叫做城里的主要是其中五个社区,自北而南分别为北川、北关、中山、南关、大水街。县城内最大的交易市场是北关村北面、白水河边上的"西和县商业街",当地人一般叫"北商场",县政府也曾在南关村建了一个类似的商业街,以平衡交易活动,但建好之后,人们还是习惯到北商场购置物品,现在,南关的商业街变成了木材交易市场。北商场每月初一、三、六、九逢集,商场内主要包括服装、家居用品、菜市场、丧葬用品等;一般小城里的所谓城里人,他们主要去的是菜市场,至于服装市场和家居用品,他们很少光顾,他们说,那些都是乡下人才去的地方,城里人要在街道上的店铺买衣服,甚至连做饭菜用的配料,他们也有所区别地选择在街上的铺子里购买,而不到北商场里的店铺去买。

---

① 这两条马路,在当地人看来是有主次之分的,不单单是因为"街上"较为繁华、铺子租金较高,"二马路"相对冷清很多,也因为"街上"这条主街道代表上位,这体现在很多细节中。比如,民间自发的社火队伍,如果在街道上相遇,谁走主街道、谁走二马路是很有讲究的,双方也会为此发生争执。

从居民的构成上看,北川和大水街是 70 年代以来才慢慢发展起来的两个社区,居民大多是来自乡村的移民,以前,这两个地方都是城里人的庄稼地。北关村的生意人比较多,中山村则集中县政府的主要机构,县城里的学校主要集中在南关。小城内的庙宇包括东面观山上的朝阳观、西山隍城上的白灵寺、北关的泰山庙和清真寺、南关的城隍庙、大水街的天主教堂和基督教堂。西和人说,民国之前,他们以成都为经济文化的中心,新中国成立后,始以北京为中心;现在,西和城街道旁的很多商铺,特别是服装和鞋铺大多是四川人过来开的。

现在,除了部分的回族和白马藏族之外,西和大部分都是汉人,总体上是一个汉人社会。西和县城建置的历史沿革为,秦代属西县、武都县、上禄县;汉武帝元鼎六年(前 111 年)始置武都郡;北宋熙宁七年(1074 年)改隶岷州;公元 1142 年,宋金议和,金人以岷字犯金太祖完颜旻讳,乃改岷州为和州;又以淮西原有和州,故加西字为西和州,以别于淮西之和州;清康熙七年(1648 年)直隶巩昌府;民国初改巩昌道为陇南道,辖西和等县,旋改渭州道,治天水;民国 16 年(1927 年)废道制,西和属天水专区;1949 年划归武都专区;1956 年又归属天水专区;1985 年划归陇南地区(今陇南市)至今。

西和人很讲究风水,当地流传着这样一种说法,县政府所在地原本是城内最好的一个穴位,背靠西山隍城,面向东侧观山,左边有崆峒山,右边有大坪梁,所谓"左青龙,右白虎",漾水河与白水河交叉形成一条玉带围在腰间。据说,现在县政府所在之处就是清朝时衙门所在地,不论是民国还是新中国成立后,很多地方都变了,唯独这个位置没有变。当谈到这里时,一位退休的小学老师对我说,一个县的县衙怎么能随便搬动,谁敢动?没人敢做这个主。和西和人聊天,时有聊及西和现在的社会状况,他们会感叹社会的混乱,诸如贪污受贿、司法混乱、人心不古;一方面,他们觉得这样的情况与西和之外的地方一样,全中国都是这个样子,但同时,他们又觉得这种混乱也有内在的原因。有一种说法在西和广为流传,大概从清朝之后,西山隍城有过几次山体滑坡,西山的形态已经发生了变化,这种变化导致城内地理穴位的位移,也就是说目前县政府所在地已经不是最好的穴位了,据说最好的位置移到现在检察院所在地;人们认为这样一来,斗转星移,社会秩序自然就乱了。

县城的北关和南关分别寓意小城的入口和出口,两个关口的正中间是钟鼓楼,漾水河和白水河为护城河,这些构成了小城的边界和内在世界。按照漾水河水流的方向,县城里有上、下的概念,水的上游为上,下游为下,而漾水河是由南向北流过县城,因此,县城里的上其实是小城的出口南方,而北方入口则成了"下",上和下的分界点在旧时钟鼓楼处,钟鼓楼在 20 世纪 70 年代城市现代化建设中被政府拆掉了。西和县城人一直对此不满,一方面他们觉得钟鼓楼是个很好的古代建筑,拆了很可惜,另外,他们认为钟鼓楼的拆除破坏了原本有利于汉人发展的整体格局,下面是小城里的人给我讲述的有关钟鼓楼的故事:

> 钟鼓楼是在元朝建立的,主要是为了镇压南方的邪恶势力;西和原来是羌人的地盘,朱元璋从山西大槐树下分派了一拨人到西和,才将羌人从这里赶到了南边,这些羌人就是现在居住在陇蜀交界的白马人,现在西和最南边的大桥乡人据说就是白马人的后代。这些人在以前非常野蛮,为了镇压他们,保护县城,才修建了钟鼓楼。我们还记得钟鼓楼上面两侧各塑了一个武官,一个人手里拿着斧头,一个人手持马鞭,都是面朝南方,表情恶煞,就是要驱赶南方的邪恶,以防他们再来围攻;另外,也是要压制南方的地气,唯有如此,北方才能人丁兴旺、富有和发达。
>
> 这座钟鼓楼真的起作用的,在钟鼓楼没拆之前,县城南边基本上没出过什么人才[①],人才都出在北面,而且北面的发展要比南方好。70 年代末,当时县上一位领导是大桥人,他上台后就拆了钟鼓楼,他的理由是钟鼓楼不利于县城的交通,车辆无法从中穿

[①] 在此语境下,"人才"通常是指国家干部的意思,而且至少是副县级以上的才算"官"。

行。"文化大革命"的时候,我们的钟鼓楼都保下来了,没有拆掉,这位领导一上台就要拆,名义上是要搞县城建设,估计他是懂其中的道理。钟鼓楼拆掉之后,这几十年来,南方的地气被打通了,出了很多大官,尤其是大桥乡,光中央的、省上的干部就出了很多;南边的地气一旦被打开,我们北边的地气就亏损了,除了经济上有点发展之外,几乎没有再出过什么人才,没有南边发展好。

现在,他们还时常会取笑大桥人,认为他们是被赶过去的野蛮人后裔。其实,上面这段表述中不仅有汉、羌之间复杂的关系,也包含着西和人对自身命运的阐释。南和北在他们的观念中是一对非常重要的概念,北边是经济中心,也是文化中心,是主流,而南边,原本是蛮夷荒野之地,但是由于风水的变动,南边也渐渐具备了与北边抗衡的能力。这种南北对抗的紧张关系又以另外一种颠倒的方式体现在城内北关村与南关村的关系当中。

北关村

北关村是我在西和小城参与最多的调查点,最先引起我兴趣的就是它与南关村之间的关系。平日里,若提起南关,北关人会说南关既没有什么人才①,也没有什么钱,南关街道上的铺面租金连北关的一半还不到;相反,提起北关,南关人会说,北关除了有点钱之外,没有什么文化人。如果参照古时的城池结构,南关是城墙内最南边的一个村子,而北关却是城墙之外、护城河以里的一个村子。两个村子之间的关系通过两座庙宇进一步呈现,县城的城隍庙坐落在南关,北关村的庙宇是泰山庙。泰山庙里敬奉的是黄飞虎,他们叫"泰山爷",谈起泰山爷,北关人常让我再读读《封神演义》;由于黄飞虎投周反商,虽说算是弃暗投明,但终究还是欺君的忤逆之臣,因此黄飞虎不能进城,泰山庙只能修在城池之外的地方。南关的城隍庙,里面供奉的城隍爷是驻

---

① 这里的"人才"则更多的是指有身份地位、在社会上能说得上话的人。

守城池的忠臣陈寅①，代表刚毅忠心。黄飞虎与城隍爷之间构成一攻一守的关系，黄飞虎想攻陷城池，城隍爷则要守护城池；在新年的社火活动中，南、北二关之间的竞争与冲突在当地家喻户晓，北关社火中的"老狮"是黄飞虎的坐骑，霸气十足，而南关的"老龙"，老态龙钟之中不乏沉稳。据说，正月十五的晚上，只要南北二关的社火队相遇的话，必要发生冲突，这种冲突首先是"老狮"与"老龙"之间象征性地打斗，随后往往会演变为两个社火队员身体上的直接冲撞，如果控制不好的话，接下来就是两个村落的男人们之间的搏斗了。在这场搏斗之中，平日里的人际关系完全崩溃，他们常这样比喻，正月十五那天晚上，南、北二关人一见面眼就红了，外甥打舅舅是常有的事。

  人们常常将这种不能见面，或者说见了面就要起冲突的原因，归结为一种神秘的力量；他们认为并不是两个村子的人在社火期间不能见面，而是"老狮"和"老龙"不能见面，它们一见面便要一争高下，"老龙"认为"老狮"是对自己的挑衅，这其中具有黄飞虎攻城的隐喻。但有意思的是，在正月十五前，南、北二关社火准备好之后，他们又要先以平静和虔诚的心态到对方的庙宇里去敬拜，在整个仪式过程中，双方都要以礼相待，表现得得体和虔诚。

  北关村的公共空间包括泰山庙、庙宇后面的戏台子以及旁边的广场，大家习惯于称之为"闫家场"，它原本是1949年前北关村一个大户

---

① 陈寅（？—1234）南宋宝谟阁待制陈咸之子，南宋理宗绍定元年（1228年）调任西和知州。绍兴十四年（1144年）三月将岷州改为西和州，辖长道（现西和远道镇）、大潭（现礼县太塘）、佑川（现宕昌理川）以及天水军（现天水镇）。属利州（现四川广元）西路管辖，军事由四川制置司指挥。当时，西和州地处宋金、宋元对峙前线，两面受敌，是南宋西部的西大门；元灭金后，元军多次入境。1234年，元军十万再次攻打西和，西和州失守之际，陈寅家27口人自尽于城楼之上，陈寅收敛了亲人的尸体举火焚化后，冠戴朝服，登上城楼，遥望朝廷宫阙方向，焚香跪拜，继而自刎，这便是当地传为千古佳话的"登楼望阙"。陈寅就义后，葬于西和州城西崆峒山。后四川制置司将陈寅事迹奏报朝廷，宋理宗诏令特赐陈寅为朝议大夫，右文殿修撰，后又加封为华文阁待制，谥号"襄节"。明洪武年间，朱元璋倡导尊奉有功德于民的、故去的地方长官或忠臣烈士为本城的守护神"城隍"，并下旨封京城和全国几大城市之城隍为王，各府州县城隍为公、侯、伯；陈寅亦受封为西和州城隍，是为"忠烈侯"。

闫家的打谷场,收归集体所有后,"闫家场"的叫法一直沿用至今。①北关村的村委会就在泰山庙戏台的右边。北关村的公共活动主要是每年阴历三月初八的社戏,也叫庙会,此外,也时有举行的社火;这些活动的场地就在闫家场,有时也会借用村委会的地方。虽然现在大部分的空间都被私人承包了,但承包者都很愿意在庙会期间腾出场地来,他们认为这是为泰山爷办事,相信自己会因此得到泰山爷的庇护。

北关的地理位置是在西和小城境内的最北端,同时又在县城北边自西向东流过的白水河的南边。20世纪50年代,北关村共有一百多户人家,其中大家庭有二三十户,约606口人,县城内的土地大约600亩左右,因为那时土地还没有集中,很多人家的土地散布四乡。从1958年开始,北关村因为地处县城的缘故,土地就渐渐被征用、出售。1958—1959年,县办企业、农具厂先后在北关征用二十亩左右的土地,这片地方即现在县上的工贸商场;由于当时土地是归集体所有,县上给生产队补贴三年的粮食产量,按小麦计算的话,大约是3000斤的麦子。1962年,车站征用土地10亩;1971—1972年,矿山征用18亩;80年代,北商场、财政局分别征用几十亩的土地,这时土地已经划到户,征用时按照每亩9000元补贴,其中个人拿6000元,队上抽3000元。现在,北关村的可耕种土地约410亩,基本上都集中在东西两边的山上,比较松散;山下的耕地基本上集中在一起,当地人把这片土地称为"北川"。据北关人回忆,70年代左右,北川还是一片庄稼地,时常有狼出没;改革开放之后,随着核心家庭的大量出现,同时乡村人也由于工作、生意、孩子上学等原因移向县城,这片城里村民的自留地,现在已经变成一片新居住区;县城的边界也因此跨过白水河向北延伸,以

---

① "闫家场"是现在北关泰山庙所在地,同时也是北关村村委会所在地;闫家场被收归集体所有后,北关村委会就设在此处。现在,闫家场和泰山庙的戏台都被私人从村委会手里承包出来了,一年缴6万元的租金给村委会。私人从村委会将场地承包下来之后,可以按照自己的策略进行经营,比如用作停车场,小车每天10元,大车每天15元,逢集时,闫家场又变为一个水果交易市场,小商贩的一个摊位每天15元;闫家场也经常出租给外地人办一种"展销会"(出售比较廉价的衣服、家居用品等),夏季时又会变为啤酒广场;另外,他们还在闫家场北面修建了一排简易的平房,以一间房每年8000元的租金出租给个人开店铺,现在这一片已经是城里有名的小吃一条街了。

前说进了北关就算进了城,现在进了北川就等于是城里人了。

现在,北关村总共有 2700 多户,其中居民 1424 户,5700 多人,村民 289 户,1372 人;村民仍然延续生产队组织形式,分为四个生产队,以前每队都有队长,现在队长已经取消;居民的基本事务被放入居委会的范畴内,北关有两个社区居委会,分别是北关社区居委会和北川社区居委会;但北关的集体性活动以及日常社会生活还是以村为中心、分四个队进行,这就如,当问起一个人是北关哪里人,对方一般会说是北关村哪个队,却不会说是哪个社区的,虽然他们本身并非村民而是居民。北关的公共活动诸如社戏、社火以及民间纠纷等,都还是要依托村委会,社区在村里起的作用很小,主要负责一些具体的上传下达事宜。此外,村委会在村里的作用还体现在红白喜事中,谁家"过事情"一定要积极上门邀请村委会的成员,包括在任和已经离任的,而且他们的名字一定要列在"执事单"①上;实际上,这更多的是一种象征性行为,因为他们并不需要在其中承担什么具体的事务,但是,倘若有人家不把他们的名字列在单子上,甚至不邀请他们,这将被视为对他们的一种轻视,他们会因此觉得很没面子。

北关是一个杂居村落,加上陆续的移民、外来的生意人,村里人与人之间的长幼之别主要基于年龄组来区分。当地人会说"嘴上没毛,说话不牢",一方面是说年轻人见识较短,还没有丰富的人生、社会经验,同时,也在强调长幼有序的礼仪,即未成年人不能在公开场合乱发

---

① "过事情"就是家里操办红白喜事的意思。"执事单"是当地红白喜事中不能少的一样东西。在准备操办事情之前,主家会提前请来一些亲朋好友共同议事;在红白喜事中,主家是不能自己出面做事情的,否则会被人看不起,认为人缘不好,这些事情还要亲为。主家请来的这拨人在操办事情过程中,会各自承担起不同的角色和任务,西和人习惯于把这些人的名字及其承担的角色和任务写在一张纸上,公布于众,当地人把这个叫做"执事单"。如果是白事情,要用白纸,喜事则用红纸;执事单的大小、多少,以及执事单上内容的繁简都是一个家庭社会地位和身份的表征。另外,执事单上的大总管是核心人物,也是西和当地一种很有意思的社会角色。他们不仅在红白喜事中起着关键作用,通常在当地的社会生活中也有一定的影响力;每个村子里,都会有几位相对固定的大总管,西和人常说,能做一个大总管,是件不容易的事情;有的人是"子承父业",从小在父亲的影响下学会怎么做大总管,有的人,用西和人的话讲,就是"爱襄事情、能襄得开",也就是见过世面的人,能把事情操持得井井有条、面面俱到又不失体面,这些人慢慢地也成了一个社区里相对固定的大总管。

评论。比如,酒席或饭桌上,一定要让年长者坐在上席,年轻的在下席,如果席间有酒,年轻人也要承担起倒酒的义务;在集体性活动比如乞巧、社火、社戏中,大家的共识是长辈说话晚辈一定要听,因为长辈知道老规矩是什么、怎么做才是对的,但也时常会有一些年轻人不服长辈的想法,认为有的东西可以变一变,甚至有的人会和长辈争论、全然不顾尊重,但这样的行为一定会受到众人的指责,指责大多是在感叹今不如昔、人心不古。

第二节 | 背景与词汇

背景

西和"乞巧"以及"乞巧节"的说法很大程度上是顺应国家非物质文化遗产保护工作而产生的。2005年为推动非物质文化遗产保护、抢救和传承工作,我国实行非物质文化遗产分级保护制度,并且建立国家级和省、市、县各级非物质文化遗产代表作名录体系。为此,2005年7月,甘肃省启动了首批国家级非物质文化遗产代表作名录申报工作。同年8月,甘肃省民族民间文化保护办公室经过严格筛选,从149个项目中初步确定将陇南市西和县的巧娘娘节、陇剧、太平鼓、羊皮筏子等79个项目作为首批国家级非物质文化遗产初选名单。这些项目于当年9月上报文化部,接受进一步的考察和挑选。这里提到的"巧娘娘节"就是我们现在说的"乞巧",在申报的过程中,专家们认为"巧娘娘节"的叫法显得土气,逐渐改为"乞巧节"和"乞巧"。

另外,2006年前后,原陇南市市长要求陇南各县市依照各自的特色举办一个"文化节",倡导以文化带动旅游,促进当地经济和社会的发展。2006年7月,西和县文化部门依托民间的民俗文化爱好者创办了一个山歌艺术节,即"甘肃省西和县首届仇池山歌文化艺术节"。山歌艺术节期间,共有17位专家学者应邀参加,我在西和的第一位田野报告人杨老师是当地一位重要的地方文人和地方民俗文化爱好者,他不仅收录整理了西和山歌,也对西和乞巧颇有兴趣。山歌艺术节期间,他临时在县城的牌坊村建了几个乞巧点,带着与会专家到那里看了一下,专家们觉得不错,建议西和政府可以先向中国民间艺术家协会申报。随后,中国民间艺术家协会派了9位专家前来调查;2006年9月,专家们对几个乞巧点进行了考察之后,写出一份报告,将甘肃西和称为"中国乞巧文化之乡"。同年12月,中国民间文艺家协会批准了"中国乞巧文化之乡",2007年正月十五正式挂牌。这一年阴历的七月初七,西和县举办了第一届乞巧文化艺术节;期间,专家们又建议在当地晚霞湖水库旅游开发的基础上以乞巧文化为主修建一个文化广场,竖立一尊"巧娘娘"塑像;专家们认为西和乞巧中的巧娘娘是秦人祖先女修,至于七夕节以及牛郎织女的故事,那是后来的文化演变,虽然这些故事已经慢慢进入西和乞巧的演义中,但他们建议在塑造地方文化传统的过程中,要剔除牛郎的身影,只谈这位女神。因汶川地震,2008年的乞巧节暂搁一年。2009年阴历七月份,西和县政府又隆重举办乞巧文化艺术节,并在此之前请兰州一位女雕塑家设计雕塑完成了一尊巧娘娘塑像①,用料为大理石,像高5米,共耗资94万元;2009年阴历七月初七,县政府在晚霞湖水库上举行雕像的落成仪式。塑像落成之后,西和人并未称其为"女修",而是叫"巧娘娘"或"织女"。

正在此背景下,我于2009年8月13日(阴历六月二十三)来到西和县,正好赶上了这一年的西和乞巧文化艺术节以及巧娘娘塑像的落成仪式。不管是非遗中的"巧娘娘节""乞巧节"还是"乞巧",抑或是中国民间艺术家协会命名的"中国乞巧文化之乡",都无疑昭示了政府和国家的文化政策对西和乞巧自上而下的承认,甚至是赞许。

---

① 塑像落成仪式那天,这位女雕塑家也到了现场,她的发言很有意思,她说道:"织女雕像的两只手寓意将巧带给西和人民和所有中国人……乞巧文化不仅是弘扬中国,也是在弘扬全世界。"让我一直想不明白的是,为什么"织女像"不用西和乞巧中的巧娘娘形象,巧娘娘的样子不难找,在纸货铺里就能看到;巧娘娘塑像竖立起来之后,有人说,把巧娘娘塑得太好看了,还有人说把巧娘娘塑得年龄大了点,不像小姑娘的样子;去过兰州的人说,和兰州黄河边上的"黄河母亲"是一个样子,那是这位女雕塑家的代表作品。

词汇

我遵从"日常语言学派"对语言的运用,即将其置于日常生活中加以考察。奥斯汀(2010:40)指出,仅仅考察语词本身是不够的,语词意谓什么,能从中推论出什么,只有靠考察语词使用时的全部周边情况才能确定;维特根斯坦(1996:54、232)主张把词从形而上学的使用带回到日常的使用上来,他提出的"语言游戏"概念,就是强调语言的述说乃是一种活动或生活方式的一部分,即词语的习得是在具体的场合或活动中完成的,只有在同一个情境里面,每个人才知道对话的意义,他举了个例子是,"微笑的嘴只有在人脸上才是微笑的"。这样的主张有效地回避了对事物的高度概括,以及对词语使用的本质化做法。

本书的叙事过程尽量采用乞巧的内部性话语,即乞巧主体所使用的词汇。这类乞巧语言都是融入她们的乞巧实践中的,她们都是用最普通的语言来表述,也是通过具体的活动来承袭相关的词汇。这主要发生在老人与年幼者之间,通常是小女孩在乞巧的过程中,会请去一两位老人指导她们的仪式步骤,在这个过程中,老人们在一旁告诉她们什么时候该做什么、该如何做,而不是告诉她们什么过程叫什么名称。另外,我还发现当仪式规则落实到具体的经验之后,会被人们转化为一种相对随意的行为,当然这种随意性依然是在不可逾越的规定和界限之内,只不过界限和规定并不如我们想象得那般生硬,它可以相对自由地或张或弛,人在其中获得了这样的机会,即按照自己所处的境况进行游刃有余的变动。

为了叙述的方便,这里先将与乞巧相关的一些关键性词汇作一个简单的交代:

乞巧:阴历七月初一至初七,祭拜女神巧娘娘的民间活动;从之前的准备到结束,先后大约要半个月到一个月的时间。西和人除了说"乞巧",还说"乞巧娘娘""狂巧娘娘",后两种叫法用得比较多一些。

乞巧娘娘:比较正式的说法,用"乞"字体现的是乞巧的神圣性。

狂巧娘娘：乞巧的诙谐说法，是将乞巧视为一个轻松愉快的活动，狂巧娘娘的"狂"字，体现的是乞巧中的娱乐性部分。

巧娘娘：乞巧所祭拜的女神，西和人称之为"巧娘娘"；他们相信，每年阴历的七月初一前一天夜里的十二点左右，天门会为巧娘娘打开，她得以降临人间，负责给人世间的女子广施灵巧。西和人有时会把巧娘娘解释为七仙女、织女，不过在乞巧的具体仪式活动中，他们只说"巧娘娘"；到我的田野结束为止，巧娘娘在西和的寺庙中没有塑像，西和人用一种独特的方式展现他们心中的巧娘娘形象。

巧头：是对乞巧组织者的称呼，一般乞巧的组织者为两至三人，但巧头只有一位，其余的组织者辅助巧头的工作；在乞巧的整个过程中，所有参与者都必须听从巧头的安排。巧头的权力和威望主要来自于她们对乞巧的热情以及相关知识的掌握程度，在更广的范围上则源自于她们在村落和社区生活中的角色。巧头有权力决定参与者的去留，但实际上巧头一般不会擅自撵走一个人，如果激怒了大家，每个人都离开了，这一年的乞巧也就搞不起来了，她本人则成了一个名副其实的失败者，不过巧头确实有这种撵人的权力，因此，参与者一般都敬其三分。

娃娃头：据说，至少20世纪80年代以前，参与乞巧的群体主要是未婚少女，也有少部分新媳妇；80年代以来，中年妇女开始乞巧，而且规模和参与程度堪与未婚少女平分秋色。在此背景下，西和人换用"娃娃头"来指称未婚少女乞巧活动中的巧头，以示区分。和"巧头"有所不同的是，"娃娃头"表现出很强的年龄组秩序，一般一个村子里的"娃娃头"的年龄在十六至二十岁之间，小一点的无法镇住同伴，大一点就要出嫁了，因此，"娃娃头"的轮换较为频繁。而中年妇女乞巧中的"巧头"不同，有很多人从她们嫁到这个村庄以来就一直是"巧头"了。

巧芽："巧芽"是乞巧必备的，实际上是乞巧参与者用粮食

(小豌豆、扁豆、玉米、小麦等)所生的芽子,取巧字为名,是为寓意;要有一盘精美的巧芽,需要在乞巧前十天到十五天左右浸泡生芽。"巧芽"的用途有三,一是作为祭品,在将巧娘娘从天上接下来之后,要敬奉几盘巧芽,不同村子之间行情时,也要备上巧芽,献给对方的巧娘娘;二是作为照花瓣的"工具";第三,巧芽生的丑俊,也是人们品评生巧芽者才艺的一个标准。

乞巧点:在乞巧的准备阶段,需要一个场地,供大家排练乞巧歌、舞,开始乞巧之后,这个场所也是巧娘娘所在的地方,所有的乞巧活动都在这里进行,我们把这个场所叫做乞巧点;需要指出的是,西和人特别是进行乞巧的人,她们一般不说"乞巧点",而说"巧娘娘这里"或"巧娘娘那里"。

挑巧娘娘:据当地人回忆,西和人对巧娘娘模样的呈现在晚清时就有了,自从丧葬用品的制作逐渐发展为专门的作坊制作以来,巧娘娘像的制作就落在纸货铺里了,不过在一些村落里,有些老妇人也会手工制作巧娘娘像。一个社或队要准备乞巧,就必须要有一个巧娘娘像,她们常说挑一个巧娘娘回来,就是到纸货铺里买一尊巧娘娘像的意思。"挑"一方面有挑选的意思,纸货铺那段时间会有很多做好了的巧娘娘纸扎像,大家会从中挑一个比较满意的回去;比较有意思是,我看到她们买了巧娘娘像之后,一些人是托着纸扎像的底盘,捧着回去,有一些则是系根绳子,真的是挑在肩上,在她们看来,这个时候的巧娘娘像只是个纸扎像,巧娘娘还没有下凡来,即使挑在肩上也无罪过。

接巧娘娘:阴历的七月初一前一天夜里的十二点左右,天门打开,巧娘娘被准下凡到人间,但也有的地方认为是七月初一的下午,天门才打开;乞巧的女性们在各自的乞巧点上捧着巧娘娘像举行相应的仪式,迎接巧娘娘,接巧娘娘的仪式过后,巧娘娘纸扎像就有了神圣性,成为女神巧娘娘的化身,直到乞巧结束以前,香火、供品不能断,否则被视为不敬。

乞巧歌:在乞巧过程中所唱的歌;每个仪式都有相应的乞巧

歌,这类乞巧歌从唱腔到歌词基本上固定不变;除此之外,乞巧中还有一类歌曲,唱腔不变,唱词可以随意增添、改变,它们类似于当地的山歌,可以加入新的内容,有关对社会、时事、家庭的看法,但又不及山歌见物起兴那么灵活;现在还有一些乞巧者会临时编一些新歌或快板,也有很多直接将一些流行歌曲拿过来演唱,这些也属于乞巧歌。

跳麻姐姐:是一首乞巧歌的名称,是一首歌,同时也是一个仪式,但这个仪式不是必需的,尤其80年代以来,就很少见了。当地人解释说,跳麻姐姐其实就是问神,麻姐姐也叫麻姑,尤其是"文化大革命"以来,她们认为跳麻姐姐的迷信色彩太浓,一般不敢再跳。

上身:跳麻姐姐时,会有很多人一起边跳边唱,呼唤麻姐姐,如果麻姐姐被召唤来了,就在其中一个人身上显灵,她们把这个叫做上身。据说,麻姐姐通常会选择那些体弱、瘦小的人,被上身的人往往会浑身颤抖、口吐白沫,有些还会有生命危险;由于跳麻姐姐的确有一定的危险,现在乞巧的女性很少跳了,我见过几次,但刚跳了一会,就被一旁的老人家呵斥住了。

行情:因为规模不大,要求参与的人数不多,乞巧通常是以一个社或队为单位,因此,在阴历七月初一到初七那几日,可以看到很多的乞巧点;这些点与点之间,会按照地理距离的远近相互拜访,因为是山区,一般是临近的村落,通常不出乡镇。这种相互拜访的关系,是约定俗成的,有人来拜,就必须回礼;也有变动,比如一方若忘记或故意不给另一方拜,那么,这种关系就会立刻断掉,但是下年再来拜,关系又会马上弥合,去从未拜过的乞巧点拜访,就会建立一个新的行情关系。

迎水:七月初七的早上,乞巧的女性要起个大早,到附近有灵验的泉或井那里取一罐子清水,留作晚上照花瓣用。所谓有灵验,就是她们相信那股泉水或那口井里有水神,有水神的水才有神圣性,才可以用作占卜。而且,取神水的器皿一定要干净,取回来的神水也一定要密封保存,以防被污染。

办(方言发音为 pan,去声)会会:七月初七下午,参与乞巧的人会在乞巧点一起吃顿饭,这顿饭就如在巧娘娘面前献过的供果,也如庙会期间的大锅饭,大家相信这顿饭分享了巧娘娘的恩赐,具有神圣性,吃了可以得到福分。做饭的食材是每个人从家里拿过来一点凑起来的,大家一起动手,非常热闹。

照花瓣:七月初七晚上,天黑之后,在送巧娘娘归天之前,乞巧的女性聚集在一起,边唱照花瓣的歌,边掐些巧芽的叶子丢到早上迎的神水里,迎着光亮看叶子在水里的倒影,寓意占卜自己的巧拙或祸福,是为"照花瓣"。

送巧娘娘:据说,七月初七夜里十二点,天门准时关闭,乞巧的人们必须在十二点之前将巧娘娘送回天上,否则会有不吉。送巧娘娘的仪式,便是捧着巧娘娘像,到七天前迎接巧娘娘的地方,行了相应的仪式过后,将巧娘娘纸扎像以及这次祈神所用的所有可烧的贡品全部焚化干净,意味着送巧娘娘归天。这个仪式结束之后,这一年的乞巧也就结束了。送巧娘娘时,乞巧者往往会痛哭流涕,对巧娘娘非常不舍。

第三节 | 情感人类学

在日常生活中,我们时常会有这样的心理体验:"道路为什么一直这样堵?!""他为什么不回短信? 我心里真难受。""昨天我对领导说那样的话,是不是有点不合适?""父母一年年老去,而在这个偌大的城市,我却无力承担起应尽的孝心。""政府在这些事情上为什么是这种态度?!"这些大多是我们面对自身、家庭、团体乃至国家事务时的内心反应,有些转瞬即逝,有些停留片刻,而有些则会长期萦绕心头;根据驻留时间的长短,可以看出它们在我们生命中所产生的不同程度的影响。在这方面,影响程度的大小并不依照外界事物而定,譬如若从集体利益的角度而言,自身、家庭、团体和国家是重要性递增的关系,但是,这并不代表说与此相关的事物在我们内心中所产生的影响也同样是递增的。外界事物在我们内心中产生影响的大小程度更多的与我们生命体验直接相关。我们所经历的这种内心体验就是情绪(feelings),抽象一些便是情感(emotion)。很多时候,我们的情绪和情感在两个层面上被忽略。首先是那些转瞬即逝和停留片刻的情绪,我们往往会认为排解这类情绪是自己的事情,或者相信自己可以排解这些情绪;其次,对于长期萦绕心头的情绪,我们倾向于认为个体是无法排解这些情绪的,因此需要借助外界的力量。不管是第一个层面上的长期积累,还是第二个层面上的无法排解,对于个体而言,都会产生深刻的影响。但是,当这种影响在个体身上已经成为问题时,我们就会认为这个人心理或精神上出了问题,那就是医院的事情了。情感真的只是心理学的研究对象,只能归医院解决的事情吗?

早在古希腊时期,柏拉图和亚里士多德就曾讨论过人的情感问题,他们都认为人的情感具有潜在的危险性,如果理性不对之严格控制,就会造成社会的混乱。柏拉图(1986:150—165)曾经举过一个"渴而不饮"的例子,一个非常口渴的人面对一杯水,是选择饮还是不饮;柏拉图认为是否饮这杯水不能按照自己渴的欲望来选择,而要根据饮的后果来做决定;人必须要有节制,所谓节制就是一种好秩序对某些快乐与欲望的控制,就是做"自己的主人"。这是一种非常古典的情感理论,即认为情感要受到理性的控制和引导。20世纪70年代,西方人类学正式提出人类学应该关注人的情感、应该对其进行专门性研究的主张,这就是情感人类学(Anthropology of Emotion)的出现。情感人类学的出现一方面是要扭转当时情感只属心理学研究的情况,同时也是反思西方思想中所强调的理性对情感的控制。

情感人类学之前的情感研究

在情感人类学正式提出之前,已有不少人类学研究关涉到人的情感,尤其以美国文化与人格学派关于"性情模式"的探讨,以及法国社会学年鉴学派对于"集体情感"的热衷为代表;这些研究中所包含的情感理论后来都成为情感人类学批判性继承的对象。

(一) 精神气质(ethos):情感与文化

深受德国思想影响的博厄斯在美国所创立的文化与人格学派,以探究个体心智发展与文化整合间的关系为宗旨。这决定了他们对文化内在精神的关注,也决定了他们较早地注意到了文化的情感向度。博厄斯从德国思想传统带入美国人类学中的"精神气质"这一概念直接体现其志趣所向,此后的玛格丽特·米德、露丝·本尼迪克特以及乔治·贝特森进一步阐释了这一概念。

文化与人格学派面对的一个问题是,人究竟是由其生物性还是文化决定的?当时的心理学界认为人的性情是由生物性机理决定的,譬如处在青春期的孩子都会因为荷尔蒙的大量分泌而表现出不安与骚动。但文化与人格学派反对这种观点,他们认为人是生活在文化之中的,不同文化中的孩子在青春期未必表现出同样的反应,这也就是玛格丽特·米德(Margaret Mead)在《萨摩亚人的成年》一书中所坚持的观点。这背后包含了文化与个体之间的关系问题。鲁恩·本尼迪克特(1987:48)在《文化模式》一书中提出的"文化模式"进一步阐释了这一问题,"文化模式"是指一种文化内在的精神气质,也叫"性情模式",它是文化赋予个人的一套特定的行为规范和情感模式。

"文化模式"被贝特森进一步发展为"精神气质",在纳文研究中,贝特森(2008:22—23)指出,要修正英国的结构功能主义对"实用功能"的强调,就必须要关注人的情感;他说道:"情感背景在一种文化中发挥着积极的因果作用的。如果功能研究不能将结构和带着情感色彩和精神气质的文化的实际运作联结起来,那么从理性上说,这种研究就永远不可能是完善的";精神气质是"一个情感态度系统,它决定了一个社群对生活情境所能提供的各种满足与不满足所赋予的价值,而且我们已经看到,精神气质可以被恰当地视作'组织个体的本能和情感的文化标准化系统'。"也就是说,精神气质是一个社会中指导个体如何表达情感态度的系统,在《纳文》的第九章中,贝特森专门描述和讨论了雅特穆尔人的两种相对的精神气质,即男人和女人在日常生活和仪式当中表现出来的不同情感。

必须承认,"精神气质"的确有效地反思了功能主义的缺陷,这种研究取向一直延续到格尔茨那里。格尔茨(1999:471—475)在《巴厘的人、时间和行为》一文中将"精神气质"界定为文化的第三边力量,他强调"精神气质"是一种集体生活的情调(the affective tone of their collective life)。① 格尔茨借此强调情感是一种群体性的文化现象,通过人的行为可以直接被感知。此外,格尔茨(1999:107—109)还以宗教为例进一步阐释了情感、符号体系与现实之间的关系;与弗洛伊德、马林诺夫斯基一样,格尔茨也承认宗教的情感维度,但是,他还是坚持从解释人类学的理论角度出发,指出符号体系是第一位的,只有经由符号,原本混乱无序的情感才能够得到有效的控制,继而与现实发生关联,人们的生活也才会有伦理的规范。

客观上讲,美国人类学传统中对于"精神气质"的偏好建立了情感的文化属性,但是,他们也由此忽视了个人情感;格尔茨将"精神气质"与符号体系及其意义生成联系起来,这为后来情感人类学对情感的社会性的论述提供了一定的理论支撑。与美国人类学对文化的重视不同,法国社会学年鉴学派围绕"集体情感"概念讨论的是情感与社会之间的关系。

(二)"集体情感":情感与社会

"集体情感"是涂尔干提出的一个概念,他借之论述社会团结的内在机制问题。涂尔干(2000:40—43、89—92)最先在《社会分工论》中谈及集体情感是机械团结得以可能的一个重要条件,他指出机械团结是依靠刑罚式的警醒,从而在每个社会成员之中形成一种相同的情感类型,这种情感类型反过来作用于社会成员,使之思想和行动都具有较高的相似性。这就是集体意识形成的过程,集体意识是"社会成员平均具有的信仰和感情的总和,构成了他们自身明确的生活体系"。在此基础上,最终形成整个社会生活的总体道德规范,对此,涂尔干

---

① 格尔茨提出文化的三边力量,分别为人观、时间和精神气质,他认为精神气质与人的行为直接相关,因此,精神气质也可以等同于人的行为。

(2000:20—27)说道:"如果人们在相互结合组建群体的过程中没有产生一定的感情,如果人们不关心这种感情,不顾及自身的利益,不考虑自己的行为的话,那么,他们彼此的共同生活、彼此固定的交往关系就不可能形成。因此,这种关注已经超出了个人的范围,已经把特殊利益归属于普遍利益,这正是所有道德作用的源泉。如果这种感情在诉诸更普遍的生活境遇的过程中,变得更加明朗,更加确定,那么我们便会逐渐看到一个道德规范总体的出现。"

集体情感与道德体系间的关系贯穿涂尔干的整个学术生涯,在他此后有关宗教的研究(比如《乱伦禁忌及其起源》《宗教生活的基本形式》)中,集体情感与社会团结之间的内在关系得到了进一步的阐释。受卢梭《社会契约论》的影响,涂尔干认为社会像自然一样,具有一种超越个体的力量,他称之为社会力。人是具有个人性和社会性的双重性存在,但人同时又具有舍弃个人性、朝向社会性的能力,涂尔干称之为超越。超越的发生就在于社会力能够在人心中激起一种共同的情感,即集体情感,集体情感通过周期性的仪式活动得到反复的加强和巩固,从而使得社会获得相对的稳定状态。

葛兰言继承了涂尔干关于集体情感的思想。在《古代中国的节庆与歌谣》一书中,葛兰言(2005:73—74)指出《诗经》中的情歌包含着大量的情感表达,而且这些情感是集体性的,他说道:"在这些上古歌谣中,一个显著的事实是,诗歌中不含任何的个人情感。这当然不是说,《诗经》中没有表达个性的诗歌,我的意思是说,这项研究中的诗歌并非是由个人的因素激发出来的。所有的恋人都是一副面孔,都以同样的方式表达她们的情感。没有哪怕一副画面是展示一个独特的个人的。"他进一步分析指出,《诗经》之所以呈现的是集体情感,是因为它是来自乡间季节性的大规模聚会中的男女即兴对歌,他将这种对歌解读为仪式活动,届时,平时相互对立的群体基于两性的结合重新获得了团结的机会。

"精神气质"与"集体情感"分别从文化和社会的角度关注到了人的情感维度,前者阐述了文化是个人性情和人格形成的根本原因,后者则论证了个人与社会团结之间的内在转换机制。二者对于人类学的情感研究具有不可忽视的贡献,但不可否认,它们都有滑向决定论(文化决定论和社会决定论)的倾向,这种充满理性主义气质的理论视角也正是为后来出现的情感人类学所不满的主要原因。

情感人类学及其理论的发展情况

情感人类学(Anthropology of Emotion)的说法首见于卢茨(C. Lutz)和怀特(G. M. White)二人在1986年合写的《情感人类学》("Anthropology of Emotion")一文。情感人类学提出之初是为了反对当时心理学、哲学中对情感的本质化表述,譬如将情感视为人类内在的、固定不变的一种特质,这种倾向也同样存在于此前的人类学对异域情感文化的表述中。因此,情感人类学认为应该将人的情感与历史、文化、意识形态以及人的意图联系起来进行考察。总体而言,情感人类学大致经历了去本质化、话语研究以及涉身性(embodiment)三种研究范式的转变。

(一) 去本质化的努力

对情感的本质化认识是卢茨对之前情感研究的总结。卢茨(Lutz,1986)指出,西方世界关于情感的讨论一直是在哲学、宗教、伦理以及19世纪兴起的心理学范畴内进行的,比如柏拉图关于愉悦与善的关系的讨论,斯多葛学派认为激情本质上是一种恶,早期基督教试图将人类脆弱的情感从对上帝的情感中区分出来,霍布斯认为情感是导致战争或和平的行动本源,罗素认为应该从被文明规范了的情感中区分出有美好价值的情感,等等。卢茨认为这样的讨论都是强调了情感是人类的一种内在、固定不变的特质,忽略了历史、文化、意识形态以及人的意图等因素,因此,她认为这种认识归根结底是本质化的。

卢茨和米歇尔·罗萨尔多(M. Rosaldo)均提出过对情感去本质化的观点,相对而言,前者主要是从西方—非西方的视角切入,而后者则提倡从社会文化语境来理解人的情感。卢茨和怀特(Lutz & White,1986)在《情感人类学》一文中指出,从20世纪70年代开始,心理学、社会学、哲学、历史学以及女性研究都开始如潮般关注人的情感,但是这些研究依然深陷于诸多二元对立的研究框架,譬如唯理主义与理想主义、自然与文化、心灵与身体、普遍主义与相对主义,在这样的二元对立思路中,情感依然被预设为人的自然和生物性的一面。卢茨(1983)试图用非西方的田野经验反思这种二元对立思想。她在密克罗尼西亚的埃法卢克小岛(Ifaluk)上发现当地人是根据具体的情境来定义情感的,而且他们文化中不存在对情感与理性的等级划分,这有别于西方世界对于情感的认知。卢茨进一步将情感视为人类动机的基本要素,并且认为情感对个人而言具有双重性;在文化层面,情感是价值体系的一部分,对于个人而言,它又是理解个体的创造、个人与社会制度以及习俗之间关系的重要因素。

此外,米歇尔·罗萨尔多(M. Rosaldo)也主张要对情感进行去本质化。她深受格尔茨后期思想的影响,强调"实践"的重要性。格尔茨(1999:114—115)在《文化的解释》中开始关注文化与实践之间的关系,他提出了 of 和 for 两种模式来阐释这一问题,认为文化一面是在决定着人们的实践(of),同时也被实践所塑造(for)。罗萨尔多(1984)在《迈向自我与情感的人类学》("Toward an Anthropology of Self and Feeling")一文中提出情感并非思想的对立物,而是思想与身体的中介,是涉身性了的思想,是肉体的"我";这是一个动态的过程,因此,她认为要在社会文化语境中来理解人的情感,"情感是关于我们卷入社会世界的方式,情感不是可见的流淌在我们血液中的物质,而是那些我们上演的和讲述的故事所构成的社会实践"。

但是,格尔茨对文化与实践的讨论受到了塔拉·阿萨德(Asad, 1983)的批评,阿萨德认为格尔茨提出文化与实践的关系只是徒有其表,他的解释人类学理论始终是将符号体系置于第一位;深受福柯思想影响的阿萨德指出,符号体系并非一个自足的意义系统,其背后包含着知识生产的社会条件,以及实践的具体历史语境。可以说,福柯的权力话语理论是去本质化最有力的理论工具,实际上,从 80 年代末期开始,情感人类学也开始全面转向权力话语理论。

(二) 情感作为一种话语

20世纪60年代,西方哲学掀起了反人本主义的潮流;其基本主张是提倡用知识替代主体,或者说世界的关系不再通过主体来维系,而是诉诸文本、话语来建立。福柯是这一思潮的代表人物之一,他的思想深刻地影响了情感人类学的发展。对于福柯来说,"知识"这一概念包含着话语与实践之间的关系,即如他所阐释的词与物之间的复杂关系;由于实践或者说人的经验的变动不居,因而知识、世界也呈现出不确定的状态,它们将由不同力量的相互作用结果来决定。在福柯话语理论的影响下,20世纪80年代,人类学界开始有学者提出应该将人的情感视为话语的观点。

将情感视为一种话语是由卢茨和庐古德(Lila Abu-Lughod)共同提出的,她们认为与情感相关的叙述、对话、表演、诗歌等不仅仅是文化分析的文本,同时也是一种重要的实践;话语与社会结构构成了一组内在的张力,人们通过与情感相关的话语实践表达了内心的诉求。在二人合编的《语言与情感政治学》(Language and the Politics of Emotion)一书的导言中,她们(1990:1—2、7—9)提倡对情感的研究应该围绕着"话语"展开,探寻情感与社会性和权力之间的关系;"话语"(discourse)源自法国后结构主义(Poststructuralist)的思想,与传统语言学对抽离社会实践/经验的静止语码(code)分析相比,话语强调语言使用的社会语境,这是语义学向语用学的转变;而她们这里所使用的"话语"主要是福柯意义上的,即话语是系统地形成他们所言说对象的实践。

卢茨(1995&1988)的相关研究随之转向日常对话,她认为日常对话中的情感运用包含着情感观念与文化实践之间的二元关系,或者说,情感是在特定的地点、语境下形成的,其中蕴含着不同社会力量所形成的权力关系;情感本身是很难把握的,但是关于情感的话语却是一种社会事实,情感具有社会性,是社会生活的产物,同时也影响着社会生活,它与政治、权力、亲属关系、婚姻以及道德都是密切相关的。

庐古德(Lila Abu-Lughod,1986:34)对贝都因社会中情歌的研究是这方面的典范之作。她发现,一方面,贝都因是一个具有严格等级的男权社会,社会的总体道德规范讲究个人的荣誉和德性,而对情爱和性的冷漠是一个人获得德性的重要因素;另一方面,贝都因社会中又存在大量的情歌在年轻人和女性中传唱。庐古德举了一个例子,一个与丈夫离婚二十年的女人对庐古德说自己从未喜欢过前夫,而且对离婚的事情感到无所谓,但就在几天后,庐古德偶然看见这位被访谈者家中围坐着一群妇女在聊天,当大家提起这个女人的前夫时,女子忽然唱起了情歌,歌声饱含着对前夫离去的悲伤和谴责,情绪非常激动。庐古德认为处于较低社会等级中的年轻人和女人,他们通过情歌表达了被社会规范所压制的情感,实际上,他们是在反抗社会权威,表达内心渴求自主和平等的愿望,因此,她认为贝都因社会中的情歌是一种具有颠覆性的权力话语。

将情感视为话语的确可以清楚地看到文化对人的情感控制,由此为情感人类学提供了明确的研究对象。但正如稍后的研究所指出的,将情感单单解读为权力关系下的话语实践是有些本末倒置的嫌疑,或者说,将情感视为话语不可避免地忽略了个体情感经验上的异同。

(三)涉身性(embodiment):回归情感本身

在西方哲学的发展脉络中,涉身性概念的提出是早于话语的,但它对人类学的影响却又晚于后者。涉身性概念同样属于反人本主义的思想传统,尤其以梅洛·庞蒂的知觉现象学为代表,主张通过赋予或者恢复身体的灵性来对抗笛卡尔所建立的身心二元对立结构;身体不再是机械的、低等的生物性存在,而是一种与人的心灵一样可以造就人的生命意义以及世界意义的高等存在,这种意义来自于我们的身体与环境的互动,即身体经验。原先与身体一样被贬低的无意识、情感、欲望等因素与身体一起参与构成了身体主体或经验主体。

情感人类学对身体的强调始于20世纪90年代,提倡关注情感本身,以此修正将情感视为话语的研究范式。正如威尔斯(Wilce,2004)后来所总结的,情感人类学的研究中包含着认识论和方法论的问题,即"主观"如何被认知和研究;将情感转换为话语本身就是一种简化论

(reductionism),倘若因此而将情感语言理解为与真实世界毫无联系的语言游戏的话,同样也是简化伦。话语研究范式通过强调实践的重要性来构建人的情感与社会结构之间的张力,即情感的权力维度。虽然,话语研究和涉身性理论均属于反人本主义的脉络,但后者更偏重于人的"经验";尤其是与之前的文化与人格学派、法国社会学年鉴学派不同,情感人类学对涉身性概念的重提并不单单强调情感与文化、情感与社会之间的关系,还强调和肯定情感的生物性基础。正如凯博文夫妇(Arthur & Joan Kleinman,1991)受布迪厄(P. Bourdieu)"经验"概念的启发,提出应该在社会互动、个体的生命之流以及生存境况中来理解和观照疾病患者的身心状态,他认为经验是语境(context)与个人、意义与精神生物学之间的转换因子,并将"情感"定义为"在具体的生存境况下,一个人在经验中的感觉,一种情境化的反应"。

南希·舍珀-胡芙(Scheper-Hughes,1992:431、427—430)就试图调和情感人类学与精神生物学之间的鸿沟,她指出,虽然情感属于文化的一部分,但亦有其独特属性,它是有一种内在的产生、积累、控制以及释放机制。她认为生物与文化的区分其实一种伪区分,而且还会由此建立起一种不合适的等级结构,生物性往往成为文化的基础;她不同意卢茨和庐古德将情感视作话语的研究路径,认为这种研究方法会导致一种极端的认识论基础,那就是倘若没有文化和社会,那我们将不知道该如何感受。舍珀-胡芙生动的民族志故事论述了文化与人的生物性共同决定和影响着人的情感。她在巴西做田野调查时候发现,巴西人虽然在社会暴动时表现出强烈的情绪,但在平时,他们很讲究维持自己情绪上的平稳。比如,一个家庭失去孩子时,父母和亲人在一年内是不能轻易哭泣的。这有两方面的原因,首先,当地的民间传说里提到,躺在棺材里的孩子已不再是人类的小孩也不是神圣的小精灵,而成了一个漂泊的精灵,在努力地离开这个世界;如果亲人在孩子死后大哭,那么会让其路途更为艰难,一位母亲在孩子死后哭泣时就听到孩子的声音在耳畔萦绕:"妈妈,不要为我哭泣,我的翅膀好沉呀,都被你的泪水打湿了。"此外,在当地人的观念中,人应该时刻维持自己情绪的平稳,情绪的爆发会污染血液,进而引起身体和精神上的疾病,甚至导致生命危险。这体现了当地的一种文化和生物两种因素兼容的环境,它教会亲人们在失去孩子时如何控制自己的情感、治愈伤痛,在这个意义上,真的自我(生物性)与假的自我(文化)的区分实际上是存疑的。

R. 德斯贾雷斯(Desjarlais,1992)在《身体与情感》(*Body and Emotion: The Aesthetics of Illness and Healing in the Nepal Himalayas*)一书中也批评了权力话语理论。基于尼泊尔的田野调查,德斯贾雷斯(1992:99)认为对情感的研究应该从话语回归情感本身,而且人的情感经验应该是关注的重点。德斯贾雷斯对卢茨和庐古德都展开了批评,他认为将情感作为话语是对情感本身的忽略,"将仪式式的悲伤与个人对悲伤的表达视为一种与社会生活政治相关的修辞策略,从而忽略了一点:这其实也是个人和公共经验的反映";德斯贾雷斯认为权力话语理论的确可以有助于我们认识到情感的表达所嵌入的社会和政治语境,但是,这也警醒我们应该注意到诗歌话语中所包含的那些悲伤、痛苦、伤心,其实是最寻常、最深刻的体验,而这正是情感话语流派所忽略掉的部分。

德斯贾雷斯(1992:103—105)在书中举了一个例子,比如当地的一首民间诗歌中这样说道:"我的警告是对老人的/他囚禁了年轻人的自由/那个被遗忘的东西,叫做爱/感情,欲望,还有燃烧的火焰……"如果按照庐古德的分析框架,那么这首诗就是表达了年轻人反抗长辈在政治权威以及经济上的控制,但德斯贾雷斯认为除此之外,诗中还包含渴望与绝望,这在当地是一种情感的身体体验;英语中的悲伤(grief)、难过(sadness)、痛苦(pain)在当地语言中有一个统称,叫做 *tsher ka*,但它又与英语中的这些情感概念有些不同,*tsher ka* 更多的是与分离、忧伤、与别人进行内心交流的无力相关。德斯贾雷斯从身体与情感的角度对这种情感进行了分析。他认为当地人的认同首先是从自己的身体出发,继而通过家户、家庭和村庄,从而形成基于血亲、地位等级以及资源与食宿式交换的关系网络;当有人去世或离开时,就会引起人们在身体上的心痛,因为这种分离隐藏了认同的危机,没有群体对日常生活的指引,人们将会迷失,不知道自己是谁。因此,当地人是很害怕 tsher ka 的;他们常说的悲伤、伤心不仅仅是语义学上的分类,而是一种深层的感觉体验,人们经常对之避而不谈,因为它们会附着在人身上,进而让人与人分离,失去自我。由此,德斯贾雷斯提倡在情感研究中,必须将语言、身体体验以及人们的经验结合在一起。

首先,涉身性理论有效地避免了话语理论对个体体验的忽视,使情感人类学回归情感本身。其次,涉身性理论通过提升身体体验的地位进一步提升了情感的地位。最后,涉身性理论通过取消文化与生物性、社会与生物性的区分,相对有效地解决了之前人类学对情感的二元认知模式。

(四)动情的观察者:人类学者自身的情感体验

除了对于情感的理论探讨,情感人类学还包含了人类学者面向自身的情感体验与反思。如果说,前者属于针对人类情感的认识论范畴,那么,后者则将视野投向了人类学者在田野调查中的方法论维度。密歇根大学人类学教授、古巴裔美国人露丝·贝哈(2012)出版的《动情者:伤心人类学》一书就是这方面的典范之作。该书共分六章,每章都可以自成文章。贝哈以自传的形式分别谈论了人类学者在田野工作以及民族志写作过程中个人内心遭遇、祖父的离世如何与她对西班牙一个村庄死亡的研究交融在了一起、调查对象的婚姻生活如何引起她对自己婚姻的反思、九岁时一场车祸造成的身体创伤如何转变为三十五岁时的心理伤痛、古巴裔美国人的身份造成了她在往返美国与故乡之间的尴尬境地、人类学究竟应该是科学的还是人文的。

表面上看,这本书可以归为20世纪80年代美国人类学内部对于民族志的反思;而且,从师承关系上看,贝哈是格尔茨第一任妻子希尔德·格尔茨的学生,她在本书中也表现出了对格尔茨的认同。格尔茨与80年代的民族志反思有着不可忽视的关联,当时的主要成员如保罗·拉比诺是其嫡传弟子,乔治·E. 马库斯与詹姆斯·克利福德则是格尔茨亲自邀请至普林斯顿的,正是在这里,马库斯草拟了《作为文化批评的人类学》的初稿。虽然，格尔茨对拉比诺的《摩洛哥田野作业反思》保持一种谨慎的态度，但他自己也一直在思考到底该如何认识和处理人类学者自身在田野工作中所遭遇的事情。但是，《动情的观察者》又不全是在这一反思的脉络中，她更多的是从人类学者自身的情感维度来阐释田野工作、民族志写作与自己究竟有着什么样的内在关联。她以生动的自传式故事以及调查对象的情感故事，提出了这样的问题：民族志到底是科学还是文学？或者说人类学者在田野调查中的内心真实是否可以写入民族志？个人化的故事是否必须被排除在非个人的社会事实之外？

她在该书的开篇讲起 1985 年哥伦比亚的一场雪崩，各路记者纷纷赶往现场抢着拍照、报道，当众多镜头对准一个被困泥浆中的 13 岁小女孩、记录她的痛苦时，其中一位记者扔下了相机，过去抱住这位女孩，但这时她已经心肺衰竭。贝哈认为这个案例指出了观察者的两难困境，究竟应该忠于客观的报道，还是该忠于内心的悲悯。而贝哈提出的这个问题实际上触及了人类学的一个根本问题，那就是研究者与研究对象之间到底应该持有什么样的关系。科学的民族志和调查方法要求调查者要保持理性、淡出民族志文本，但贝哈则提醒我们注意人类学研究的对象是人而不是物，他们和研究者自身一样复杂、鲜活、有血有肉，充满喜怒哀乐。贝哈在该书六章的写作中不时地穿插着自己的人生故事以及情感体验。她在研究西班牙一个村庄中的死亡问题时，祖父的病危以及离世让她体会到失去亲人的痛苦，她也因此更加深入地理解了当地人在死亡中的内心遭遇。同样，访谈对象的婚姻生活也触动她反思自己与丈夫的相处模式。她认为，情感正是人类学者游走于他者与自我之间的一个有效通道。

不管是人类学方法中所提的参与观察还是同情式理解，都是基于一种自信，那就是人类学者可以理解他的研究对象。在整本书中，贝哈在讲述别人苦难的同时，也在回忆着自己的苦难，她对于自身情感体验的敏感能够让她更真切地体会到别人的伤痛；因此，她可以批判那些只顾抢新闻热点的记者，批判他们没有人性。但这些记者也有一套成熟的价值体系支撑自己的职业行为,他们可以以一种更加强大的正义的名义来进行反驳,他们是为了更加伟大的事业。人类学的境遇与此极为相似,人类学者的田野调查和学术研究究竟应该关注每一个人还是更为宏大的体系(社会、文化、道德)、一个更为远大的理想以及一个更为美好的世界?贝哈认为,通过对个人遭遇的关注实际上是可以过渡到对抽象问题的思考的,也就是说,这两方面其实本来是可以很好地结合在一起的,但却被我们视为互不相融的对立面。人类学者自身的情感能力正是人类学所提出的自我与他者之间关系之所以能够成立的一个前提和基础,而它从一开始就被人类学排除在外了。

情感人类学对于人类学中国研究的启发

情感人类学的出现是人类学第一次全面展开对情感的讨论和研究,它首先从认识论的角度修正了西方思想文化中对情感的本质化认知;在近三十年的发展中,情感人类学也相继提出不同的方法论,始终坚持着对之前情感研究中所隐藏的社会/文化决定论的警觉。总体而言,不管是之前的文化决定论提出的"精神气质"、社会决定论提出的"集体情感",还是情感人类学内部的理论发展,都为我们思考如何在中国社会的研究中加入情感人类学的视野提供了宝贵的认识论和方法论资源。

(一) 从"人情"到"情感"

在人类学中国研究中,曾有学者从中西文化比较的视野中关注过中国人的情感问题;而且,在总体上形成了两种不同的观点。一种观点认为中国人只关心生计,不关心情感,而且中国社会也不存在个人情感表达的机制;另一种观点认为情感表达在中国社会不仅存在,而且起着重要的作用。前一种观点以费孝通和瑟尔密斯·波特(S. Potter)为代表,后一种观点以任柯安(A. Kipnis)代表。

费孝通(1998:43—47)在《乡土中国》里讲到传统中国社会的社会秩序安排是排斥情感的,家是乡土社会的基本社群单位,父子关系是主轴、夫妻关系是配轴,这两个轴都因生计的需要而排斥了普通的感情;费孝通指出情感是容易激动的,因此是变动不居的,这不利于社会关系的稳定;他提出一个有别于情感的词汇,叫做亲密感觉,亲密感觉是基于熟悉而产生的,是契洽的,具有亲密感觉的乡土中国是无声的社会。与费孝通一样,波特(1988)认为在中国人自己看来,情感与社会再生产之间是没有直接关系的;弗洛伊德说人最重要的两个能力分别是工作和爱,波特认为西方人的能力是爱,而中国人是工作;中国人认为社会秩序依赖于行为即可,无需情感,因此,她称中国人是以社会为中心的(sociocentric)。

任柯安(1997:104)利用田野材料对波特展开了批评,他是20世纪80年代末90年代初在山东一个叫做凤甲村做的研究。任柯安认为凤甲村这个村落社会得以可能的基础就是"关系"(guanxi),它不仅包含实质性的物质交换,还包括感情的互惠,因此,感情是社会关系远近的表征;凤甲村人的情感表达依然延续着儒家意识形态通过仪式来强调社会等级的逻辑,感情表达的伦理动力学就是对"关系"的操持,而非个人情感的真诚表达,任柯安将此称为"非表达型伦理学"(Non-representational Ethics)。因此,任柯安不同意波特的观点,波特说在中国,感情与社会关系是无关的,但任柯安的研究恰恰表明,二者不仅相关,而且感情是关系的重要组成部分。任柯安的这种观点还可见于黄光国(Hwang,1992)、杨美惠(Mei-hui,1994)关于中国社会中人情与面子的相关研究,人情是中国人影响社会关系生产与再生产的重要因素。

一方面,正如凯博文夫妇所言,波特将中国人界定为以社会为中心,是一种典型的东方主义,即一定要找出和西方完全相反的例子。另一方面,主张中国社会有情感表达的观点实际上混淆了中国人概念中的"人情"与西方人概念中的"情感",最终滑向了对社会关系的研究。凯博文夫妇在对中国人的痛苦和抑郁的经验研究基础上,提出了一种新的情感概念,他们认为在经验的层面上,情感以及情感的体验是普遍的,是人们应对自身所处生存境况的一种内在生命体验(Arthur & Joan Kleinman,1991);因此,绝对不像波特所说的,情感在中国人看来是一种自然现象,对社会的维持和延续没有重要的象征意义;在凯博文夫妇看来,情感并不是一种独立的社会文化现象,而是融合了心理、社会、文化、精神以及身体的一种综合体验。从凯博文夫妇关于情感的界定出发,可以说,任何社会中的人都不会不讲究情感的表达,任何社会中都不可能没有情感表达的需求;但这并不等于说,任何社会都会给与人进行情感表达的机会和空间。

现在看来,随着乡土中国向现代中国的转变,早期中西文化比较视野下的"中国人是否存在情感表达"已经成了一个假问题。近年来,已有学者开始关注到处于现代化转型下中国社会中的情感问题。

(二) 发现个人情感

阎云翔(2009:91—95)指出,随着中国社会的变迁,原先对于乡土中国的表述需要进行修正,特别是认为中国农民没有情感或者说没有能力表达情感的说法是有问题的。他认为中国的农民不仅有能力表达情感,而且随着中国社会结构的变革,他们对于情感的表达变得更为直接了。中国乡村的家庭结构自20世纪80年代以来发生了根本性的变化,夫妻轴取代了原先的父子轴成为家庭的纵轴;两性、夫妻关系的重要性随之增强,个人的情感与欲望在现代家庭中的地位也随之得到彰显;男女之间的自由恋爱也不再被压制,爱慕之情的表达也趋于直接和浪漫。阎云翔的这项研究与吉登斯关于亲密关系(intimacy)的论述有着潜在的对话,吉登斯认为两性间亲密关系从不平等向平等的变革是个人生活和社会生活民主化的基础。当然,阎云翔面对中国经验表现出一定的消极态度,他认为新中国成立后的集体化在打破基于血缘关系的传统社会等级时,也制造了集体的对立面,即具有自我意识的个人;随着经济改革开放,国家力量的撤离留下了一大片道德和价值真空,从而在乡村社会中形成了一种扭曲的个人主义(个人利己主义)。

阎云翔是从纵向的角度关注到了中国社会由制度改革而造成的个人,以及与此相关的家庭伦理、道德规范以及社会民主建设等宏大问题。台湾的简美玲则是从横向的角度重申了个人与社会之间关系这个古典话题。她从 20 世纪 90 年代末开始在贵州东部做田野调查，调查对象是当地的"游方"①。简美玲(2009:230—243)所调查的村寨是一个以交表婚为理想和实际的社会，但她发现当地又有很多私奔婚，即与自己心仪的但却非交表亲的异性私奔；她认为这种情况的存在与当地的"游方"有着内在的文化关联，"游方"创造了一个既展现感情的集体性、个人性，又创造了浓厚戏谑的情感天地。"游方"既是个人情感表达的集体形式，也是集体情感的个体呈现。简美玲通过对个人以及个人情感的关注，试图说明的是文化内部的复杂性，个人与文化、个人与社会之间的关系不是固定的而是流动的，是可以被创造的。

小结：情感的奥秘

人的情感原本是不可见之物，但因其在人身体、语言以及行为上的反应，而变为可见之物；也正是这一转变奠定了情感作为人类学研究对象的可能性。那么，对这一原本不可见之物的研究究竟有何价值呢？或者说，这一不可见之物究竟包含了什么样的奥秘呢？其实，早在古希腊时期，柏拉图和亚里士多德就论述过人的情感。柏拉图在《理想国》中曾明确指出人的情感相对于理性是低下的，它会扰乱人的判断，进而扰乱城邦的正义，因此，情感需要理性的控制和引导。亚里士多德(2003:42—45)也阐述过类似的观点。可见，人(包括个人和集体)的情感与集体事务之间有着本质的联系；情感人类学对情感的探讨基本上延续了这一思想。不管是之前的博厄斯学派、法国社会学年鉴学派分别从文化和社会的角度来讨论情感，还是情感人类学内部的几次理论范式演变，基本的目的还是探讨人的情感与外在体系之间究竟有着怎样的关联。这些理论主张之间有着显在的差异，但归根结底，它们始终摇摆在个体与集体之间，有的提倡个体利益，而有的则提倡集体利益。主张集体优先的强调个人情感对集体具有危险性，因此

---

① 根据简美玲的介绍，"游方"最早由吴泽霖先生在 20 世纪 50 年代译为汉话，是指男女青年之间的群体性与节庆性的谈情。

应该受到控制,这其中暗藏着集体决定论的基调;而主张个体优先的则强调集体与个体之间不是单纯的决定与被决定的关系,个体具有应对集体的能动性,因此,个体情感是挑战集体力量的重要因素之一。

在经验和理论两个方面,人类学中国研究中对于情感的关注和探讨均取得了一定的成果;不论是早期中西文化比较视角下,从总体上对中国人是否有情感表达的探讨,还是在情感人类学影响下,从情感本身出发,将情感、身体与社会境况综合起来的考察,抑或是对现代化转型下的中国乡村社会情感生活以及少数民族地区的情感文化的研究,都为我们呈现了可贵的经验材料与理论关怀。但这些仅仅是起点。

在人类学的中国研究中,对人特别是普通人的情感世界的关注是不够的。提倡对普通人的关注首先是要超越个体与集体二分结构,其次是要提倡对每一个人(不单单是个体意义上的)的尊重。涂尔干在《社会分工论》中曾为我们留下了一个潜在的深刻问题,随着有机团结的到来,原本深藏于机械团结中完全吸纳个人的集体情感将逐渐消退,现代社会的总体道德规范将如何建立?社会团结将如何达成?这种相对古典的话题却是个体化加剧的现代中国社会正在面临的问题之一。一方面,不管是道德建设还是社会团结,都需要外在制度(包括社会制度与文化体系)对人行为的规范;另一方面,正如涂尔干所言,如何让规范与社会深入人心,从而在规范、制度与人之间建立起相互嵌入的关系,这是尤为关键的问题。而要想让社会在人心中,就必须要观照到公民的内心情感世界,而这正是情感人类学的可为之处,也是本研究的起点。

日常生活与定向性情感

西和人尤其喜爱字画,每逢春节前一个月左右,街道上就开始摆设很多字画摊位,还有不远而来讨营生的异乡人。在西和相交的朋友中,有几位颇爱这些,他们会带我驻足于这些字画摊前。那些摊主,包括小有名气的写家,他们的卖字被隐讳地称为"走穴",也有一些专门贩卖字画的外地小商贩,还有一些本地的写手;不同的摊位光顾的人不尽相同,朋友们告诉我,一副字或一幅画,不仅呈现创作者的水平,也体现买家的眼光,有的人购买是因为需要,真正的行家里手才懂得货真价实。我对朋友们这种颇为精英式的论调多少有些排斥,不过,有一点我是认同的,一幅画不单是几寸纸片之内的内容,也与画外的创作者、购买者或收藏者,以及这些人的生存境况和审美追求是紧密相关的。

我时常觉得乞巧就像一幅画卷。一方面,就如对于字画的喜爱一样,对乞巧的痴迷亦是当地人日常生活审美向度的体现;另外,这也提警我顾及,在观看乞巧这幅画卷时,不仅要看作为文化形式传承下来的画法,还要注意画画的人、观画的人,甚至与画卷相距较远的人们,比如乞巧之外的男子,以及他们的日常生活。同样的,为了考察充斥于乞巧中的"非定向性情感",我也要先从日常生活中的"定向性情感"出发,是为画外弦音。

第一节 | 家庭礼仪

慧美是一位心地非常善良的家庭主妇。西和人以吃面食为主,如果她家哪天做米饭便一定会叫我过去,渐渐地,我成了她家里的常客。她丈夫是老大,与弟弟隔墙而住,其实是原来的老院子一分为二,兄弟俩都成家后,失去老伴的父亲跟着小儿子住,伙食安顿在老大家。与院落配套的是炕,它是一个院落里礼仪最为讲究的地方,西和气候属凉性,除了夏天比较炎热的时候,慧美家吃饭都是在炕上。有一种小餐桌,放在中央,大家盘腿坐到周围,与炕边正对着的靠墙的位置是最尊贵的,这是慧美公公的位置,公公的右手边是慧美丈夫的位置,也是次为尊贵的位子,公公的左手边通常是我的位置,因为我是客人,但又是慧美丈夫的晚辈,慧美的孩子有时候坐在炕沿,有时候也可以撒娇一下挨着爷爷坐,而慧美每次都是手捧饭碗站在炕边的地上吃饭,公公饭量很小,每次总是会先离开,公公离开之后,慧美的丈夫便挪到父亲的位子上,这个时候,慧美就坐到丈夫的位置上,开始有说有笑起来。公公在的时候,慧美很少说话,一般都是丈夫与公公在有一搭没一搭地说着话,她在一旁默默地听着。她曾告诉过我,刚结婚那会儿,她很多时候都在厨房里吃饭。

小城西和是一个县级城市,自 20 世纪 90 年代起,尤其是近几年,陆续有一些地产开发商来到这里建设商品房。有意思的是,对于具有现代符号性质的商品房,西和是排斥的;虽然县城内的商品房数量在逐渐增多,但到目前为止,商品房与传统院落民居的比例大概为 1∶3。小城西和在空间上不断向外扩展,这主要是基于人口数量的增多,除了已在城内定居的人家,其家庭的自然扩大之外,城内人口数量以及居住空间的扩张主要是由于移民,即由当地乡镇向县城的人口流动。新增人口首先需要解决的是居住问题,除了其中一部分人选择租赁的形式,只要有经济能力的人家都会在小城内落户,成为真正意义上的

"城里人"。落户所选择的居住方式有两种,一种是购买商品房,另一种则是在小城购买一块宅基地,自家在上面建起一处传统的院落,西和人称之为"安架房"。

西和人对商品房和楼房与传统院落结构的民居持两种截然不同的观念和态度。在他们看来,商品房没有院落和炕,住着不舒畅,更为重要的是,他们觉得商品房不具备成为家产的条件;他们说商品房的寿命最多50年,而传统民居至少有150年的寿命。西和有一种说法是,男人辛辛苦苦一辈子就为一院房,房子是传给下一代最好的家产,也是一个男人应尽的义务。虽然西和人排斥商品房,但限于自身经济能力,一些想进城或者想从老宅搬出来单过的年轻人,他们买不起宅基地,便会退而求其次购买商品房。

至少到目前为止,商品房的出现还不至于摧毁西和人对"宅"的观念。西和人对"宅"的重视尤其体现在修建宅院过程中的诸多禁忌;这里的"宅"包括阳宅和阴宅,当地有种说法叫做"人在坟上,财在门上"。如果哪户人家常有灾祸发生或者人丁不旺,大家通常便将其归咎于祖坟没修好,或者家里的大门修建得有问题。西和人修建两类"宅"都是套用八卦,所谓"无极生有极,有极生太极,太极生两仪,两仪生四相,四相生八卦,八卦生十二山"①。"宅"是一户人家生机勃发的根基。当地阴阳先生给两类宅子看吉凶时,用的都是罗盘,又叫"天地人盘"或"三合盘",最外面一层是天盘、中间一层是人盘、最里面一层是地盘。天和地的因素汇集于"宅"上,共同决定着居于"宅"上之人及其家庭的命运。

通常来讲,修建一处院落首先需要请风水先生从整个大的地理方

---

① 我在西和的报告人之一李阴阳("李阴阳"就是"阴阳先生李某"的意思,西和人通常直呼某位阴阳先生为"某阴阳")曾向我解释过八卦的科学性,他说自然界万物都对应着上面的这段话。"无极生有极"就犹如一片荒芜之地埋了一粒玉米种子,种子种下之后便有了生机,这就好比"有极生太极",种子破土而出两片嫩叶,这就是"太极生两仪",两仪又生出四片叶子,这样一直到长成。李说他刚入道时曾专门数过玉米的秸秆,正常情况下刚好是十二个。

位上判断所选之地是否能用,他们运用"地理五诀"①来断定吉凶。地基选好后,接下来要找阴阳来确定修建房屋的吉日、房的字相,以及主屋、大门、水路和灶房的位置。主屋、大门、水路和灶房之间的相互位置关系构成了整个院落的结构。

  在西和城内,按照整个大的地理环境,宅院大多是坐北向南,主屋在北方。动土开工之前,主家首先要请阴阳先生择定破土动工的吉日②;另外,在开工前还要为宅院的主屋找字相,主屋的字相确定之后,主屋、大门、水路和灶房的具体位置便依次可见了,整个过程阴阳先生用的工具都是罗盘。主屋一般在宅基地的北边,主家自己也能框定主屋的大致位置,阴阳先生确定的是主屋的朝向,也就是主屋的字相;虽然西和的房屋大多是坐北朝南,但其实皆非正北正南,因为他们认为只有朝廷的府邸才能用这个字相,普通人家都需要稍稍偏离一些,至于偏离多大的角度就需要阴阳用罗盘来确定了。在主屋的大致位置上,先用罗盘找到子午线,北极所对应的地盘上的便是字相;字相定了,等于是将罗盘一分为二,继而再找到四分之一的两个点,用红线一连便又将罗盘一分为四,这条红线的方向便是主屋后墙的方向。主屋定下来之后,再定偏房的大致位置,一般是在主屋的右手边。接下来就要找"中宫",所谓的"中宫"是一所庭院的中心位置,有了中宫,八卦才能活起来。③ 中宫找到以后开始找大门的方位,先根据主房的字

---

  ① 地理五诀即龙、穴、砂、水、向。"龙"指的是龙山,风水先生认为西和县城周边的山上都住着龙,而龙的源头在西南方向的香山(相传为妙善公主修行得道之处),龙山也有好有坏,好的土地要能避开凶龙山吸收好龙山,这样便可以丁财两旺;"穴"是指阴山,"砂"是指要消砂或凶煞,"水"指要避开三种泉(八路黄泉、八煞黄泉、黑黄泉),"向"是指向山,即地基所正对着的山,山上不能有瓦窑、庙宇、沟壑,山形要饱满,否则也要设法避开。

  ② 阴阳先生根据《永吉通书》以及房主的生辰八字来定日子;倘若按照房主的生辰在当年没有日子的话,就依次换其长子、次子、兄弟的生辰,若均无,就要考虑五服之内其他的直系男性血亲了。

  ③ 找中宫是以主房的前墙最外面为起点,主房对面的房间或院墙的最里面为终点,用细线一拉,用卷尺找到其中点;同样的方法找到另一条线和中点,再找到这两点所在的两条线的交点,这一点便是整个院子的中宫,这样一来,整个院子便有了方正,如同一个井字。

相找到所对应的八卦①；按照上起下落、下起上落、边起边落的原则，用手指掐算出另一个吉利的字相，该字相便是大门的方位；再根据宅基地的大小确定中宫到大门之间的距离，确定好大门的位置以后，真正修建大门时还要向内缩进四十公分，合鲁班尺一尺二寸，代表十二个月吉祥，这样就叫做"踏宫进宅院"。② 按照类似的办法，依次找到水路和灶房的位置。

由主屋、大门、水路和灶房构成的院落框架，四个部分各有其功能，主屋与屋主的命运休戚相关，大门有门神主管家里的财路，水路有水神掌管家人祸福，灶房有灶神管平安。四个部分也有主次之分，主屋是院落的灵魂，大门其次，水路和灶房依照主屋的字相而动。一般情况下，西和的院落设置里还有偏房的说法，偏房包括两类，一类是主屋两端的两间房子，主屋一般分为三个部分，即中间的厅堂和厅堂两边的房间。厅堂里配有炕，既是招待客人的地方又是卧室，主屋的两翼还会分别带有两间小一点的房间，相对于厅堂，这两个房间被视为偏房。另一类偏房是指独立于主屋之外的一栋房屋，一般设计在主屋的右手边，与主屋垂直，坐西向东。在建筑面积和房间数量上，偏房不能超过主屋，灶房不能超过偏房。一般情况下，主屋是三间，偏房一间或两间，灶房是一间，且灶房比偏房的一间还要小一些。总之，主屋位居整个院落建筑物之首，庭院内的主次分明也意味着家庭内的长幼有序；在修建院落的过程中，对各个房屋尺寸的把握是一个关键问题，倘若乱了主次便是对居于其中的家庭的一种危害，这是任何一个家庭都不愿意触犯的禁忌。

院落中建筑的主次关系最终是家庭成员之间关系的一种体现。主屋必须给家里辈分最高的人住，辈分低的人住偏房。成了家的儿子

---

① 八卦为"坎、震、巽、离、坤、艮、乾、兑"，与"伏、绝、天、祸、六、延、五、生"相配。其中，伏：伏位，吉；绝：绝命，凶；天：天乙，吉；祸：祸害，凶；六：六煞，凶；延：延年，吉；五：五鬼，凶；生：生气，吉。

② 按道理讲，有1、2、3、4、5、6、7、8、9、10、11宫门，其中单吉双凶，去除了一半，另外可以用的宫门还要依照整个宅基地的大小来合理定夺。"一宫"合鲁班尺四尺五寸，合米尺为一米四六。

媳妇可以选择住在与主屋相连的偏房里,如果想与父母离得远一些,也可以住在主屋旁边的那栋独立出来的偏房里。这种主次关系中同时也包含着家庭礼仪规范。比如,公公不能随便进出儿子媳妇的偏房,儿子可以到父母的炕上休息和吃饭,但刚过门的新媳妇就不能上公婆的炕,而已有子女的媳妇却有上炕为公婆整理床榻的义务。同样的,男人们也有不能去的地方,那就是灶房,或者说在西和人的观念中,他们不支持男人出入灶房,灶房是女人的空间。

只要家庭殷实,人们还是会选择在小城里购买一块宅基地。倘若足够殷实,人们会选择修建安架房,如果经济条件有限或为了创造更多的居住空间,也会选择用楼房替代安架房,但整个院落的结构不会受到影响。虽然院落内的楼房在西和陆续出现,但并不代表人们在观念上的接受。

一天,我跟着张和①去探望他的一位老朋友,畅谈之余,这位老友提起一件烦心事,他与儿子媳妇正在闹别扭。缘于他们对盖房子的不同主张,这位老人的儿子想把他们现在住着的老房子拆了盖新房,老人起先很高兴,但儿子告诉他要盖成楼房;虽然儿子说楼房可以随意地往上盖很多层,可以利用的空间会比以前大很多,但是他还是不能接受。他说楼房没有多少年就锈迹斑斑了,而"安架房"不仅住着舒心,而且里面的木质结构维持一百年以上没有问题。实际上,这位老人的儿子想要盖的那种楼房和商品房还不太一样,这种房屋居住模式在西和也慢慢普及开来,一般是两到三层,楼房的旁边带有厨房,而且一定会留出一定的空间作为庭院。年轻的一代往往会选择这种模式,因为较之"安架房",修建这种带有楼房的院落所需的费用要便宜很多。

---

① 张和是我在西和非常重要的田野报道人之一,他是位小学退休教师。他是北关村社火的重要组织者和参与者之一,既会狂社火,也喜欢写一些社火方面的回忆性文字。近几年,他和几位老朋友一起致力于整理、记录北关村社火的历史。几个人还集资将整理出来的文稿拿到县城的打印店打印成书的样子,选择吉日,邀请北关村的文人墨客、亲朋好友参加他们举办的"新书发布仪式",仪式之后将书送给大家,以示纪念。"田野报道人"即在调查中为调查者提供信息、协助调查的人,一般为当地人。

这个小插曲透视了西和人对安架房和楼房的区分。表面上看,楼房的出现并未破坏传统的院落结构,楼房替代的仅仅是原先的安架房。但具体而言,楼房与安架房之间的差异还是非常大的。首先是建筑技术,其次是房屋内部的空间结构。西和人喜爱的"安架房"通常是用较好的木料组建房屋的主体架构,包括屋梁、屋檐和窗棂,即使再普通的安架房也可见上面的雕琢图案,这代表着当地人的建筑美学和审美艺术。而楼房的主要材料是砖头、钢筋和混凝土,除了门窗可以雕刻精美花纹之外,屋檐和墙壁上的装饰只能用带有图案的瓷砖替代了。最为重要的是,楼房严重破坏了"安架房"内部的礼仪空间。

家庭的礼仪空间除了体现在院落内各建筑物之间的主次关系而外,还集中体现于厅堂之内,而厅堂内的礼仪又集中于两处——炕和香案;炕和香案两个空间所彰显的不仅是家庭成员之间的礼仪规范,同时也包含着家庭与家庭之间的社会礼仪规范。厅堂内的空间可以划分为几个部分:炕上、炕边、炕下和太师椅。总体而言,炕上的位置要高于炕边,炕边高于炕下;具体来说,炕上与炕边正对着的靠墙位置,以左为上右为下,东为上西为下的原则包含着八个不同性质的座位。不同身份的人入座不同的位置。此外,每户人家厅堂正中都会摆放一个香案,那是纪念祖先和敬仰神灵之处,在香案两边分别摆有一张椅子,西和人称之为"太师椅"。在诸如红白喜事的特定仪式中,"太师椅"是祖先魂灵回家后所坐的地方。而在平时,"太师椅"可以视为一般的家具,但又与一般家具不同,在西和人看来,不是所有人都可以坐"太师椅"的,能坐太师椅的人主要包括饱学之士和年高辈尊之人,如果一个年纪轻轻的人坐到人家太师椅上,是会招来周遭人的嘲笑和指责的。

一户人家可以有很多处炕,只要愿意以及空间允许,每个房间都可以建一座炕,但在所有的炕中,要数主屋厅堂内的那座炕最有意思。这座炕非常讲究,什么人能上炕,什么人不能上炕,什么人应该上炕,什么人不应该上炕,均有区分,但这种区分也是根据具体情境而所有变动。就比如开头提到的慧美,她公公在炕上坐着的时候,她就不应该也不能上炕。而对于我这个特殊的人物而言,如果我单单是他们家的女儿,我就不应该坐在仅次于慧美丈夫的位置上,但有了调查者和客人的特殊身份之后,我便可以了。不过,这种情况与公公吃毕离开后,慧美坐到炕上去的行为又是不同的。因为,公公离开后,炕所包含的空间内的人员关系发生了很大的变化,原先不能上炕的慧美坐到了比我重要的位置上。但是无论具体的情境如何变化,炕与餐桌共同构成的家庭礼仪规则是不变的,是以男性为主导,长辈为上,女性被置于隐性的位置,男性的地位是固定的,女性地位的变化具有弹性,但这也并不是说女性被置于不重要的地位。

当一户人家招待来客时,炕与餐桌组成的特殊空间也体现了西和的社会礼仪规范,这尤其体现在"过事情"期间。过事情中摆的所有宴席要数厅堂内的炕上那桌最为特殊,其特殊性不在于饭菜而在于招待的人。只有最尊贵的人才能在这个炕上入席,主要包括母舅、岳父母、村上年老有威望之人、有时也包括身居高位之人比如单位里的领导。在"过事情"这种特殊的时期之外,能否上炕就变成一个相对的事情了,但其中也包含着社会礼仪规范。比如,有年长的男性在炕上,辈分低的和年龄小的就不能上炕;有辈分高的男性在炕上,女人就不能上炕,但那些年长、辈分高的女性又是可以的。

"香案"是一个家庭表达对祖先的纪念和尊重的重要空间。每逢节气、周年、忌日,每户人家都要举行相关的仪式,将去世亲人的亡灵请回来,"坐在"太师椅上,全家按照辈分依次在香案前给先人磕头,敬供一番,这是表达孝心的一种方式。有一次,我被当地一位朋友邀请参加他给父亲"过三年"①的仪式。我过去时,他们正在布置香案,正中间摆放亡人的遗照,遗照前面是香炉,香炉的外面是敬献的水果。西和人非常讲究"孝",孝顺的观念深入肌理,我的这位朋友买了很多

---

① "过三年"是西和丧葬礼仪中一个非常重要的仪式。西和人讲究"三年孝",即为亡人守三年孝,分别叫做"过一年""过二年"和"过三年",届时需要布置酒席并邀请关系较好的亲友到家中为亡人守灵。其中"过三年"是最为隆重的一次,因为三年一过,意味着"亡人"已经变为"先人",得到了安抚,可以投胎转世了,不再是亡灵,守孝的人也因此可以脱符。

稀有的水果准备献给亡父,有草莓、圣女果、西瓜和柠檬,还有一些上好的点心。这位朋友在往碟子里摆放洗好的水果时,旁边一位年轻人忽然笑话起他来,说柠檬不是用来吃的,是泡水喝的;我的朋友非常惊讶,他原以为这么贵的东西应该是可口的水果,他是觉得新奇就想买回来献给父亲"尝尝"。在"过三年"的仪式中,由孝子给亡人献汤汤饭、茶酒,并给亡人焚烧香蜡裱纸,所有这些仪式都在香案前进行。此外,被邀请参加仪式的人,到了首先要在香案前给亡人行礼,比亡人辈分低的人要上香、磕头。有几位亡人身前的好友,包括亡人的胞弟,不停地给亡人敬烟,将点燃的一支烟烟嘴朝向亡人支在香案上。

与"炕"类似,"香案"也包含着家庭与家庭之间的社会礼仪,红白喜事时的很多仪式都在香案前举行。比如在丧葬仪式中,亡人的灵堂便设在香案处,所有家祭仪式大多在香案前进行,来宾与亡人及其家人是什么样的关系便行什么样的礼仪;再如,结婚期间,布置香案和请先人回家也是必不可少的仪式。另外,红白喜事时上门邀请亲友和新年拜年时,一定先要在人家的香案前给他们的先人磕头。

总之,院落结构和屋内空间体现着家庭之内以及家庭之间的行为规范,反过来说,家庭之内以及家庭之间的礼仪规范划分了院落结构和室内空间,形成了一种礼仪空间。西和的家庭礼仪规范以及家庭与家庭之间的社会规范,均是以男性为主导;以男性为主导并不是说在礼仪规范的范畴中,男性比女性重要,而是说有很多礼仪行为必须由男性来践行,而女性是明确地被排除在这些范围之外的。

第二节 | 当地的人观

贝特森(2008:182)曾提出一个概念,叫做精神气质(ethos),"精神气质是一个情感态度系统,它决定了一个社群对生活情境所能提供的各种满足和不满足所赋予的价值,而且我们已经看到,精神气质可以被恰当地视作'组织个体的本能和情感的文化标准化系统'"。虽然贝特森的这个定义容易让人想到文化建构主义(Cultural Constructivism），即个体的情感态度和行为完全是由社会文化决定的，不过对文化建构主义的反思并不能否定人的社会性存在和文化特征。一个社会中的定向性情感往往与社会日常生活以及伦理道德体系相关，在一定程度上，对一些人和事表露强烈的气愤或者尊敬的情感态度并不是个人的事情，而是整个社会的道德体系和文化的精神气质让人们知道自己应该表露什么样的情感态度，否则就会被大家视为不合格或不正常的人，这也是人之为人的基础之一。相反，如果在人生过程中由于自我的迷失而成为人们所认为的不正常的人，那么，也可以通过行为以及精神气质的"修炼"重新成为一个"人"。

2010年4月20日（阴历三月初七）的午后，我跟着北关村泰山庙会筹备组到村上挨家挨户去攒戏钱，用以筹备三月二十八日的庙会。这一天，我们来到白水桥以北的北商场附近，这一带的居住形式显得比较凌乱，除了本地居民以外，还住有很多从乡村来到县城做生意的人，当地居民除了出租家里的房屋，也会在附近搭建一些简陋的平房用以出租。在一条巷子里，我跟几位庙会筹备组成员在路边等其余人的时候，看到旁边一根电线杆上贴着一份很醒目的广告；粉底黑字，题目叫做"求子"，大意是一位刚结婚的女子遭遇了不幸，丈夫没有生育能力，希望身体好的男子能够帮助自己满足做一位母亲的愿望，最后说到倘若怀孕了，将以重金答谢。广告上面印有一位年轻的女子，长相很好，但有搔首弄姿的味道。

我第一次看到这样的广告，多半是出于好奇，心中思忖怎么还有求别人帮自己生孩子的事情，便看着广告发呆；这时，张叔忽然走过来斥责我："你怎么看这种东西！"看着他生气的样子，我很纳闷，便问他为什么我不能看。张叔是位脾气很暴躁的人，他说："不能看就是不能看，这都是些乱七八糟的东西，我们男人家都不看，你一个女孩子，看什么看！"

过后，我问了几位年轻朋友，他们告诉我那是色情广告，性工作者就是以这样的方式给出她们的联系方式；我这才明了张叔对我发火的缘由，也才注意到，后来在我们攒戏钱的过程中，再遇到这类广告，他们都会有意地避开不看。又隔了几天,我继续跟着庙会筹备组攒钱,我们来到县城街道背后的一片巷子里时。有一个巷子,沿道有一排很显眼的铺子,初看上去,外面挂着"洗发店"或"理发店"的牌子,但与一般的理发店似乎又不一样;显然可见,主人没有花太多的心思在门面的装潢和点缀上。筹备组有一个朋友悄悄告诉我,这些都是"小姐们"的工作场所,我注意到,当他告诉我这个事情时,有意地避开同伴,仿佛他仅仅说起这些都是对自己人格的污染;看他神神秘秘的样子,同伴便问他跟我说了些什么,他又不得不用一种近乎神秘的语气说:我告诉她这里都是那些人的地方。他把之前对我说的"小姐"换成了"那些人"。

关于庙会攒钱的问题,庙会筹备组在开会的时候就达成一致意见,依旧按照以前的惯例,只针对北关地区内的常住居民收取戏钱。但是在具体的收钱过程中,会头们发生了分歧;总会长提出要对北关地区所有居民和商铺收钱,包括常住居民和暂时的租客,筹备组里那些上了年纪的人员认为这破坏了以往的规矩,也破了惯例,很多居民和商铺未必会愿意交钱,难免发生口舌之争。但最终大家还是赞同了会长的提议。会长极力要更改规矩的主要原因是担心只向常住居民收取戏钱可能会不够庙会的开销,这位会长是个四十来岁的生意人,据说是迄今最年轻的会长;他说想多收些戏钱又不是要占为己有,无非是想把这一年的庙会办得更好,这不仅是给北关村争光,也是每一位筹备组成员的光彩,但是如果办得不好,谁的脸上都无光;他认为物价在飞速增长,每户交的戏钱很难一下子提高多少,只能扩大收钱的范围。于是,这一天筹备组一行人走进了"那些人"的理发店。

到了第一家"理发店"时,与其他地方不同的是,筹备组的人谁都不愿意推门进去,上了年纪的成员更是站得远远的,像是躲避瘟疫一般;其他几位年轻的会头也不愿意进去,最后,会长差遣了一个人,据说这个人是大家公认的不正经之人,而他倒也乐呵呵地进去了。进去的那位成员很快就出来了,并带出消息说,她们不愿意交钱。连续十来天的挨家挨户筹钱已经让筹备组的人感到了疲惫,他们的耐心越来越少;通常情况下,遇到为数不多的不愿意给钱的,他们先是装作生气的样子,并摆出一副不给钱就不离开的架势,这时候对方往往犹豫片刻便会交戏钱了,尤其是那些正在做生意的商铺。筹备组的人站在门外等了一会,见里面的"小姐"并没有送钱出来的意思,他们便在外面与"小姐"你一句我一句地争执了起来。争吵中,几位年轻的会头便推门进去,我也顺势跟了进去,看到"理发店"里只有一面简单的镜子和一张破旧的沙发,梳妆台上没有任何理发的工具;在这个狭小的客厅后面有三四个用简单的薄木板隔成的小房间,只见其中半开着门的一间房里,床上躺着一位男子。和大家争吵的那位"小姐"似乎是负责人,其余的人都在自己的房间里没有露面。这位"小姐"无论如何都不愿意给钱,她说她们挣钱也不容易,以往北关泰山庙会从未向她们收过戏钱,她们也从不去看戏,而且她们当中有的是刚来的,凭什么要交钱。几位年龄大些的会头建议不要与她们争执,早点离开,况且向她们收的戏钱也只有十元,为了十元钱与"那些人"争执完全没有必要;但是,一些年轻的成员却反而执意要她们交钱,便说到,只要在北关地界上做生意,就都受到泰山爷的庇佑,就有交戏钱的义务。而那位"小姐"反驳,她们不需要泰山爷的庇护。对此,筹备组的一些人大声说,哪些人能在北关村的地盘上做生意那也要北关人说了算。这已经有了恐吓的味道。几经争吵之下,那位"小姐"开始指责他们乱闯私人空间、扰乱她们的生意。这时,会长开口说了这样一句话:"乱闯私人空间?请问你们是人吗?这里是人待的地方吗?这里是猪窝!"那位"小姐"马上回了一句:"对,我们是猪,我们这里是猪窝,但你们不是也来么,你以为你们就是人啊!"

在跟着大家一起筹备戏钱期间,我渐渐知道了这位会长的故事。其实,早在大家知道这一届泰山庙会的当选会长之后,就有不少人在议论,而且,这位会长同时也是这一年北关社火的总社火头,他叫李又仁。北关泰山庙会虽然算是一项民间自发的活动,村委会在其中充当着重要的角色,每一届庙会村民选好的会头名单必须经过村委会的同意才算生效。北关庙会是由北关村的四个生产队轮流承办,这一届庙会结束之前,下一个承办的生产队要向村委会递交一份他们自发选举好的会头名单,经过同意后便用红纸张贴于村委会会议室的墙上。有一天,我跟张叔提起李又仁,他愤愤地说:"他是去年给我弟弟送了不少好烟好酒,才得到这个会长的。"张叔的弟弟是北关村委会领导之一,张叔这样说的另一层含义也是显而易见的,那就是李又仁原本没有资格做这个会长。特别是在筹戏钱的这段时间,大家看到李又仁带着一群人到家里来收钱,很多人议论道:三社没有人了么,怎么选了他做会长!

在西和,当人们说起一个家庭、一个地方有没有人或者出不出人,在这种语境下的"人"通常是指人才、人物或者德高望重之人;当人们议论北关村三社是不是没有人了,怎么选李又仁做会长时,显然大家并没有将李又仁放入"人"的分类当中。而这并不是大家的偏见,因为李又仁确实干过"坏事",大概二十年前,他因犯事蹲过监狱。有意思的是,在大家质疑李又仁担任会长的合法性的同时,又在佩服李又仁的能力,他们说无可否认李又仁也是一个有本事的人,从监狱出来之后,不仅成了家还立了业。

据说二十年前,那时李又仁二十来岁的样子,他与一伙人深夜进入一户人家偷窃未遂,被主家发现,他们失手打死了主人;后来,公安局抓到了李又仁以及这伙人的头头,头头被判死刑,作为从犯的李又仁被判无期徒刑。还有人说,当年李又仁不仅打了人,在那之前还强奸过一个女孩。李又仁的父母很要强,家境也不错,他们疏通各种关系、花了不少钱,最后不仅将李又仁的刑期减至十年,还给他在监狱里找了个"文职工作",负责出黑板报。十年刑满,李又仁从监狱里出来的时候已经三十好几了,无家室、无事业、道德沦丧,大家都觉得这个人虽然提前出狱了,但蹲过监狱的人无论怎么样都是废人了。不过,李又仁当时做了一件震惊很多人的事情,据说在出狱之后的那年腊月里,他便在县政府的大门口摆了一张桌子,在那里提笔书写对联出售。原来,李又仁在监狱里利用出黑板报的机会练了一手不错的毛笔字;西和人喜爱字画,每逢腊月总有一些毛笔字写得不错的人在街上或家里写些对联出售。在西和,一个人若要能写一手好的毛笔字会受到大家的尊重。很显然,李又仁出狱后便出来写对联出售应该不单单是为了挣些钱过年,他在县政府大门口摆摊位写对联出售,这个事情本身具有几个隐喻。首先,将摊位选在县政府大门口,李又仁想告诉大家,他并未因坐过牢而抬不起头;另外,他也想通过写字为自己赢取一些道德资本。直到现在,他一直坚持苦练毛笔字,我曾在不知情的情况下打听起他练字的历史,他的朋友在一边半开玩笑地说他是在监狱里练出来的,接着又说他坐牢倒坐出本领来了,对朋友的这种说法,李又仁脸上倒也露出几分得意之色。不管怎么样,李又仁出狱之后在政府门口卖字的行为让很多人为之折服。即便到现在,每当提起这个事情,大家依然会感叹说那不是一般人能做出来的事情。

后来,在家人的帮助下,李又仁在当地承包起一座矿山,挣了些钱;又从远乡娶了个姑娘,几年之后,他自己买了块宅基地修起新房,带着妻儿从老宅搬了出来。这几年,他的生意越做越好,与此同时,他也想参与到村里的公共事务中去,比如出力出资办社火、想尽办法与村领导搞好关系争取到泰山庙会会长的职位。当他的身影逐渐走入村庄的公共生活时,大家都明白他是想借此提高在村里的威望,言外之意,他也是在尽力洗去个人历史中的污垢。

虽然年轻时的李又仁在大家眼里就不是一个好人,但确实是从他蹲监狱开始,首先作为个体的李又仁从村庄里消失,其次,他的道德以及社会性存在都被取消,在人们眼中,他不再是一个"人"了。而他出狱之后所做的事情,正是试图想找回曾经丢失了的东西,让自己重新做回"人",所以,在他与"小姐"吵架的时候,才会觉得自己有资格说对方不是人。

在小城西和,并不单单有文化、有权势、有钱、有人脉的人就会被大家视为"大人物",因为除此之外,还需要有人品。这里的"人品"就类似于精神气质,表现为谦逊、自制、彬彬有礼、具有独立意志等,总之,是大家心中的"理想的人"。关于"理想的人",并不是要社会中的每一个人都成为这样的人,而是说每个人的心中都有这样的标准,去看自己、看别人。在小城西和,关于"人"的讨论大多表现为以男性为主导的特征,很少将女性纳入"理想的人"的范畴,比如在谈论一个地方有没有"大人物"的时候,人们很少会提及女性,即使一个地方确实有很优秀的女性,人们也鲜有将她们与"大人物"联系在一起的,包括女性自身也不会将自己认同于"大人物"。这就如西和传统院落的结构设计是一样的,在有些空间里,女性始终是被悬置的,不管是在经验层面还是在观念层面。

第三节 | 女性想象与女性角色

在西和人有关女性的观念中,最突出的一点是认为女性是弱的,女人和未成年的孩子都属于柔弱的分类,因此都是需要男性保护的。这种观念尤其表现在人们对于空间的划分上,即有一些被视为危险的地方,女性是不能随便进入的,这并不是说,这些地方对于男性而言不具有危险性,而是说,男性有能力抵抗住这种危险,而女性则没有。对此,西和人常说男人血性旺,这里所说的"男人"一般是指成年男性;而对于女性而言,不管是否成年她们都是弱的。

一个夏日的晚上,我陪着赵叔的儿子平安去给医院里的爷爷送晚饭,我陪他主要是帮忙拿饭盒。记得当时大概是七八点钟的样子,夏日的白天要长一些,但这个时候天也几乎黑下来了。我们一路有说有笑地走着,但快到医院门口时,平安忽然接过我手里的饭盒,让我到附近的一个亲戚家等他,他一边吩咐我这些就一边快速地往医院的方向去了,一点商量的余地都没有留给我。我到那个亲戚家待了一阵子,平安过来寻我,说可以一道回家了。路上,不等我提及,他便主动向我解释之前的行为。他说,西和有种说法,天黑之后,女人就不能到医院里面去了,大人们说天黑之后医院是个可怕的地方,因为常有人在医院过世,那里有很多不干净的东西。在这个语境下,平安所说的"不干净的东西"主要是指亡灵,西和人认为人死之后灵魂暂时不会离开,有子孙后代的人家会通过一整套丧葬仪式来超度亡灵,而对于那些无后代的亡人而言,他们的灵魂得不到超度,便有了孤魂野鬼的说法;此外,医院聚集着患有病痛的人群,对西和人而言,这类人的离世本身是非正常的,病人去世后的灵魂也具有危险性。

我反问,为什么女大夫、女护士晚上都会在医院值班呢,那她们怎么躲开这些危险?平安答曰,那是她们的工作,而且那些不干净的东西也害怕医生,不敢近身。平安告诉我,在西和,一到晚上,女人和孩子都不到医院里面去,有家人在里面住院的话,也都是由家里的男人们陪床。男人们的血性旺,那些不干净的东西伤害不到,而女人和小孩就不同了,他们都比较弱,容易惹来麻烦,被危险的东西碰着了便会生病。

同样的禁忌也存在于丧葬仪式中。有段时间,我在西和的两位好友陆续邀请我参加他们亲人的葬礼,两个都是"过二年"的仪式。为了弄清楚整个仪式的过程与细节,除了在他们家中参与观看仪式之外,我也跟着到坟地上去,看在那里举行的仪式,到坟上去的仪式他们称为"上坟"。其实,当时我也已经弄清楚,一般情况下,女性不能跟着去"上坟",除了亡人的直系亲属,比如姊妹、女儿、孙女之外,其他关系中的女性是不到坟上去的。我却是位女性,不过基于我的调查者身份,这些朋友都破例让我跟着一起"上坟"。但在庆幸之余,我也遇到了麻烦。

有一天,赵叔家的邻居李叔特意到家里来找我。一见面,李叔就用一种近乎指责的语气质问我为什么要跟着别人去"上坟"。我马上给他解释说,这是调查的需要,我不去就不知道那里发生了什么,他说,有些地方就是不能去,想知道的话可以找别人问。李叔的行为让我感到疑惑,我不明白自己的行为为什么会惹恼他。于是,我有些懊恼,觉得他莫名其妙,语气上也就多少带出了一些不耐烦。这个时候,站在一旁的荣阿姨忽然对我说:"其实,你去给别人'上坟',不仅你李叔不满,我也感到有些生气呢。"荣阿姨说,西和的女人不能随便给别人家上坟的,即使那两位是我的朋友,但我不是男人,去"上坟"就显得奇怪。荣阿姨也对我说,责怪我的那位李叔是位急性子的人,他是真正地为我着想,因为大家都觉得一个未婚女孩子去给别人家"上坟"会给自己带来不幸,因为那是危险的,亡灵不会伤害自己的姊妹、女儿和孙女,也伤害不到血气方刚的男人,但却能伤害到我,这样一个与之没有任何关联的柔弱女子。李叔和荣阿姨除了"教训"我的冒失行为之外,也多少谴责了我的那两位西和朋友,觉得他们不懂常识或者说不为我着想。在李叔和荣阿姨的眼里,无论我作为调查者的身份如何醒目,却不能抵消我作为一个女性的角色与禁忌。

在针对女性所进行的空间划分上,其中有一类还与西和传统院落结构相关,也可以视为男女分工的形式之一。上面我叙述过西和人家的院落结构中存在明显的主次关系,居首位的是主屋,其次是偏房,继而是灶房。这种主次关系在一个人家"过事情"时体现得尤为明晰。一户人家的红白喜事中,来参与仪式的亲朋好友里,最为尊贵的客人都在主屋里招待,包括炕上和炕下;次重要的客人在偏房里布席招待,其余的客人便在院内外临时搭建的敞篷中招待。通常情况下,都是家里的男人出去给别人家"过事情"或行情,但如果家里一下子人手忙不开,也可以由女人或成年的孩子替代;在这种情况下,对于那些来行情的女性要按照她丈夫的身份给其安排入席的位置。除此之外,"过事情"期间的女性主要包括两类,一类是自家人和直系亲属,另一类是请来帮忙的亲友。主屋自始至终都是留给主事者议事的空间,即使是自己家里的女性,这个时候也很少在主屋里待着;请来帮忙的女性亲友,与男人们不同,她们主要负责的是厨房,帮忙洗菜、理菜、洗刷锅碗等。也就是说,在整个过事情期间,女性几乎不能随意进出主屋,也不要随便穿梭于男人们负责的宴席,她们基本上被固定在灶房之中。

在西和,我最常遇到的问题有两个,是否婚嫁、是否会做饭;他们对我关于这两个问题的否定回答都感到万分惊讶。通常情况下,在他们看来,一个女孩子到了十七八岁这样的适婚年龄,家里就要为其张罗着婚嫁的事情了,对他们而言,像我这样二十七岁尚未出嫁的女子早就成了家里的一件麻烦事。西和家庭在教养女儿的过程中,尤其重视培养她们的厨艺;在西和人的观念中,女孩子不会做饭是一件不可思议和不被允许的事情,这往往会指向对父母教养方式的质疑。

  我在西和结识一位很好的诗人朋友。有天晚上,我与另一位朋友一同去找他聊天,我们到的时候,他们刚开始吃晚饭。我多少有些惊讶地发现,晚饭期间,诗人自始至终都未离开过餐桌,他一共吃了三碗饭,每一碗都是他妻子盛好并端到他面前。在我们平时的闲聊中,他经常会提起自己也会做家务,比如装饰房间、打扫卫生,而且他也经常说起自己那不错的厨艺,不过,他却又说只要妻子在家,他是不会进厨房的。

  茜茜是我在西和的另一位朋友,小我两岁,就在我到西和的前一年,她刚与相恋六年的男友终成眷属。那是个夏夜,我们俩坐在西和城半山腰的一个啤酒广场上喝酒畅谈。她给我讲述了自己与男友相恋中的艰辛与幸福,他们从高中时就开始恋爱,一直到两个人大学毕业。她说自己是个脾气暴躁的人,恋爱的时候,他们常会吵架,但每次都是男友先向她道歉,她觉得是男友的包容才让俩人最终走到了一起。婚后,夫妻俩与父母一起住。谈起做饭的事情,茜茜说她从来不让丈夫进厨房,那不是男人应该去的地方,而且丈夫也不会做饭;丈夫兄妹三人,上面一个哥哥,下面一个妹妹,结婚以前,他们家都是母亲或妹妹做饭,他们家的男人都不会做饭。

  总之,在西和的家庭教育中,男孩是不需要进行厨艺训练的,相反,长辈们会教给他们好男儿不进厨房的观念。但这并不代表,西和的男人们不会做饭,调查期间,我很少遇到真正不会做饭的男子。需要指出的是,男人们进入厨房做饭大多是在妻子、女儿不在家时的情形下,他们做饭其实是为了解决一己果腹之需;其次,厨艺是女人的天职,这更多是一种观念上的事实。

第四节 西和女性的定向性情感

  "定向性情感"来自于布达佩斯学派成员阿格妮丝·赫勒(1990:249—251),是说日常生活中的感情绝不是主观的,而是由社会预定的。费孝通也提过类似的概念,他称作"感情定向",强调人的情感既不是个人性的,也不是生理性的,而是社会性的。"定向性情感"与涂尔干的"集体情感"有异曲同工之处,都是在强调个人情感受到社会的决定,但是"定向性情感"已从备受涂尔干推崇的神圣性仪式转向了他一直贬低的日常生活,也就是他所界定的凡俗世界;"定向性情感"的提出预示着人们在日常生活或者说凡俗的范畴中的情感、情感生活以及情感体验开始受到学界的重视。

总体而言,小城西和是一个以男性为主导的社会,以礼仪为重,讲究彬彬有礼;通常而言,人要表现得得体,就要根据相应的身份表现出相应的情感态度,尤其不能表现出不相符的情绪。在西和,处于人事圈局之中的定向性情感难以言尽,譬如晚辈对长辈的敬重、媳妇在公婆面前的缄默、对待宾客的热情、对待公共事务的热情,等等。作为文化的显性部分,女性想象与女性角色在男性主导的前提下表现出衬托的特点,在日常生活中,她们通常表现为柔弱、无声、低语、温顺的形象。

"非定向性情感"是笔者在"定向性情感"的基础上提出的一个概念,"非定向性情感"及其表达与"定向性情感"一样,都是在一定的情境中发生的。一般而言,"定向性情感"发生在社会主导或提倡的礼仪情境下,与人的礼仪行为直接相关;"非定向性情感"及其表达恰恰是发生在正常礼仪规范之外的情境中。通常情况下,礼仪情境与非礼仪情境是不能共存的,即在礼仪情境下,一个人不能既在表达"定向性情感",又在表达"非定向性情感",这首先在逻辑和观念上都是不成立的;如果在实践层面,一个人同时进行了两类情感的表达,那么,就容易被大家视为有问题的人了。

有意思的是,我在西和乞巧中却看到了这两类情感及其表达的共存,乞巧中既有强调女性身份的仪式,同时也有瓦解或反思女性身份和角色的仪式。而对于后者,在已有的研究,特别是非遗项目建设中不仅未被重视,而且是一直被刻意忽略的部分。在西和的乞巧仪式中,我们将会看到有很大一部分是早期家庭教育的延续,即鼓励女子进行手艺的锻炼,这里的手艺就包括厨艺、刺绣以及装饰的艺术等,这是社会对女性"定向性情感"的塑造。可以说,在西和社会,对女性角色和分工的界定是作为一种显性的文化特征而存在的;不过,在这个以男性为主导的社会中,我们也可以发现,在这种显性的文化特征当中,又可以看到另外一种不同形式的暗流,在那里,我们看到女性对于女性想象以及女性角色的反思和逃逸,这些则是"非定向性情感"的表露。

从仪式的情感维度而言,乞巧是西和女性进行情感表达的文化机制和形式,它为情感表达制造了特定的情境,这首先体现在时间和空间的设置与安排上。在这个特殊的文化形式和时空框架下,西和女人们表达着社会所推崇和允许她们表达的"定向性情感",同时她们平时被压抑的"非定向性情感"也得以顺畅地表达。在女人们通过乞巧进行情感表达的时候,男人们对此有着什么样的反应?以及男人们又是通过什么样的文化形式进行情感宣泄的?这些话题以及话题之间的关联将在下文逐步展开。

第三章
前奏：离开之梦的魔力

第一节 | 站在门坎上

"门坎"是一个极具隐喻色调的意象。阿诺尔德·范热内普（2010:13—21）在论述有关地域过渡的问题时，首先就谈到门坎以及与门坎相关的过渡仪式。他认为门坎的象征意义首先在于，它是一所房子的出入口，如国境线一样，是一个边界线，区分出两种不同的世界。但是，门坎又不单单是一条边界线，与门坎相关的各类仪式行为，将这条线拓宽成为一个空间概念，门坎是一个中立地带，一个中立区域，范热内普将这类中立区称为"边缘"；"边缘"的意涵在于，它同时有别于边界两侧的世界，一方面脱离了原来的世界，但还未进入到新的世界当中。

范热内普特别指出，对于一个普通住宅，门坎是由外部世界进入到家内世界的象征性通道。与门坎相关的仪式行为往往与门上的神圣物相关，最为突出的是门上的保护神，他认为民俗意义上的门神，是人格化的力量以精神方式来确保过渡礼仪的完成，也就是说，门神的观念使得原来的空间过渡仪式变成了精神过渡仪式。巴赫金在论述陀斯妥耶夫斯基的小说创作艺术时，提出一个概念，叫做"门坎上的状态"。巴赫金（1988:100—101）指出，陀斯妥耶夫斯基的小说创作彰显了他对传统心理学的反对,传统心理学是将人的心灵物化,巴赫金则认为心灵是自由的、不可完成性的;陀斯妥耶夫斯基往往将其笔下的人物置于抉择和危机的门坎上,即处于心灵危机的时刻和不能完结,也不可意料的心灵变故的时刻。在巴赫金这里,人处于"门坎上的状态"则预示着,要做出决定,并试图跨越现实的禁区。

范热内普和巴赫金都强调门坎意象中的精神向度,但巴赫金则着重于强调人的内在自由,"门坎上的状态"并非表示,人真正地站到了作为实物的门坎上,而是指人的内心状态,因为生活的骤变、危机,从而产生的改变生活的决心。处于门坎上的状态时,原先正常的连续性时间被打破,人通过内心的活动,从时间的断裂中进入一个充斥错乱时间的空间当中;"门坎上的状态"是一种独特的抽离日常时间的空间。在一点上,范热内普和巴赫金的"门坎"概念是相通的。

但是,在有关人面对门坎的方向问题上,巴赫金和范热内普之间有着本质的区别。范热内普在《过渡仪式》中之所以一开始就谈论到"门坎",是将人及其一生的人生礼仪置于家庭之内进行考察;他将家庭视为社会组织的基本单位,也将家庭作为论述各类过渡仪式的基本场所,人通过进入家庭的各类过渡仪式,也就获得了进入社会所需的各类身份和角色。在范热内普那里,"门坎"实际上是由外而内的过程,即其承载的是进入家庭的仪式,"门坎"所强调的是人的社会化过程。而巴赫金却反其道而行,他所说的"门坎上的状态"恰恰是一种反社会化的过程,站在巴赫金的门坎上,是由家内世界向外面世界的观望,是内心在门坎处的徘徊,要做出决定,是回归还是远离。范热内普通过"门坎"讲述的是,一个人如何成为社会人的过程,而巴赫金却是在讲述一个社会人如何从社会中抽身出来,如何去社会化的过程。

我所选取的"门坎"意象,一方面强调范热内普和巴赫金的共通之处,即"门坎"是一个有别于日常的特殊空间,其中充斥着从日常延续性时间中断裂出来的无时间状态,是一种时间的空间化;"门坎"不仅仅包括社会人类学意义上的仪式内涵,同时也是心灵、精神、内心的活动场所和状态,也是人们试图从现实中暂时抽离、表达对现实的不满以及改变现实生活的愿望。另一方面,与范热内普强调的过渡仪式的社会性相比,我更趋向于强调"门坎"在巴赫金意义上的反社会性,即不关注人们如何从门外世界进入到家内世界的社会化过程,而着重考察人们从家内世界逃逸到门外世界的反社会化过程;正是要关注他们通过什么样的方式,在恰当的时候,一层一层地剥离自己身上原先被"门坎"所赋予的各种各样的社会角色、义务和责任。但需要指出的是,反社会化并不是实质意义上的反抗,更多的是指一个社会在文化机制的设置上,让人的内心有松弛、逃逸、休憩以及表达的机会,反而是一个具有生成能力的过程(特纳,2007:328—329;2006:92—93)。借用巴赫金的概念,我将这类反社会化的过程称为"站在门坎上"。在田野调查期间,我发现当地人会选用一些有意思的方式,让自己处于"站在门坎上"的状态。

一个临时编造的故事

到西和大约两个月的时候,我和慧美渐渐熟悉起来,开始经常出入她家,找她闲聊,直到她开始生火做饭,我便找借口离开。①一天傍晚时分,慧美的丈夫提前收工,我发现他是一个十分开朗、热情、幽默、真诚的人;就在我又要离开的时候,他叫住了我,让我在家里吃饭。那天我决定留下来,谁知自那以后,我却真的成了他家饭桌上的常客。

那是一个炎热的夏季傍晚,我学着慧美的丈夫,找了个板凳,端着碗坐到院子的屋檐下,边吃饭,边聊天;那天,慧美的公公到女儿家去了,孩子也在学校吃饭没有回来,只有我们三个人。晚饭吃的是面条,慧美将第一碗端给了丈夫,第二碗给了我,并把下饭的菜端在我们面前,把我们安顿好之后,她又才在锅里给自己下了一碗面。慧美端着碗,并没有和我们坐到一起,而是靠着院

---

① 那时,我还住在县上的一家旅社,只管住不管吃,二十块钱一天,为了省钱,每天我都在街边的小摊上随便吃点,由于饮食习惯的差异,我的身体已经出现了极度的不适。每次去慧美家的时候,很少能见到她的丈夫,慧美的丈夫是开出租车的,往来于县城和乡村,每天大概在晚饭时回家,慧美说,她常会在丈夫面前提起我。

子里花坛边蹲在那里,头上裹着挡油烟的毛巾。或许是我好奇的眼神被慧美的丈夫发现了,他笑着对我说,你阿姨就是这样的,有板凳不知道坐,头上顶条毛巾,跟乡里人一样。

这时,慧美抬起头,一本正经地对我说:不是像你叔说的那样,我这是十几年前在宝鸡养成的习惯,一直改不掉了。我很好奇,在我们聊天的时候,她却从未提起过这件事情。她接着说,当初刚结婚的时候,丈夫一直对她不好,整天不着家,回来了也爱理不理的,有时还动手打她;她一开始思量可能是因为没有孩子的缘故,可是在他们有了第一个孩子之后,丈夫的态度没有一点好转;那时,她就想离开这个家,但念着孩子还小,等儿子长到了两岁,她实在受不了了,就丢下孩子,去宝鸡打工去了,一直待了两三年,后来丈夫去寻她,她看着儿子的份上才跟着回来。在宝鸡的时候,她平时在饭馆里洗碗、端盘子,农忙的时候,就去出工,给人家割麦子,都是妇人家,大家在一起有说有笑的,在田间地头,她跟着大家学会了用毛巾包住头,挡灰尘和阳光,也学会了蹲在田埂上端着碗吃饭。她说她很喜欢那段打工的日子。

这让我非常惊讶,在心里嘀咕着,看不出来,慧美的丈夫竟然是家庭暴力。故事讲完之后,慧美的丈夫在一旁大笑起来,冲着我一脸严肃的表情说:你太单纯了,辨不了真假,你阿姨是编了故事骗你的,你咋还当真了。我笑了一下,但心里又在思量,他一定是故意这么说,来遮掩自己的尴尬以及妻子所说的真相。

不过,在后来的长期相处中,我才发现,原来慧美讲述的这个故事确实是假的。因为慧美的第二个孩子比第一个孩子小一岁,如果她一直在宝鸡打工的话,这个孩子又是怎么出生的呢?实际上,慧美自打嫁入这个家之后,就一直没有离开过,丈夫倒是因为职业的缘故,经常不在家;慧美从小就是在县城里长大的,是娘家的老小,直到嫁入夫家才慢慢学会做饭,她也操不起田地里那些笨重的农活。而且,慧美的丈夫很爱她,邻居也常说他们两口子的感情好得让人羡慕,就拿我在西和的日子里来讲,也很少见到他俩闹矛盾。

那么,慧美为什么会在那么短的时间里编出这样一个情节生动的故事呢?后来,我慢慢知道,原来这个虚假故事所发生的地点,宝鸡,实际上有一位慧美的至亲,就是她娘家二哥。每当慧美因为孩子的学业、家庭的琐事、生活的重负埋怨的时候,她总会说,真想丢开这个家到外面打工去,而这个时候,如果她女儿在场的话,一定会半调皮半反驳地添上一句:又是去找你二哥吧!慧美经常跟我提起她的二哥,在她小时候,因为父亲去世早,大哥最先当起一家之主,在姊妹们面前显得很严厉,三哥因为和自己年龄差不多,总是欺负她,只有二哥,懂得疼爱和保护她;二哥长大后,去了宝鸡,在那里成家、扎根,她很想念二哥。

当我弄清楚这个故事的真实性之后,这个具有戏剧和象征意味的场景,让我很震惊。而且我记得,那天她说出这个故事的时候,几乎是脱口而出,就像它确曾发生,真实得如同她的回忆。同样的,我也在思考,慧美在讲述那个看似真实的虚构故事时的神情,以及在那以后的日子里,我看到她在充满倦意或者面对子女气馁时候的言说,她希望能够抛开丈夫、孩子、家庭,只身一个人到宝鸡去打工;这让我意识到,那天傍晚,她讲述的那个虚构故事,实际上正是她的真实愿望,而这个愿望对于她这个"全职家庭主妇"而言,又似乎是遥不可及的,或者说,在正常的状况下,不可能实现的一个愿望,因为她不可能真的抛夫弃子。让我感兴趣的地方恰恰在于,这个不可能的愿望,又为何如此频繁地出现于慧美的表述中?

对这个问题的解决或许可以这样处理,正是因为这个虚构故事的不可能性,才导致了它在慧美日常表述中的频繁出现;或者说,对这个虚构故事的讲述,为慧美提供了"站在门坎上"的机会。但是,人不可能一直站在门坎上,要么返回到家内,要么走出去;门坎是一种具有时间特质的特殊空间,会时常出现在人的社会生存状态中,它给人提供一种向外观望和选择的机会,是离开、逃逸,还是返回、继续忍气吞声、默默无闻地按照自己的角色生活下去。另外,门坎的偶尔出现,比如慧美表述中时常出现的这个愿望,使得人的生活处于一种未完成的状态中,不是周而复始、一劳永逸的感觉,而是包含着新的可能性的出现,"门坎"打破了人的命运、时间以及空间的凝固。

在包含着门坎状态的时间和空间当中,形成了人的生活之流,因此,人在这个过程中有着连续的间断和断裂,而不是单单被裹在一个固定的家庭内核当中,尤其是对西和的女人们。这种流动性还体现在,人的内心既有所希冀又有所恐惧,社会所给予的本质的自己(家庭中的角色)既是现在之所是,也可以是现在之所不是;门坎意象的存在,给人提供了追求现在之所不是的机会,让人每时每刻站在自我的中心,同时又能站到边缘去。如同慧美那个遥远的离开之梦,虽然这个梦想是她现实生活中的虚席,但是在她生命的重量之中,在似乎承受不住这种重量的时候,谈起自己那虚席的梦想,却又像获得了新的能量。门坎既是内在自我与外在他人的交界处,也是两个异质空间的相切点,即家内世界与家外的社会空间。

并不是所有的门坎状态都如慧美的离开之梦那样是缺席的,西和社会设置了一套文化机制,为西和的女性提供了一次集体性暂时出逃的机会,那就是"乞巧";"乞巧"是西和的女性迈出门坎的一个合法性机会,短短的半个月、二十天左右的时间,既不是彻底的离开,但却又是暂时的逃逸和远离。在"乞巧"这个具有门坎特质的、由特地的文化形式做支撑的特殊社会空间之中,参与乞巧的女性,她们既不是谁的母亲也不是谁的女儿,她们在相近的年龄组群体当中,尽情地展示自己的才情、表达自己的情感、交换着各自的心情故事,获得休憩的机会。

第二节 | 多重奏的空间

空间("乞巧点")是乞巧中最为重要的一个因素。在她们讨论本年要不要乞巧娘娘时,最先要解决的问题就是能不能找到乞巧点;空间的重要性还体现在,如果找不到乞巧的地方,那么本年的乞巧就只能作罢。

正如西和庙宇里没有巧娘娘塑像一样,乞巧的空间也是临时建立的,而这也正是它与庙宇的不同之处。首先,庙宇是固定的,而乞巧的空间具有临时性和流动性,在哪里设立乞巧点要根据每年的具体情况而定,这个点并不固定;其次,庙宇的神圣性体现在它与外界空间的隔离,但乞巧的空间却同时包含着神圣与凡俗两个范畴,人们的日常生活、村庄的社会生活以及人们观念中的国家和政府均会同时在场。

在我日常参与的北关村三社,快五十岁的张雀一直是乞巧的热爱者,也是三社乞巧的巧头。2010年阴历的五六月份,只要一见面,我就会问起她今年要不要乞巧,她说当然想乞,但就怕没有地方。这个乞巧活动的基本空间被称为"乞巧点",但西和人却很少用这个词,他们习惯于用具体的地方来说乞巧点。不管是跟着乞巧队伍去行情,还是跟着乡干部一起去"采风"①,我们沿途打听哪里有乞巧时,村民通常会在告诉我们哪个村子有乞巧之后又补充说,就在谁的家里、哪家小卖铺或者什么地方的村委会里。开始乞巧以后,大家就开始用"巧娘娘那里"来指乞巧点。

涂尔干(2006:8—11)在《宗教生活的基本形式》中将原先作为哲学知性范畴的空间与时间界定为社会构造物;他认为包括空间在内的诸多范畴起源于宗教,并且分享了宗教本身所具有的社会性。涂尔干又指出,空间并不是如康德所认为得那样是一种物理性空间,即毫无差别的均质,而是充斥着类别的划分、不同力和情感价值的分布,比如左或右、上或下、南或北、东或西,没有这些区分便无所谓空间。在一

---

① 2010年,西和县政府继续前年举办的"乞巧文化旅游节",除了县城内的主会场,又分别在四个乡镇的旅游景点各设分会场。十里乡刚好也是分会场之一,地点设于景点横岭山九眼泉处。在那之前,乡长说正好他们要提前到各村去"采风",提议我与他们一起。十里乡的工作人员告诉我,县上要求设立分会场,但经费并不充裕,他们采风的目的就是为了会场的节目,除了十里乡中学承担的文艺节目之外,会场还要有乞巧的表演,县上要求原生态表演;这让他们很为难,让那些自发乞巧娘娘的女性到时登台表演,这不是件容易的事。一方面,乡上的人对那些自发组织乞巧娘娘的人没有信心,或者说他们认为这拨自发乞巧的女性,她们登不了大雅之堂,因此,需要提前与她们协商,单独抽出时间到舞台上适应,并接受一些舞蹈老师的指导。另一方面,在没有任何物质资助的情况下,那些乞巧的女性认为乡上没有权力和理由要求她们配合这个文化旅游节。

个社会中,空间呈现出质的差异。如西和县城北关村的泰山庙与北关村民的居住空间,一个是众神的神圣领域,一个是世俗人的日常生活世界;而且,在居住空间之内,又专门设有供奉灶神、天爷、门神、祖先的空间。虽然神圣空间的存在是基于它对人的世俗生活构成意义,或者说神圣与凡俗两类空间共同构成了人们的生活世界,但是按照涂尔干的说法,两类空间之间却不能随意地发生混融。然而,在西和的乞巧活动中,这种空间上神圣与凡俗的严格区分却暂时被取消了。①

这与西和人的神学观念紧密相关。西和人认为每个月的初一和十五是众神在位的日子,因此西和的庙宇一般在这两天都会开门,大家可以进去烧香敬神。但是在西和人的神学观念中,巧娘娘却是个例外,巧娘娘一年中只有阴历的七月初一到初七这七天时间在位,据说玉皇大帝在这七天时间里专门为其打开天门。因此,西和人只能在这七天时间里祭拜巧娘娘,其余的时间不能敬奉,不仅不奏效而且还会惹来灾祸。另外,西和的巧娘娘原本是没有塑像的,庙里也不能为其设牌位。② 这种神学观念造就了乞巧空间的特殊性,人们需要在乞巧之前将原本普通的生活空间转变为一个神圣空间。这用当地人话说就是找乞巧点。到了七月初七子夜,送走巧娘娘之后,乞巧点又即刻变回到原先的状态。而且,在整个乞巧过程中,这个神圣空间的边界并不是非常严格。所谓的乞巧点实际上包含着两个部分,一个是巧娘娘及其香案所在的那个屋子,这个是极具神圣之处,另一个则是这个屋子之外的供乞巧者唱歌跳舞的空间,一般就是乞巧点的院子。显然可见,西和乞巧空间的这两个部分构成了一种有意思的序列,乞巧点

---

① 这样的情况在西和的社火中也可以见到,我会在后文讲述有关社火的故事。

② 但是,正在我最后修订本书的时候,西和的朋友传来消息说当地的一些庙宇开始为巧娘娘塑像了,比如远道镇的凤凰山的寺庙里已经塑了一尊巧娘娘像,稍峪乡的云华山也准备为巧娘娘塑一尊像。这种现象原本是与西和人关于巧娘娘的神学观念背道而驰的。但是在2007年的时候,西和县政府出巨资在晚霞湖水库边修建了一个乞巧文化广场,广场上塑了一尊十几米高的巧娘娘像,当时西和人很反对这种做法,认为巧娘娘是不能在人间有塑像的,否则会招来灾难;但是塑像塑起来没多久,当地人马上又将乞巧文化广场创生为一个重要的信仰空间。关于这个文化广场后文将会详细交代,西和庙宇里给巧娘娘塑像与此应该有着一定的关联。

的院子实际上是敬神的神圣空间向凡俗世界的一个过渡性空间,在这里,凡俗与神圣得以混融在一起。

涂尔干虽然指出了空间的异质性,但是他同时又强调了异质之间的固定性;实际上,他是将空间区分成了神圣与凡俗两大类,同时认为神圣与凡俗之间是不能相互浸染的,特别是神圣不能沾染凡俗,否则将不再神圣。很显然,他建立了一个不可逆的价值等级秩序,神圣处在最高端。西和乞巧的空间是在原先普通的生活空间的基础上临时建立起来的,这种特殊性有其神学上的基础和文化上的支撑;这个空间确实将参与仪式的人从家庭和日常生活中短暂地抽离出来,但这种抽离又是不彻底的,人们在乞巧中不停地回望着自己的家庭。

我在田野中所见到的乞巧点主要包括三类。大多数的乞巧点是在村里的某一户人家,主人通常是热心肠、极为包容的人、能接受很多人在一起的那种闹腾和吵闹,而且,他们的庭院必须有足够的空间;乞巧过程中,本村的、外村的、认识的、不认识的、相处好的、相处一般甚至是不好的、大人小孩、男女老少,都会来看热闹。第二类乞巧点也比较常见,就是一个村里的小卖铺,通常女娃娃①们喜欢在小卖铺那里乞巧,而且小卖铺大多也愿意接受孩子们的请求;小卖铺通常都是在村头路边,空间上是没有问题的。乞巧期间,家长们都会给孩子们一点零花钱,她们会在小卖铺里花掉这些钱,另外,乞巧也会引来很多人,这对于小卖铺来说并不是一件坏事。第三类乞巧点是村委会,这种情况不多见。当地人告诉我,现在西和村一级的组织不如以前那么重要了,除了负责上传下达一些政策,基本上不再聚集村民到一起开会,更不会有村干部在村委会里办公,村委会几近弃废;想乞巧的女人们,如果实在找不到合适的乞巧点,就会通过一定的私人关系向村上借用村委会。乞巧的人除了尽量避免给乞巧点带去过多的搅扰和麻烦之外,还会约定俗成地交给乞巧点一定数额的经费,主要是作为电费,用于每晚的排练照明、使用音响、烧开水等。

---

① 在西和,人们通常将未婚的女孩子称为"女娃娃"。

庭院外面的房间

2009年,在我刚到西和的时候,通过一位刚认识的朋友,得以初步地观看到北关村三社的乞巧;当时,三社的巧头是张雀,而乞巧点就是我后来寄住的赵叔家。据说,在那之前,张雀和几位主要组织者也是苦于没有地方;直到六月二十八,她们才去找赵叔商量,能否借用他家的屋子。张雀和赵叔两家是邻居,平时来往比较多,张雀家因为处于街巷深处,院子又小,不够乞巧的场合。

那时,赵叔家还没有开小卖铺,但是已经在大屋的背后拓宽了一排两米来宽、面朝马路的偏房;赵叔家紧挨着北关村的白水河,坐北朝南。几年前,赵叔家庭院背后的土路被硬化,冲成一条马路,马路尽头是一所小学,沿途慢慢出现各种小商店,赵叔之所以在大屋背后盖起一排偏屋,也是想做点生意。比如,有时候会放几桌麻将,一桌半天或一天下来,赢家留下十块、二十块钱,算是场地费,这只需给他们提供麻将、桌子、场地和白开水,不需要什么成本,有时候这些小费用就够他们一家一天的生活了。赵叔的爱人荣阿姨是位热心肠的人,但她比较内敛,基本上不参加乞巧。巧头张雀来找他们商量时,夫妻俩满口就应允了。赵叔平时就是一个很爱玩的人,自己写了一整本的顺口溜,后来,赵叔还写了一首乞巧歌给她们唱。

借给她们的那排房屋算是在庭院的外面,一方面,聚集在一起乞巧的人并不需要到赵叔家的院子里去,另外,这间屋子正好面朝外面的马路,别的乞巧点来行情的时候,马路刚好是一个很好的场地,供她们展示歌舞。赵叔家同意借出房子后,张雀和几位组织者就赶紧到纸货铺买了一个巧娘娘纸扎像,一些人忙着重新装扮巧娘娘,另外的人则忙着布置香案,香案设在那间屋子的正中间,靠墙向外。阴历六月二十九的晚上,进行完"接巧娘娘"仪式之后,巧娘娘纸扎像就被安放在香案上,意味着巧娘娘降临在这间屋子里了。参与乞巧和在一旁看的人,都聚在这间小屋子里,旁的乞巧点来行情时,也首先要到这间小屋里巧娘娘跟前烧香磕头。

次年,也就是 2010 年,张雀和几位热衷的伙伴又商量着想乞巧,这个时候赵叔家的那间屋子早已变成了小卖铺,虽然已是暑假,但旁边的小学有很多学生在补课,小卖铺的生意非常好;那间屋子本来就不大,摆上货物之后,不可能再有空间置放香案,而且也忌讳在店铺里有太多的人来人往,张雀也就没有再开口去借。最后,她们在村委会借了一间房子当乞巧点。

村　委　会

2009 年 8 月 19 日的午后,十里乡的一位大学生村官霞,陪同我到姚河村去;是姚河村的一位同事告诉霞说他们村有乞巧,而且乞得不错。那时,我刚与十里乡乡政府建立联系,乡长很欢迎我,不仅给我安排了伙食和一间单人宿舍,还让能操一口流利普通话的霞帮助我调查;霞是西和县最南边的大桥乡人,在闲聊中,得知霞的父亲是当地的中学教师,霞自豪地告诉我她是村里第一个上了高中,又上了大学的女孩子。姚河村离乡上大约十五分钟的公交车程,我们要找的三社刚好就在路边。到了三社之后,我们发现村子里很安静,问了一位坐在门坎上的老人家,她说妇人们都到田里挖半夏①去了,要到晚饭后,洗了锅、喂了猪,才有时间聚到一起乞巧娘娘呢。我们有些悻悻,在商量是留下等待还是离开时,刚好旁边小卖铺里的女主人听到我们的谈话,她说她手里有钥匙,可以带我们到"巧娘娘那"看一下。路上,她给我们解释之所以把钥匙留在她手里,一来是因为她的小卖铺离得比较近,二来,她负责给巧娘娘续香火。

跟随她到了之后,才发现三社的乞巧点很特别,不是在谁的家里,而是在村委会里。这个村委会从外面看起来不像一个公家办公的地方,倒很像一户人家,古色古香,有正屋也有偏房;带我

---

① 半夏是一种药材,近几年,十里乡开始自上而下地提倡村民种植半夏;半夏成熟的时间大概在阴历六月底、七月初,与乞巧的时间有重叠。如果半夏种植比较多的人家,这段时间也算农忙了,在十里乡,因为挖半夏而不能乞巧娘娘的例子并不少见。

们过去的妇人说,这个院子以前是村上一个地主的房子,土改时被收公,先是办学校,学校搬走之后,就成了村委会,一直到现在。开门进去发现院子里长满了杂草,中间空地上有刚除过草的痕迹,估计只是借用几天,她们并没有做认真的清除。这位妇人说,一直没有找到合适的地方做乞巧点,谁都不愿意放在自己家里,但又都想乞巧娘娘,最后,两位主要组织者,一个是村主任的爱人,一个是村主任的弟媳,她们找村长拿到了村委会大门的钥匙。村委会里地方挺宽敞的,虽然杂草丛生,很久没有人迹的样子,但一直通着电,倒是也很方便。

供奉巧娘娘的香案就设在村委会所在的主屋正中间,巧娘娘纸扎像背后的墙壁上高挂着党旗和入党宣誓词。那天晚饭后八点多的样子,有两个妇人先到村委会来换灯泡,想把灯光调得亮一些。九点钟左右,成员基本上到齐。期间,陆续有人到来,包括乞巧的妇人,也有一些小孩和男子。来的女性,不管乞巧与否,她们进来的第一件事是给巧娘娘上支香;香蜡裱纸都是乞巧点备好的,她们先是双膝跪下给巧娘娘烧裱纸,然后用裱纸上的火焰燃起一支香,站起来举着香朝着巧娘娘纸扎像拜三拜,插好香之后,再跪下给巧娘娘磕头。在这个过程中,听见她们口里都念念有词地向巧娘娘述说心愿,如保佑全家平安、保佑孩子学业有成、庄稼丰收等。

二 叔 家

2010 年 8 月 7 日,我跟着十里乡工作人员一起去"采风"的时候,认识了梁集村一社的娃娃头张晶。当时,张晶 22 岁,在我们熟悉之后,她告诉我,家里给介绍的男友正催促她结婚,可能来年她就要出嫁,再也不能当娃娃头了。和张晶第一次见面是在她的家里,乡上的工作人员告诉我,是张晶主动给乡上打的电话,想报名参加九眼泉的舞台表演,他们带着我一直找到张晶的家中。我们进去的时候,看到张晶家正在修房子,她和父母在家里,还有一个哥哥,在外面干活。

聊了很短的时间,乡上的人就要离开;路上他们说,这个点不行,都是些娃娃,肯定不会原汁原味的乞巧歌了。不过,我倒是对张晶这个乞巧点比较感兴趣,便有意留了她的手机号码;在过后的简短短信交谈中,我感觉张晶是一个很外向的女孩子,她主动邀请我再到她们那里去,也希望我能给她们的排练提点建议。两天后,我决定再到梁集村去,张晶让我告诉公交司机到二郎坝停车就可以;下车之后,张晶带着整个乞巧队在路边等着我。她们兴高采烈地直接带我到了乞巧点,其实就在张晶家的隔壁。那是张晶的二叔家,二妈去世了,二叔带着一个女儿生活,这位堂妹是张晶组织乞巧的得力助手;因为是自己的亲侄女,加上自己女儿也在其中,二叔就答应在他家乞巧。晚上排练的时候比较吵闹,二叔家里人口少,这样也就少些顾虑。那天下午,我一直和这群女孩子待在一起,在张晶的"指挥"下,她们分别排练着不同的歌舞。张晶二叔家的院子很宽敞,孩子们在排练的时候,时不时会有村上的人进来站在一边观看,有带着孙儿的老人、怀抱婴儿的中年妇女和一些小男孩。张晶的二叔很热心,偶尔会给孩子们晾些开水,傍晚的时候,院子的地面温度很高,他用水管引着自来水洒在地面上,说这样孩子们可以凉爽一些。

第三节 | 年龄组

2010年八月份的一天,北关的杨兰花到赵叔家来找我,一见面,这位年近七旬的老人竟像孩子一样兴奋地告诉我,她们要乞巧了。当时,正逢北关泰山庙开光仪式,张雀和丈夫都在庙里帮忙,看着开光仪式搞得热闹非凡,张雀按捺不住想乞巧娘娘的心情;她发现泰山庙旁边村委会的两间会议室闲置着,这两间屋子一直是村里每年筹备社戏的地方,她连续找了几次村长,终于如愿借到场地,又与闫家场的承包者李又仁商量,后者也愿意免费为她们通上电。找到场地后,张雀就赶紧找到杨兰花,一起商量怎么将这一年的乞巧娘娘办起来、办得漂漂亮亮、经得起大家称道。

她们又找到另外两位乞巧爱好者，划分了大致的职责范围。张雀是"巧头"，负责统领整个乞巧活动；杨兰花和另一位年龄相仿的同伴一起负责收钱、采购和照看香火；还有一位叫刘爱云，喜爱唱歌跳舞，她主要负责给大家寻找、整理以往的乞巧歌词。

三社准备乞巧娘娘的消息马上传开了，当天就有好几位妇人来交钱，要求加入；对于每一位前来交钱报名的人，乞巧组织者都表示热情欢迎，她们通常不会拒绝任何一个想乞巧的人，即使对方是一个大家都知晓的爱惹是生非的人。在县城，主要由于场地、忙于生计、人口流动等缘故，并不是每村每年都有乞巧的机会；三社的乞巧点设立起来后，就有好几位北关村其他社的妇人表示想参加，甚至隔壁的朝阳村的几位老婆婆也相互做伴过来放了几元钱。

相较而言，这类年龄稍大的妇人们组织的乞巧要随意一些，特别是像北关村这样，她们除了祭拜巧娘娘、唱一唱乞巧歌之外，就不再编排其他的歌舞表演，也免去了行情的环节。参与的人也比较随意，除了几位主要组织者之外，在整个过程中，会不时有人加入，交了钱的人，中途也会因为自家有事情而不来。另外，未正式参加乞巧的女性，她们也可以拿着香蜡裱纸来敬一下巧娘娘，敬完之后，会留下来看看。

杨兰花虽然年事渐高，但作为北关本地人，用她的话说自己是乞着巧长大的，她懂得乞巧仪式的各种细节，她也喜爱和愿意承担组织者的角色。年幼时，她的家境很好，父亲一直供她读完初中，她不仅能写一些记叙性文字，还能编写乞巧歌，在收钱和采购的过程中，她对每一笔收支都作了记录。下面是这一年北关村三社乞巧的经费收支情况。①

　　六月二十七日

　　张雀 10 元；杨兰花 10 元；刘爱云 10 元；刘家妇人 10 元；张

---

① 这个记录情况，有的是我按照杨兰花记录的本子整理的，有的是我跟着她一起采购时，我的记录，还有的是她凭记忆给我讲述的。杨兰花记录的那个小本子，在送巧娘娘的晚上，和其他物品一起烧给巧娘娘了。

喜 10 元;慧美 10 元;去年乞巧剩下 20 元。

六月二十八日

赵家妇人 10 元;王兰兰 10 元;谢翠英 10 元;9 个人每人交 5 元的,没有记名字。

购买:巧娘娘纸扎像 30 元;香蜡裱纸、鞭炮 12 元;一共 42 元钱。

六月二十九日

看开光仪式的人也来敬巧娘娘,放了香钱,有放五毛的、有放一块的。

买了 30 元的供果:桃子、李子、香蕉,都是买最好的。

七月初一

泰山庙里开光仪式大会上收的毛毛钱都给了我们,庙里的人说是献给巧娘娘的,大概 12 元。

购买:三个打火机 3 元;纸杯子 4 元;一条毛巾 2 元。

张雀、杨兰花、慧美,三个人凑了一些白面,张雀出油,又召集了一些人到张雀家的厨房里炸果子,供给巧娘娘。

七月初二

购买:一对大蜡 4 元;佛光 20 元;彩条 3 元;白皱纸 2 元;五盘双面胶 5 元;青纸 2 元;电池 5 元;两朵莲花 30 元;黄银纸 14 元;献果 42 元;5 瓶矿泉水 5 元;200 张金纸 14 元;两塔白皱纸 1 元;30 张黄纸、裱纸 6 元;小盆子 2 元;冰糖 6 元。一共 161 元。

七月初六

办会会:两斤豆腐 5 元;醋 2 元;庙里给的洋芋、面、豆豆、黄瓜、白菜、菜瓜。

七月初七

剩下 15 元钱,买了 60 个馒头,在巧娘娘面前供了一下,分给今年乞巧的人。

如北关村三社这样的起会,算是最为简单的,但也是基本的形式。20 世纪 80 年代以来,乞巧的群体发生了较大的变化。主要是由于"文化大革命"期间的中断,在乞巧复苏的过程中,中老年妇女作为乞巧主体开始出现,而在此之前,未婚少女与新媳妇是约定俗成的乞巧群体。新出现的乞巧群体经历了 20 世纪八九十年代的艰难岁月,现在与传统意义上的乞巧主体未婚少女共同存在。①

由于北关村三社乞巧的成员年龄偏大,她们取消了行情的环节。而大多数情况下,这类乞巧群体的年龄一般在 30 岁至 50 岁之间,她们还会尽量统一着装、排练舞蹈。如姚河村三社乞巧成员的年龄情况为:李英 38 岁、雪琴 40 岁、美娥 39 岁、慧英 43 岁、瑞雪 51 岁、张梅 41 岁、叶枝 48 岁、香莲 53 岁、符花 47 岁、书兰 47 岁、玉石 37 岁。

比较复杂的组织形式是女娃娃们的乞巧,西和人把未出嫁的女孩子都称作女娃娃,妇人家的乞巧组织者叫"巧头",女娃娃的叫"娃娃头",女娃娃一般按照年龄组分为三个班子,妇人家的乞巧不分班。乞巧的女娃娃大约四五岁至二十二岁之间不等,她们大多从阴历六月中旬就开始起会。2009 年 8 月 18 日,十里乡的霞陪同我一起到避雨村二社去看一群女娃娃乞巧。由于上一年的地震,这个村社没有乞巧,而且一些大点的女孩子都出去打工了;这一年,有几个女孩子从外面回来了,而且社里还有一位在外面读书回家过暑假的男孩,叫刘伟,酷爱舞蹈,也善于依照流行歌舞编舞蹈。阴历六月中旬,由两位年龄稍大些的女孩,刘静(22 岁)和刘迎迎(22 岁)出来牵头组织,刘静是"娃娃头",刘迎迎是她的得力助手;她们一共动员了社里 23 家共 28 个女孩子。避雨村二社一共 95 户人家,412 人,耕地面积 420 亩,农作物有小麦、玉米、土豆、荞麦,药材以种植半夏为主。每家种植半夏半亩到一亩左右,半夏的收获是一件急需劳力的事情,挖半亩地的半夏,按照一家三个劳力计算的话,需要八至十天左右;六月中旬恰好是收获半

---

① 很多人都会嘲笑这种新现象。一直到现在,我在西和还能听到当地男人们的评论,他们常说,妇人家都不是女娃娃了,还乞什么巧娘娘,真不怕人笑话;包括一些妇人家,也不将她们的乞巧娘娘认同于传统意义上的乞巧。比如,姚河村三社一位乞巧的妇人就特意给我解释说:"以前都是娃娃家乞巧,已婚妇女不能乞,现在虽然能乞了,但和娃娃家弄得就是不一样。娃娃们搞的才叫'乞巧娘娘',妇人们搞的其实是敬神,与平时里信神、拜神一样,巧娘娘也是神,是七仙女、织女,能保佑家里平平安安、庄稼丰收。"

夏的时节，暑假在家的孩子们也被算为农忙的劳力，因此，她们只能利用晚上这段自由时间聚到一起学习、排练歌舞。人员确定下来之后，她们要对这 28 人按照年龄的大小进行分组(班)：七至十岁为小班子、十一至十五岁的为中班子、十六到二十岁左右的为大班子；每个班所交的份子钱、所选的着装以及歌舞都有所区别。下面分别是避雨村二社女娃娃们乞巧起会和组织的基本情况：

> 一共分三个班：7—10 岁为小班，共 8 人；11—15 岁为中班，共 10 人；16—22 岁为大班，共 10 人。
>
> 小班：雪梅 5 元；羊美 5 元；周笑 5 元；小娟 5 元；美娟 5 元；盼娣 5 元；珠珠 5 元；玉欣 5 元。
>
> 中班：春霞 8 元；秋霞 8 元；玉霞 8 元；颖颖 8 元；玉梅 8 元；晶晶 8 元；春燕 8 元；艳子 8 元；招娣 8 元；潇潇 8 元。
>
> 大班：刘静("娃娃头") 10 元；刘迎迎 10 元；刘琪 10 元；杨娟 10 元；季琴 10 元；杨帆 10 元；静静 10 元；玉兰 10 元；昕愿 10 元；阳阳 10 元。
>
> 收钱情况：小班子 8 人，每人 5 元钱，共 40 元；二班子 10 人，每人 8 元钱，共 80 元；大班子 10 人，每人 10 元，共 100 元。

"巧头"和"娃娃头"在乞巧中扮演着特殊的角色。她们本人首先是乞巧爱好者，而且她们通常在本社同龄人里有一定的威望。而对于"巧头"而言，这种威望主要来自于两种情况，要么她们平时是爱敬神①的人，在有关敬神的知识上，大家对她们都非常信任；要么，她们就是村干部的家人或亲朋，基于这种特殊的身份，她们平时就活跃于村庄的公共生活。张雀就是兼有这两种情况的"巧头"，丈夫是北关村泰山庙里的主事者之一，她平时热衷于敬神活动，也常在庙里帮忙。另外，她婆家的兄弟是现任村干部，她这次也因此相对容易地为乞巧争

---

① "敬神"在西和有着特殊的含义，它并不是指一般的到庙里或在家里那种简单的敬神行为，而是指西和当地一拨具有一定组织性的敬神活动，他们有固定的组织者以及有秩序的活动安排。

取到一个地方。对于"娃娃头"而言,这种威望绝大部分来自于年龄,在孩童群体中,一个人的威望与年龄有着直接的关联,"娃娃头"通常都是由村里年龄较大的少女担任,她们的组织和管理能力,是基于平时在这个群体中的地位;这些女孩子平时就是群体里的头儿。比如梁集村的张晶,她父亲是当地小学的校长,她平时就能招揽一群小女孩跟在她后面一窝蜂似地如影随形,但是在她还没有成为本社里年龄较大的女孩子之前,她也如这些小女孩一样,跟在那时的"娃娃头"后面。

虽然,"巧头"和"娃娃头"在乞巧中有一定的权力,直接体现在她们有权决定成员的去留问题,但如何使用这个权力是非常讲究技巧的。首先,乞巧不是哪一个人或几个人的事情,而是一个村里一群人的事情,换句话说,乞巧是要靠众人参与的事情,因此,组织者首先要有包容随和的性格,否则,自己容易陷入孤家寡人的境地,那便成了一个失败的"巧头"。但同时,她们也要具有严肃的一面,构成对每位成员内在的约束性,说话、安排能够让大家接受和听从,这样的能力也是基于她们能够在处理众人事情时,保持公正与合理的姿态。总之,"巧头"和"娃娃头"既要有管理好一个群体的能力,同时也要有统筹和顾及每位成员的能力。在"巧头""娃娃头"的组织下,乞巧群体内部人与人之间的关系是平等的。

第四节 | 生活技艺的媲美

巧芽

在张雀、杨兰花几个人匆忙准备乞巧的过程中,一直有人在旁边嘀咕,这么急匆匆地怕是不好找"巧芽"了,临时生也来不及了。但是,张雀和杨兰花却都笑着说,不用担心,等香案布置好之后,定会有人送"巧芽"来;刚开始,我更多地将她们这个判断解读成一种宽慰,因为,在我那时的认知里,作为一种神圣的祭品,生巧芽就如乞巧中的其他仪式一样,应该也是要按照一定的规则,诸如提前安排好成员、时间、选用哪类谷物来生巧芽。不过事实却如张、杨二人所言,在她们进行完接巧娘娘仪式、刚刚布置好香案之后,一位七十多岁的李家阿婆捧着一盘"巧芽"出现在了乞巧点,她说挑了一盘最好的,家里还有几盘,等这一盘见光发绿了再换;之后,隔壁朝阳村也有一位老阿婆端着巧芽过来。大家也接着纷纷说起,听说还有谁家的老人生巧芽了。张雀告诉我,这些老人家都是自小乞巧长大的,她们仍保持着一到六月中旬就会生几盘巧芽的习惯,她们觉得不管远近,总会有乞巧的,等打听到之后,就会亲自把巧芽送过去;每年不是这个村就是那个村有,她们生的巧芽没有糟蹋过。

李家阿婆端来的这盘巧芽是用玉米生的,巧芽放在一个精致的碟子上,齐腰束了一道一寸来宽的红纸;芽子七八寸高的样子,乳白色的根茎,配上鲜嫩的淡黄色叶子,非常漂亮,初看上去,每颗苗都长得高矮匀称、胖瘦相当。但是要生一盘漂亮的巧芽并不是一件容易的事,首先要学会生芽子,否则浸泡的粮食就会烂掉,其次,要学会怎么让芽子长得好看,否则便会层次不齐、颜色不均。按照这些阿婆小时候的经验,要生一盘高矮得当的巧芽,阴历六月中旬左右开始生正好,过早或过迟就会导致芽子长得太矮或太高,均难以成型。

生 巧 芽

李家阿婆给我讲述了生巧芽的方法。先要选好生芽子用的粮食,只要能长出芽子的粮食都可以,但通常会选玉米、小麦和绿豆;选粮食的时候,一定要精选那些颗粒饱满的,先在温水中浸泡一天一夜之后,将其置于选好的容器中,比如精致的碗或碟子,放进去之后就不能再更换容器了;将粮食盛于容器中时,一定要注意不能装得太满,以四分之三为宜,因为芽子经水浸泡之后,需要膨胀的空间。

要将盛好粮食的容器置于阴凉之处,最好在上面盖上东西用以遮光,每天要换水两到三次,因为浸泡着的粮食会散出一些杂质和浓重的颜色,这会影响到芽子的成色。通常三四天之后,粮食就开始发芽,这个时候需要更多的呵护;她们通常把开始发芽的粮食连同器皿一起置于家里盛水或贮存东西的缸里,上面用盖子盖好,这是让芽子避开阳光,以免变绿,缸的质地和深度会造就缸内的温度偏凉、空气相对稀少,可以促使芽子长得慢、敦实且鲜嫩,而且下面的根部能够更为牢固地盘结,与容器连为一体,稳定性较好。这个时候,仍需要每天更换器皿里的水,保持新鲜。大致十至十五天,芽子通常能够长到七八寸,这个时候乞巧也要开始了;她们揭开缸的盖子,先取出一盘芽子,因为是敬献给女神巧娘娘的供品,要在芽子的腰间系上一道红纸或者几道彩色纸带,西和人把这个行为称作"疏"①,寓意喜庆、吉祥、神圣,西和人把这样一盘芽子称为"巧芽"。

敬给巧娘娘的巧芽,一旦见到阳光、和煦的风,就会疯长、变绿,这就犹如过了十七八的姑娘,不再水灵,而是黯然了;因此,她们通常要生好几盘芽子,轮番换上,不能让来看乞巧的人笑话。

巧芽被供在巧娘娘纸扎像前面,人们走进乞巧点之后,总是会最先注意并评论起今年的巧芽怎么样,与去年相比,是更好还是今不如昔;也会相互打问,那些精美的巧芽是出自谁的一双巧手。第一次在梁集村见到张晶的时候,她就带着我到她家厨房里看她们生的巧芽;她指着地上的两个浅浅的塑料水桶告诉我芽子就在里面,在我问起上面怎么没有盖上点东西避光时,她说她们的芽子生得晚了,这样通风长得快一些,否则就赶不上用了。她们是选用绿豆生的芽子,也是因为绿豆的芽子长得快一些,但是,从已经长出来的情况看,她们生的巧芽并不好看,不仅高低不齐,而且看上去有些老气横秋。

不过,我还是对她们的技艺感到惊讶,张晶告诉我,她从七八岁就开始乞巧,每年跟娃娃头们待在一起,在一边看着也就学会了怎么生巧芽,而且,孩子们的母亲或奶奶也会给她们解惑答疑。尤其在西和的乡村,很多人家平日里不去集市时,也会自己在家里用黄豆或绿豆生些豆芽,作为烹饪用的菜肴,生巧芽的技艺与此大致相同。张晶告

---

① 西和在诸如敬神、定亲、结婚、生子、过生日等仪式中,通常要用大约一两寸的红纸条将敬奉的物品拦腰缠一下,他们把这个叫做"疏",寓意吉祥、顺利、喜庆;"疏"其实是一种区隔的方式,通常在相应的仪式中,只有指定的人有资格疏物品,而且疏过的东西一般人就不能碰了。

诉我,生巧芽其实也是她们平时日常生活技艺的一部分,作为"娃娃头"的她,带着一群女娃娃展示平时所学的生活技巧也是一件让她们乐在其中的事情;而且,对生巧芽技艺的掌握也是"娃娃头"可以在同龄人面前增加自身资历的一件事情。

几天之后,我又来到这个乞巧点。她们进行完接巧娘娘仪式之后,女孩们开始在张晶的安排和指挥下布置香案,我特别留意了这个细节。她们先给巧娘娘上香、敬茶①,然后端上炸好的供果、洗净的水果,最后端上生好的巧芽。有意思的是,张晶站在香案前,逐个检查每位女孩子端过来的盘子,主要看盘子里的供果摆放得是否好看;她遵循着大人们的审美经验,认为贡献给神的东西,尤其是供果并不是随意地摆放于盘内,比如水果,一个盘子里一般放五颗,四个做底,一个放在上面做塔尖,炸的果子也是如此,要挑选花样最好看的一块放在最上面。献"巧芽"的时候,张晶又在责怪几个女娃娃,因为她们忘记把巧芽"疏一下",她不得不自己动手找了张红纸,剪出一条红纸带拦在巧芽的半腰间。实际上,在整个过程中,张晶与她带着的一群女娃娃们在这种特殊的情境下进行着互动,她作为年长者和"娃娃头"所进行的指责或命令,都让这群女孩子在其中学会了如何敬献供果和巧芽,等张晶出嫁之后,接替她的"娃娃头"将在这群女孩子中产生。

除了借之品评相互之间手艺的好坏,"巧芽"的另一功能是在行情时必备的供品之一,是她们向对方巧娘娘表达诚心的象征物;由于山路遥远,每天行情的时候,她们只需带上一盘巧芽,与香蜡裱纸、鞭炮

---

① 所献的茶是"罐罐茶"。西和高寒阴湿,人们讲究在火盆边喝茶,他们称为"罐罐茶",所谓的罐罐茶并不是指茶的一个种类,而是一种喝茶的独特方式。之所以叫做罐罐茶,是因为这里喝茶的时候不像我们用沸水泡着喝,而是将茶叶放入一种叫做茶罐的陶器皿中,置于火盆的木炭旁,边煮边喝。与罐罐茶相配,有一套专门的工具,包括茶罐、茶笾、茶壶、茶杯和火盆;其中,火盆的做工非常讲究,由专门的木匠制作出售,在火盆制作的整个过程中不用一根钉子,全部用木塞镶嵌,盆上的花纹更是与当地房屋窗棂、门楣上的花纹类似。现在,一个上等的火盆可以卖到一两千元,火盆早已成为西和人送大礼的首选之一。西和人喝罐罐茶是一种生活方式,早上人们见面一般问候语便是"喝了吗"? 在西和,成年的男女,早上都习惯喝一罐茶,吃点馍馍。另外,茶叶是礼物的重要一部分,比如给父母、丈人、舅舅送礼时一定要送茶。当地结婚、认干亲等仪式中的"四色礼",其中一样便是"茶"。敬神、敬祖先时,更是不能少了一杯茶。

不同,这盘巧芽仅仅作为象征,在对方巧娘娘面前供一下,行完情后便又拿走,到下一个乞巧点继续使用。在行情过程中,大家依然会对行情队伍的巧芽展开评论,因此,没有人好意思端着一盆丑陋的芽子到处去行情。

虽然,张晶知道她们生的巧芽算不上精美,但也不算失败,她们觉得自己能够把乞巧的每个仪式都做到就可以了。实际上,不管是作为传统意义上乞巧的主体——未婚少女,还是新出现的中老年妇女群体,她们乞巧的初衷已经发生了微妙的变化;她们一方面尽量将乞巧仪式弄得完善,因为巧娘娘是位女神,不容轻视,但另一方面,相较于"乞巧娘娘",她们愿意把更多的精力放在"狂巧娘娘"上。

在去姚河村三社看乞巧时,我发现巧娘娘的香案上面并无巧芽,倒是插了两大瓶鲜花,香气扑鼻;那里的妇人们跟我说,这些花是每位乞巧的人献给巧娘娘的。由于起会比较晚,加上这个社的妇人们白天都要忙着收半夏,于是,大家就决定今年用鲜花代替巧芽。既然没有巧芽,为什么还要用鲜花作为替代物?换言之,巧芽在乞巧中,除了作为献给巧娘娘的供品、女性借以评论技艺而外,还另有其他不可取消的象征意义吗?

她们给我解释说,鲜花与巧芽之间最相似的地方在于,花瓣与巧芽的叶子很相近,掐一些放到水中,也可以漂浮在水面,看到其倒影,既然没有巧芽,就换用鲜花来"照花瓣"。另外,用鲜花替代巧芽也是当地人的一种习惯。比如,在乞巧的过程中,倘若遇到一些有水神的山泉或水井时,常有一些女子会掐些旁边的花瓣投到水里,看它们在水中的倒影。

这个社的妇人们到别的乞巧点上去行情的时候,也只能用鲜花替代巧芽;不过,到了乞巧点之后,需要"巧头"向对方解释为什么没有巧芽。这就如,在她们每天更换供在巧娘娘面前的鲜花时,都要专门给巧娘娘上支香赔不是,向巧娘娘解释不能生巧芽的缘由,她们相信巧娘娘一定能够理解她们的苦衷。另外,需要指出的是,这一年用鲜花,并不代表下一年还用,只要有时间和精力,巧芽还是必须要有的,否则便无法向巧娘娘交待。生巧芽依然是一个具有约束力的仪式。

"巧娘娘"

　　2010年阴历六月二十九,杨兰花特意让荣阿姨转告我,大概午后三点钟,她会来家里叫我,我们一起去挑巧娘娘;"挑巧娘娘"的意思就是买一个巧娘娘纸扎像。巧娘娘是西和人信仰世界里的一位女神,西和的庙平时都是关着的,只在每月的初一、十五打开,供人们进去上香、敬神,据说每月的这两天各神归位,与这些神祇不同,巧娘娘一年里在人间的时间只有七天,即从阴历七月初一到初七。虽然西和盛行巧娘娘信仰,但在当地的庙宇原本并没有巧娘娘塑像①,因此,乞巧之前,请一个巧娘娘像是各个乞巧点最重要的准备工作;巧娘娘像是由纸、篾条、布帛等做成,必须要在初七晚上十二点,天门关闭以前焚化干净,这也是送巧娘娘返回天庭的意思。

　　那天下午,我如约跟着杨兰花和她的同伴一起到北商场的周家纸货铺去"挑巧娘娘"。在北商场里,我看到好几个路边摊位也摆着巧娘娘像,杨兰花说这些都不好,工艺简单、矮小,尤其是后脑勺是平的,周家做的是鼓起来的,与人的头型差不多;路边摆的这些是二十五元一个,周家的是三十元,但她们还是愿意多花五块钱买周家的。回去的时候,巧娘娘像由杨兰花捧着,她一只手托着像的底盘,一只手扶在巧娘娘的后颈上。路上遇到几个进城来"挑巧娘娘"的远乡妇人,相互问起对方手里捧的巧娘娘出自谁家、多少钱;她们都觉得杨兰花手里捧的巧娘娘虽然贵了点,但确实好看,这让杨兰花和她的同伴颇为高兴,她们说等回去打扮之后会更"心疼"②。

　　现在,巧娘娘像的制作基本上都是在纸货铺,与丧葬用品的制作技艺颇为相近;但至于制作巧娘娘像的技艺始于何时、何地、有何流

---

　　① 但是,主要受到西和县政府在晚霞湖水库上竖了一尊巧娘娘塑像的影响,西和远乡的几座庙宇已经开始在庙里塑巧娘娘像了。这对于西和乞巧将会意味着什么?笔者希望对之进行一个后续的研究。

　　② 西和方言,根据不同语境,有听话、乖巧、漂亮等意思,这里是指漂亮。

变,就如西和的乞巧究竟始于何时一样,都是让人难以简单回答的问题。据一些老人回忆,自他们记事时起,巧娘娘像大概就是现在的样子;只不过在从前,巧娘娘像的制作不一定集中在纸货铺,直到现在,在西和的乡村里还会见到一些自己制作巧娘娘的场景。2009年9月,我在十里乡梁集村三社看到两位七旬老妇人在乞巧点做巧娘娘像;其中一位的孙女喜欢乞巧,就把乞巧点设在家里。不过,她们只是自己做了巧娘娘的身体,极为费时费力的头像也是购自纸货铺。这两位老阿婆平时喜爱到庙里敬神,其实她们制作巧娘娘像的技艺,与平时为敬神折叠的纸花、金锞,与寒衣节为先人制作的纸衣等,有着异曲同工之处。据说,自西和有了专门的纸货铺以来,巧娘娘像就如丧葬用品一样,逐渐集中到了纸货铺里。目前,西和县城里大约有十来家纸货铺,每家在乞巧之前都会制作一些巧娘娘像出售,但最为当地人喜爱与津津乐道的,还数周家纸货铺。周家纸货铺始于晚清,至今四代相传,其中经历过让他们难以忘却的"文化大革命";一些人还会忆起当年,纸货铺的两代主人被挂着"牛鬼蛇神"的牌子、捧着巧娘娘纸扎像沿街游行的情景;现在第四代传人周小牛在操持纸货铺时,依然心有余悸。

　　周家纸货铺四代主人,他们算不上什么大人物,同样也不是小人物,其实,他们就如瓦匠、木匠、阴阳先生、风水先生一样,都因为手里掌有一套特殊的技艺,而成为人们日常生活中不可缺少的手艺人。纸货铺的出现和存在也是基于当地人日常生活的需要,人们需要借之勾勒生活的意义和完整性。而周小牛身上那种掩饰不住的胆怯让人不禁心惊,那个短暂的时代虽已逝去,但在当下的时代里,类似于周小牛这样的手艺人、他们的手艺以及与这些手艺相关的普通人的日常生活,似乎依然处于一种胆怯的状态。

　　我一直疑问,为什么巧娘娘像会在代表丧葬仪式的纸货铺里出售?虽然纸货铺在当地是一个不可缺少的地方,但它与别的商铺又不一样,那里并不是人们会随意进去的地方。死亡的意象笼罩在纸货铺这个特殊的空间上,而女神巧娘娘为什么会在这种带有不幸意象的地方被展示出来呢？其实,直至现在我也回答不了自己提的这个问题,不过,我也在周家纸货铺发现一个有意思的事情。那时乞巧刚过,周家还有几尊没卖完的巧娘娘像,这些巧娘娘像只是基本的模样还未作装饰;就在巧娘娘像旁边,还摆着另外几个稍微小点的纸扎像,使我惊奇的是,这些纸扎像的表情看起来和巧娘娘几乎一模一样,只是身上的服饰和发型不一样。他们告诉我那是金童玉女和马夫,金童玉女是给亡人在阴间的侍奉,马夫则是给亡人赶马的。纸扎像最费事的是头像,在制作工艺和程序上,巧娘娘、金童玉女、马夫的头像模子基本上一样;周小牛的妻子拿出两个头像模型,指着大一些的说是巧娘娘头像,小的是做金童玉女和马夫的,看起来,巧娘娘头像模子的前额和脸蛋要更为饱满一些。周家纸货铺的周小牛夫妻俩给我讲述了巧娘娘像的大致制作过程。

巧娘娘纸扎像的制作

制作巧娘娘最复杂和困难的部分就是巧娘娘头,要有模型才能做成,好在头像模型可以反复使用。这也解答了我当初的一个疑问:为什么不同乞巧点的巧娘娘的脸蛋看起来差不多都是一样的。

做巧娘娘头像需要的材料包括一根直径四五厘米左右、长约三十厘米的木棍,木棍的粗细要与巧娘娘头的尺寸相匹配,因为这根木棍将决定巧娘娘像脖子的粗细,脖子的尺寸自然要考虑到身高,否则做出来的像会因比例不协调而被大家笑话。大麻,即做麻绳的树皮;纸筋泥,是麻纸和泥的混合物,将麻纸混在泥里可以增加泥的黏度。先在木棍一头缠上几层大麻,留有十五厘米左右做手柄,然后将准备好的纸筋泥涂到缠好的大麻上,纸筋泥的黏性特别强,最后会裹成一个直径五寸左右的头型模样。接着要在这个头型上进行加工,捏出脖子、鼻子、眼睛、嘴巴和耳朵;其中,耳朵会比一般的比例偏大一些,因为当地人认为巧娘娘就是织女,织女和牛郎隔河相望,耳朵不大怎能听得见对方的声音呢。这样,巧娘娘的头像模型就算做成了,之后将其放置太阳下晾晒,夏天的气温较高，一般四五天就能干透了。一个头像模子可以连着用很多年，只要上面裹的纸筋泥不干裂。

晒干之后，再将厚厚的麻纸裹在模型上，麻纸的作用在于较易剥离，在麻纸外面再裹上一层普通的白纸，压紧，与模型贴合，便能呈现出模型本身的五官形状，这样在模子外面就形成了一个同样形状的外壳；把裹好纸的模型继续放置太阳下，晒干后，从后脑勺以及头顶分别上下、左右划一道口子，这样，一个巧娘娘头像便从模子上脱落下来了。将头像从模子上取下来之后，就要打扮了；先用大白粉（一种颜料）把脸部涂白，继而用墨笔画上两鬓的头发、眉毛、眼睛，再用红色的颜料添上一个樱桃小嘴；接下来用黑色的纸给巧娘娘制作头发，一般是两个发髻，两屡放在肩前的长发以及前额的刘海；最后在头发上进行头饰的装点，一般是在两个发髻中间插上一朵花。简单的巧娘娘头像模型就算制成了。

与头像比起来，巧娘娘身体的制作要简单得多；先用竹子扎成骨架，骨架的大小需要与头像的大小匹配；骨架扎好之后，就可以在外面穿上制作好的纸质衣服，通常是上身一件宽袖对襟上衣，下面是百褶裙，右手一条拂尘、左手一块手帕，脚踩莲花台，寓意神圣和纯洁。过去还会在巧娘娘的背上和腰间配上丝带。巧娘娘身体做好以后，再将头像安装上去，一个巧娘娘像便完成了。一般，在巧娘娘头像做好的情况下，做一个成品巧娘娘像需要五六个小时左右。现在的巧娘娘像大约二尺五左右高，周小牛告诉我，他太爷爷时候制作的巧娘娘有一米多高呢。

总而言之，制作巧娘娘像的用材包括麻纸、五色纸、篾条、秸秆、竹子等；其实，这与丧葬用品的用材基本上差不多，因为与丧葬用品一样，巧娘娘像最后在初七晚上也是要焚化掉的。

我在乞巧点上看送巧娘娘时，还有人担心巧娘娘头像会因麻纸裹得太厚而不好燃烧或者烧不干净；焚化不干净对于乞巧的女性来说，是一项不允许发生的禁忌,那将意味着没有把巧娘娘彻底送走。①

曾有一首乞巧歌这样唱道:

> 一盆水,清涟涟,我给巧娘娘洗白脸。
> 头上青丝如墨染,两股子眉毛弯又弯,
> 杏核儿眼睛圆又圆,线杆儿鼻子端又端,
> 窝窝小嘴一点点,糯米牙子尖对尖,
> 两只耳朵赛牡丹,耳坠子吊在两脸边。
> 鸭蛋白脸真稀罕,脖子上戴着银项圈。
> 上穿红,下穿蓝,身材端得像竹竿。
> 手里提着个花手巾,叫人越看越心疼。
> 巧娘娘,下云端,我把巧娘娘请下凡。

对于一个纸货铺而言,一个头像模子可以复制出无数个巧娘娘头像;所以,从同一个纸货铺买的巧娘娘像,初看起来一定是一样的。但就如生巧芽时,相互之间的品评和竞争一样,人们并不愿意自己的巧娘娘和别人的是一样的,或者说她们更喜欢呈现自我的独特性,这种独特性便通过对巧娘娘像的重新装扮来达成,重新打扮之后,她们会说:"看我们的巧娘娘,心疼滴!"

重 新 装 扮

等杨兰花和同伴把巧娘娘挑回来之后,来了四五位成员,大家一起商量怎么把巧娘娘再打扮得漂亮一些;因为乞巧不单是她们十几个人自己的事情,也是给别人看的,她们期望得到众人的赞誉,或者说她们不想被别人挑出瑕疵。

她们首先觉得巧娘娘的手一定要换掉,纸货铺做得太胖,巧娘娘应该是纤纤玉指才对;她们用白纸剪成手的形状,再用红纸给做了红指甲。接着她们要把巧娘娘的衣服全部换掉。她们买了最好的油光纸,选用大红色做成一件长袍,长过膝盖;袍子上面

---

① 关于"送巧娘娘"仪式中焚化的细节,我会在后文中将其与西和社火中的"谢将"联系起来展开论述。

的肩、袖口、下摆处都用金色油光纸剪出祥云贴上去,她们说巧娘娘是神仙,应该配祥云。又用金纸剪出两道纸条,在领口和前襟做出对襟的款式。用蓝色的纸,贴在脖子处,看起来像是穿着蓝色的衬衣。裙衣也要换掉,她们觉得纸货铺做得有些粗糙,选用青色和粉色皱纹纸做成百褶裙摆;再用红色和粉色的皱纹纸做成三根锦带,在上面画上鲜花。

继而,她们审视纸货铺做的莲花台,一致认为太小了,和身体不相称;最后,大家接受了张雀的突发奇想,买一个最小号的塑料盆,把盆倒扣过来,在盆壁粘上纸作的莲花瓣,不就是一个莲花台么,不仅比原来的大、高,而且牢固得多;她们选用的塑料盆也不会在送巧娘娘的仪式中烧不掉。

最后,她们要在脸和头型上对巧娘娘做最后的装扮。杨兰花拿出从周家纸货铺要来的黑纸,把头发加多、加长了许多,两缕浓密的青丝长至膝间。又将额前的刘海也换掉,觉得原先的有些错乱不齐。头上的花饰也换掉了,中间换了一朵大红花,两边各配上一朵小黄花,又买了一束红色塑料花,插在中间那朵大红花的上面。她们认为纸货铺弄得樱桃小嘴,还不够好,于是用口红把巧娘娘的嘴画得更为圆润、柔和。她们又嚷嚷着说,巧娘娘面颊太过苍白,一位成员用口红,娴熟地在巧娘娘的两腮加上了"腮红",又用无名指沾了一些口红,轻涂在上眼睑上,作眼影。眉毛也重新画了,看起来更俊俏。眼睛的瞳孔,也用墨汁描得更大一些,她们觉得这样看起来要更有神。

等她们把巧娘娘装扮完毕,一旁有人大声说,巧娘娘咋是歪着的,装扮的人才发现巧娘娘的脚没放好。在重新装扮巧娘娘的过程中,来看的人愈来愈多;在一旁看的人也并不是单纯地看,他们也时不时参与其中,给些建议,对此乞巧的人并不排斥。在装扮巧娘娘的事情上,究竟什么样子才算好看,这并不是个人的事情,而是由大家一起商量、动手去做。

巧娘娘装扮好之后,已经是六月二十九的傍晚时分,第二天就是七月初一了。张雀张罗着取来买好的供果(洗净的葡萄、桃子、苹果)、香、黄裱①、纸钱、鞭炮、金元宝、蜡烛、一杯清水和一杯茶②;她说,要等到天稍微暗下来一些,差不多七八点钟的样子,就可以接巧娘娘了,因为这时神仙巧娘娘要下凡来了。

结论

表面上看来,西和乞巧是一个强调女性特质和女性的定向性情感的节庆仪式活动,巧娘娘就是一位专司人间女子心灵手巧的女神,仪式准备期间所生的巧芽以及对巧娘娘纸扎像的装扮,均体现了这一点。另外,在组织形式上,西和乞巧体现出明显的年龄组制度,这在未婚少女的乞巧上体现得尤为明显,一般情况下,西和每个未婚少女的乞巧群体内部都分为三个次群体,按照年龄的大小分别叫做大班、中班和小班,一般五至六岁的差距分在一个组里,十岁以下为小班、十岁以上十六岁以前为中班、十六岁到二十二岁左右的为大班。中年妇女的乞巧也表现出这种年龄上的特征,一般三十岁至五十多岁的在一起、六十岁以上的在一起乞巧,但她们各自内部不会再做细分。这些在一起乞巧的人也是平时常在一起玩的人,乞巧中体现出来的年龄组也正是当地日常生活中的年龄组制度的直接体现;除了家庭内的教育和训练之外,年龄组也是当地女性对于基本生活技巧的习得和传承的重要方式,比如生巧芽以及其他诸多乞巧的知识都会以年龄组的形式传承下去,乞巧中的每一个人都会在和同伴的乞巧实践中慢慢学会如何乞巧。

西和乞巧是一个基于巧娘娘信仰的仪式活动,它所建立的时空是超越日常的,具有一定的神圣性;而且从西和传统的乞巧仪式活动,即只允许未婚少女和新媳妇作为乞巧主体的角度而言,乞巧也是当地女

---

① 裱纸的用法是有讲究的,三四代以内的祖先用白色的、三四代以上以及所有神的,是用黄色。

② 西和人敬神时,往往会敬一杯茶和一杯酒,但乞巧娘娘的妇人们说,巧娘娘是女的,女人怎么能喝酒呢,便代以清水一杯。

性社会化的一个重要步骤,乞巧在生巧芽、装扮巧娘娘等方面都体现了西和女性的定向性情感。但是从空间的角度而言,西和乞巧所建立的时空却并不像涂尔干强调的那样,是完全纯粹的、神圣的。在空间构成上,西和的乞巧点包含着一个纯粹神圣的部分和一个通向凡俗的部分,下文我们将进一步展示前一种空间饱含西和女性们的集体情感,而后一种则时刻流露着她们的非定向性情感。可以说,西和乞巧确实为当地女性创造了"站在门坎上"的机会,但这个"站在门坎上"的状态是具有双重性的,一方面是范热内普所说的社会化过程,另外一方面则是巴赫金意义上的反社会化过程,二者并没有相互排斥,而是相互混融在了一起,这正是西和乞巧的奇妙之处,也是从情感的角度解读乞巧的意外收获。

第四章

开端:"乞巧娘娘"

作为一种民间宗教仪式,西和乞巧包含着完整且复杂的各项仪式、与仪式相关的乞巧歌、当地人有关乞巧的文化实践以及实践促使乞巧所发生的诸多变迁等等;此外,乞巧作为一种民间宗教仪式还体现在,它与日常生活的区隔与紧密联系,它对人们日常生活所构成的意义,与其他文化形式之间清晰的边界和相互的关联。西和乞巧与当地的其他文化形式共同构成西和整体的地方文化,共同构成当地人的社会生活及其意义体系。对于乞巧的理解,首先是对其仪式活动本身的认知和阐释,同时也需要借助仪式活动之外的日常生活以及其他与之相关的文化活动,才能对其达成更好的理解。西和仪式在时间上非常讲究,这与当地人平时所说的"看日子"的观念是一脉相承的;对于仪式开始的时间的把握就如同对仪式空间的确定一样重要。西和女性可以通过乞巧表达一种集体情感,而"狂社火"是当地男性表达集体情感的重要途径之一。从情感的范畴而言,"狂社火"和乞巧有着内在的一致性。

第一节 | "看日子":西和人的时间观念

"看日子"是西和日常语言中频繁出现的一个词,一般是指家里有重大事情，如红白喜事、盖房、拜干亲、定亲、出远门等，找阴阳先生问吉日的行为，西和人认为日子关系着事情的成败，更关系着整个家庭未来运势的好与坏；阴阳通常是用一家之主的生辰八字结合相关的八卦知识来确定一个吉日，在吉日进行婚丧嫁娶、盖房等，将会让家庭继往开来、出门远行的家人也会平安顺利。在抽象的层面上，"看日子"是西和人的一种时间观念，这样的时间观念充斥着过去、现在和未来的因果关系链条，当下的结果往往要到过去的事件中去寻找原因，当下的行为也在影响着未来的生活；这种时间观念是以当地的神学观念为基础的，"看日子"就是为了避开诸多禁忌。

荣阿姨是我在西和的女房东，当初她的侄儿介绍我们认识时，我正在寻找能接受我借住的人家；荣阿姨和丈夫商量了之后，表示欢迎我到家里住，但是需要等些日子再搬进去，荣阿姨跟我说那间房很久没人住，需要收拾一下。大概一周后的一天早晨，我接到荣阿姨的电话，她说我可以搬过去了，而且她一再强调让我一定上午就搬过去。住到容阿姨家几天之后，我们开始熟悉起来，她才告诉我是专门挑了日子让我搬到家里来的；那天是阴历八月初二，是个好日子，是能动土的日子；能动土的意思就是，这一天家里的土神不在位，如果要挪动家里的物件，或者在庭院里破土栽种植物之类，都要在能动土的日子里才行，否则就会冒犯到家里的土神，家中就会不安生，小则大人小孩生病，大则家人遇到灾难。荣阿姨说我是一个外地来的陌生人，年龄也不小了，不仅搬到家里来住而且还住在家里整整一间偏房里，我必须要在能动土的日子里搬进来才行。这样看来，当初荣阿姨没有让我立刻搬到家里的原因并不是因为需要时间收拾屋子，这只是她等待可以动土日子的一个合理理由；她是在时间观念的驱使之下来保护自己的家庭，她是在"看日子"。

在西和，每个月都有动土的日子，但具体是哪一天并不是一般人能够知道的，这类问题需要向阴阳先生请教；如果家里大动土，比如建房，还需要请阴阳先生做专门的仪式，包括退土和祭土，先请家里土神暂时离开，等新房落成后再请回来，还有进行祭土神的仪式。西和人在腊月里有"扫霉"的习俗,即在过新年之前将家里的房屋、犄角旮旯都清扫一遍。"扫霉"也要"看日子";我住在荣阿姨家那年,腊月里荣阿姨就提前问了阴阳先生,得知这一年腊月里动土的日子是初一和初六。初一这一天,荣阿姨将院子里的花园打扫干净、该清除的垃圾都清除掉,又将里面的土填平;让赵叔将大院门口的椅子挪到合适的位置。初六她又接着"扫霉",包括屋子拐角处的蜘蛛网、墙上、窗户上的灰尘。而"扫霉"又是为"安土"做准备,"安土"是在年前请阴阳先生到家里祭祀家里的土神、灶神和门神,感谢诸神这一年对家里的保佑,并希望三位家神在新年里继续保佑家里平安顺利。"安土"仪式之后,家里的土、各种物件就不能随便动了,如果必须要动的话,就得找阴阳先生问好当月动土的日子。

后来每逢初一、十五,我常常会站在一旁看荣阿姨在家里给天爷①、灶爷、土神、先人上香;她告诉我,每个月的这两天各神归位,敬神和祖先是为了保佑家里平安。每月的初二和十六,荣阿姨就会到村里的土地庙里敬土地。"日子"在西和人的日常生活中非常重要,而"日子"往往是与神、先人以及他们的位置相关。神和先人是每个家庭的有机组成部分,西和的每户人家都有专门敬天爷、先人、灶神的神圣空间,家中正常去世之人,也不会因为身体的消亡而离开这个家庭。

刚住进到赵叔家的那段时间,我时常在想,不单是赵叔一家人在熟悉我这个陌生人,这个庭院内的神灵也在试着熟悉我,就如我熟悉他们一样。大概住到赵叔家一个月左右,有些日子,我整夜整夜地做噩梦,晚上一闭眼就觉得房间里有一位白发苍苍的老人在看着我,晚上路过赵叔家正屋时,我也会感到这位老人就坐在里面,这让我惊恐万分。那天,赵叔母亲的忌日,赵叔叫上我和他们一起到坟上去,点完香蜡裱纸,赵叔在坟前说道:"妈妈,红娟是外地来的娃娃,到咱西和来

---

① 西和人,从大人到小孩,都有句口头禅:"天爷!""我的天爷啊!"他们在感到出乎意外、难以置信或者很无奈的时候,常常会发出这样的感叹。他们告诉我他们把玉皇大帝叫天爷,西和人的这句话,常让我想到英语世界的人说"Oh, my god!"

做社会实践,住在家里,就跟自家娃娃一样,你放心,是个好娃娃。"①那天晚上,赵叔对我感叹道:"如果你婆②还在世的话,这个家里最疼你的,就是她了。"说来也奇怪,那天之后,我的噩梦就好转了,这或许就是我们相互熟悉的过程吧。

西和的"日子"所代表的是典型的"过去—现在—未来"的时间模式,是一个因果链,现在的仪式是为了未来的平安和吉利。这样的认知也表现在面对当下的不幸找不出原因时,人们便会回到过去寻找自身行为的疏漏。

女儿感冒

那是冬天的一段时间,荣阿姨的女儿莉莉得了感冒,先从咳嗽开始,后来发展为高烧,越来越严重;莉莉正在上高中,为了能尽快治好病,荣阿姨先带莉莉去看西医,但吃了西药却未见效果,后又改为打点滴,仍未见好转。荣阿姨的丈夫赵叔有位医术不错的中医朋友,他们请他来给女儿看病,可是吃了几副中药,病情依旧。最后,莉莉的咳嗽和发烧愈发严重,躺在家里不能上学。

万分着急之下,荣阿姨开始怀疑女儿的感冒或许不是生理的缘故,因为医生都无法治好;她开始回忆最近一段时间自己的行为是否有不妥的地方。她想起这个月初自己收拾了门口的一堆杂物,关键是移动了院子出水口处的几块石板,而那天并不是动土的日子;她认为一定是自己的行为冲撞到了家里的土神。她将这个分析讲给一些常有来往的亲友们听,他们都纷纷表示赞同。确定了原因之后,荣阿姨认为只有给土神赔礼道歉,女儿的感冒才能好。那天晚上,做完家务之后,荣阿姨拿上酒、冥票、三支香和两支红蜡到家里院子的角落里去,她让我帮忙打着手电。到了那里,她先点上蜡、香和冥票,最后又在地上倒了一些酒。她告诉我,这是在敬土神。点蜡的时候,荣阿姨就开始对土神祷告,忏悔

---

① 他们常把这种在先人坟前的说话叫做"盼咐",其中带有一定的祈求、祭拜的成分,但在一些情况下,也会含有一些商量,甚至是命令的成分。

② 西和人管奶奶叫"婆"。

自己的行为。她说那天一时忘记了不是动土的日子，冒犯到您老人家①，但搬动那些石板也是为了担心这些石板会压到您老人家，希望您老人家消消气，让莉莉的病快些好起来，尽快上学；她还说，等到腊月里安土的时候，专门请阴阳回家好好地侍奉您老人家。②

清明节被冲

有天晚上与荣阿姨一块儿去她姐姐家，回来的路上，阿姨跟我讲就在清明节的前一天，她姐夫忽然晕倒了。经过是这样的：下午，他们一起打扫院子，之后这位叔叔口渴，就到厨房里找水喝，喝了未解渴心想再喝点啤酒，于是到储存间里去找啤酒，刚喝了一口，他忽然感到头晕，眼前有很多小人在跳舞，有男的也有女的，接着他就感觉四肢无力，忽然倒在地上了；妻子听到响声过去时，他已经倒在地上了，将他扶起到院子里的石凳上坐下后，看到他满嘴是血，后来发现是在摔倒时牙齿咬破了口腔。坐在院子里一会，叔叔基本上缓了过来，但是脸色甚黄、有很多汗珠。荣阿姨的姐姐把这事和邻居说了之后，人家都建议她找人给丈夫"插一下"③；第二天，到县医院里检查，并未查出什么问题。

之后，他们这样解释，这位叔叔晕倒那天是清明头一天，他们

---

① 西和人敬神仪式中，对神说话时，都用"您老人家"作称呼。
② 从她对土神的祷告中，我发现一个非常有意思的细节，就是她在说自己搬动石板的原因时，其实是在找一个有利于自己的借口，她搬石板的真实原因是将石板上的椅子挪到屋檐下，怕雨水淋湿，弄好椅子之后，她顺手将那些石板整理一下，以免显得凌乱。在西和常会听到两个关于家神的笑话：(1) 老鼠将灶弄坏了。妻子那些天总是不舒服，问了阴阳先生说是把灶神得罪了，丈夫就点了支香将灶神骂了一顿，说这是老鼠干的坏事，你去找老鼠去，找我们干嘛？结果晚上妻子真的就好了。(2) 老两口过日子，生活很艰辛；老妇人在院中的花园里种了一株菊花，结果过后就一直肚子痛，老两口问阴阳先生知道是冲了家里的土神。老汉就在门口点了香跪下说到，你还算个神吗？你看我们家这么穷，能买得起什么供品给你吗？我家老婆子栽花的时候你不会让一下吗？再说了，家里栽了菊花，花开了，香气你也可以享用啊；你赶紧让我老婆子好了吧。结果，当天晚上老妇人真的好了。这两则流传的小故事是当地人对家神的调侃，他们认为神和人是一样的，神也有人的脾气，神不是任何时候都是对的。
③ "插"是西和方言，是指人冲撞到一些"不干净的东西"（游魂、厉鬼等），在生理上出现异常反应，这时，人们用香蜡裱纸举行较为简单的仪式，希望将这些神秘力量从人身上逼走。"插"是一个相对简单的仪式，一些敬神的或上了年岁的妇人都会做。

家周围有很多坟墓；因为是清明，一些孤魂这时候就会出来，那天打扫院子的时候，估计他是被冲到了。

西和的"日子"是与空间紧密连接的范畴，众神的在位与否是一种空间范畴，它在人们的日常经验之流中产生了特殊的时间点，人们在这些时刻的行为对个人、家庭、家族乃至整个村落有着重要的影响。与神相对的是"煞"，即一些对人们不利的神秘力量，西和人在做一些重要事情的时候，就需要避开这些"煞"，否则会对未来的生活造成未知的不利影响。这时，他们就需要找阴阳先生"看日子"。神是否在位决定着人们的行为，西和人出门要看日子、结婚要看日子、办丧事要看日子、建房还是要看日子，包括什么时候立梁、修大门都需要看日子；根据当事人的生辰八字，哪一天能做什么，不能做什么，需要避开什么，阴阳先生都会告诉得清清楚楚。"日子"是神秘的，不是一般人能够掌握的，只有经过特殊训练的阴阳先生才能够掌握这个叫做"日子"的东西，或者说，他们关于"日子"的判断才是合宜和值得信任的。据说他们能够在神、人、鬼之间自由穿梭，赵叔的一位朋友是阴阳先生，姓刘，大家都叫他刘阴阳。他告诉我，"日子"是与星相学相关的一门学问，他们入门时有专门的功课，上面包含有哪些神、什么时候在位的知识。通过实践，他们对此逐渐能倒背如流，所以当有人上门请他"看日子"时，他"掐指一算"便知晓了。

民族国家时间体系也逐渐进入到当地人的日常生活。比如西和越来越多的年轻人结婚会选择国家节日体系，儿童节、五一、十一等，他们认为这些日期既然国家都能用，那么小家也一定能用了；但是在具体的操作上，他们还是要将这种国家的"日子"请阴阳先生"投"一下，还是在阴历的范畴内看这个日期与当事人的生辰八字之间是否符合。倒也常见一些不符合的例子，那就只能弃之，继而按照一般的程序另找"好日子"。

表4-1是西和与众神相关的节日时间以及人们需要进行的相关仪式行为。

表 4-1　西和一年的节俗时间点和节俗活动

腊月二十九或三十	下午四时至五时,接神①,放炮竹。(家里有人去世、未满三年的家庭,到晚上八时左右接纸,接去世之人的魂魄回家过年)
正月初一	敬各神,包括天、地、祖宗、灶君;献茶、酒,长香不断。
正月初二	敬本村的土地祠;若家里有人去世刚一年的,这一天要举行仪式,将其送走,西和人叫做送一年亡人纸。
正月初三	送祖先;送两、三年的亡人纸。
正月初五	送"五穷",即穷爷神②;夜里三四点钟,将穷爷神送到岔路口,点上香蜡褾纸、放鞭炮。
正月初八	地爷生日。
正月初九	天爷(玉皇大帝)生日,上九会。
正月十二至十五	在家里敬神。
正月十五	元宵节,耍社火。
正月十六	送神,早起敬茶、酒之后,将牌位烧掉,称为"上天而去";这一天,也有游百病的习俗。
二月二	龙抬头。
二月十九	观音会。
三月初三	清明节。家家上坟,户户拜祖。下午四点左右,有服孝的人家送去纸质的单衣,在亡人坟前焚烧。
三月二十	县城以北石堡乡五台山法镜寺庙会。
三月二十八	西和县城北关村东岳泰山爷庙会。
四月初八	西和县城城隍爷庙会。
四月二十二	县城以北白雀寺庙会。
四月二十八	神农万寿。
五月初五	端阳节,西和县城观山举行敬拜天爷的庙会。
六月二十三	西和县城观山上举行财神庙会。
七月初七	乞巧。
七月十五	中元会(鬼节)/盂兰会,拜三界(天官、地官、水官),举行仪式普度孤魂。

① 据西和人讲,旧时在新年之前,每家要做牌位,上面写有"十万方灵天地三界各诸神位""九天司命灶君之神位""x门三代祖宗之神位",用黄褾褾好之后,腊月二十九或三十下午,摆到家里的香案上,行了仪式之后,就算将他们接到家中了。

② "五穷"就是"扫霉"时的垃圾和新年里每天的生活垃圾(新年的垃圾不能随便丢掉),西和人认为"五穷"是归"穷爷神"管。"送五穷"要求在天不亮的时候,西和人常说"五穷精屁眼",见不得人,意思是,五穷没有衣服,见不得光,一见光就送不走了,家里就得该挨穷了。

(续表)

七月三十	地藏节。
八月初三	灶君会。
八月十五	中秋节。
九月初九	重阳节。
十月初一	寒衣节,给亡人送棉衣。
十月十五	下元节。
十二月初八	腊八粥。
十二月二十三	用灶糖、灶饼祭灶君。
十二月二十九或三十	接神;贴对联、门神;吃年夜饭、守岁。十二点,辞旧迎新,敬神和祖先。

正是基于这样的时间安排和设置,一年的时间被划分为不同性质的点,在不同的时间点上所进行的仪式行为,即表示这一点之于人们日常生活的意义,同时也将这一点与其他点区别开;为了使得这些点与点之间保持明晰的界限,仪式中充满各种时间的禁忌,这在具有狂欢性质的西和乞巧和社火中表现得尤为突出。

第二节 | 仪式中的集体情感

"接巧娘娘"

"接巧娘娘"在当地也叫"接巧",是乞巧的第一个仪式,预示着乞巧的开始。时间和地点是接巧娘娘仪式中两个首要因素。在准备接巧娘娘之前,巧头就要和大家商量什么时候和在哪里接。关于接的时间,西和有两种说法;大致以西和县城为分界,县城和县城以北的地区,大多是在七月初一前一天的晚上接巧,而县城以南的地方则是在七月初一的下午。不过两种做法的神学支撑都是认为只有天门打开才能接巧娘娘,也就是县城以内和以北地区是认为天门在七月初一前一天晚上就打开了,而以南地区则认为是在七月初一的下午。

时间之流对于各个乞巧点而言最终要落实在具体的空间上,这就是对接巧娘娘地点的商定。倘若接巧娘娘的地点选择不好,就有可能接不到,不过一旦选好地点,那必然是她们相信能够接得着的地方。换句话说,接不到巧娘娘的可能性,正是构成对接巧娘娘地点的特殊性和神圣性的潜在约束力,这股力量存在于西和人的信仰观念当中;在西和,与神相关的祭祀活动主要在两类地方,十字路口和河边,而接巧娘娘大多是在河边,若实在没有河流的村子,也会选择十字路口。在河边接巧娘娘的寓意是,把巧娘娘从河对岸接到尘世,根据当地人现在的解释,他们似乎将河视为牛郎织女之间的银河。张雀回忆说,以前她们都是在白水河边接的,那时河里的水还很大,还很清澈,而现在的白水河畔都已被硬化,河堤上到处是人和动物的粪便、生活垃圾;最后她们决定到白水桥上去接巧娘娘,一来桥面是在白水河上面,也算是河边,二来桥面上还算洁净。到了桥上之后,她们选择了更为具体的地点,东边、桥正中央的位置,让巧娘娘纸扎像坐东面西;相对西边,东方为上位,而且,这一年县政府在晚霞湖水库上竖起来一尊巧娘娘塑像,她们私底下议论,这一年巧娘娘一定先降到水库上,而她们的巧娘娘像面朝西面的水库方向,定能顺利接到巧娘娘。

片段一

2010年阴历六月二十九日,约莫晚上八点钟的样子,县城北关村的白水桥中间,人头攒动,引来行人的纷纷驻足;在桥上路东边的人群中间,一尊巧娘娘像坐东朝西;巧娘娘面前香雾缭绕,蜡火通明照着她的面容,也照着她面前一群手持焚香、大声唱乞巧歌的女人,还有那些观看的人们,同时,还映出她背后的桥栏上两行依旧深红的大字:"毛主席语录:团结起来争取更大的胜利!"

白水桥是自北入城的一条交通要道,"大跃进"时期翻修过一次,至今再未修动过,桥面略显窄仄;人群的聚集很快影响到了县城里的交通,鸣笛声四起,两个值班的交警一起走了过来,但却并未勒令人群散开,倒也站在一旁、歪着头看了起来。

片段二

2010年阴历七月初一下午,我在十里乡梁集村一社张晶组织的乞巧点看她们排练歌舞;大约下午四点钟左右,张晶说按照惯例应该接巧娘娘了。但是她的同伴说,需要请两位老阿婆,因为大家对于怎么接巧娘娘都不太确定。在张晶和众多女孩的请求下,在那里看她们排练歌舞的一位老阿婆答应带孩子们去接巧娘娘。女孩们说去年她们接巧娘娘的那条小溪已经被填平,上面正在建一栋楼房;但周围再没有其他的小溪了,远的地方又太遥远,于是,她们决定到那栋楼前去接巧娘娘。

由那位老阿婆捧着巧娘娘像走在最前面,来到那栋楼前时,老阿婆又手把手教姑娘们怎么敬巧娘娘,如何唱接巧娘娘的歌。这些做完之后,姑娘们便迫不及待地打开录音机,跳起她们喜爱的现代舞来。

这两个片段所描述的都是接巧娘娘仪式。接巧娘娘仪式主要由敬神仪式和唱乞巧歌两个部分组成;在西和,在乞巧仪式中所唱的歌以及跳的舞蹈被统称为"乞巧歌"。接巧娘娘仪式中的乞巧歌和仪式本身一样,呈现出相对固定的特质,即便在形式和内容上流变性都很大的女娃娃们的乞巧中,接巧娘娘仪式依然要按照老人传授和建议的形式进行。这依然与当地的神学观念直接相关,接巧娘娘仪式是真正意义上的祈神活动,不管是中年妇女还是女娃娃,她们在进行这类仪式时都要小心地按照前人传下来的"规矩"做,在她们看来,如果其中出了什么差错就等于是怠慢了巧娘娘,原本祈神的好事会变成灾祸。接巧娘娘时唱的乞巧歌也是如此,一直以来都没有变化,也不能有变化。

接巧娘娘仪式特别是齐唱乞巧歌时,让人感受到强烈的情感表达。巧头往往会在这个时候一再建议大家要大声整齐地唱乞巧歌,她们说声音越大、歌声越整齐,就越容易感动巧娘娘,也就会更加顺利地接到巧娘娘。乞巧的人唱得动容,在一旁看的人也会受到她们情绪的感染。在唱乞巧歌的同时,也会有专门的人负责给巧娘娘上香、烧裱纸,一般在歌声达到最高亢的时候,伴随着浓烈的香雾和火光,巧头会说"我们已经接到巧娘娘啦!"意思是巧娘娘已经降临在她们准备好的巧娘娘纸扎像上,纸扎像也随之具有了神圣性;大家要在接巧娘娘的地方给神像行祭拜仪式,之后,恭恭敬敬地手捧巧娘娘纸扎像沿原路返回到乞巧点,将神像供到香案上,一路上,乞巧的歌声一直不能断。

用歌声请神

乞巧歌是乞巧仪式的重要组成部分,乞巧者认为真挚的歌声在祈神仪式中有着至关重要的作用。歌唱的形式在西和并不陌生,在当地并不难见到众多唱山歌和神歌的人;乞巧歌与当地的山歌和神歌都有相近之处,但在曲调、内容以及形式上又相互有别。山歌以起兴为主,声调较高,内容多以谈情说事为主;相对而言,神歌在曲调上不太讲究,内容多与敬神、神仙故事有关;乞巧歌可以看成是二者的融合,一方面涉及女神巧娘娘,类似于神歌,诸如请神仪式中的歌曲,同时,也包括大量的与神无关的内容,这又类似于山歌。

天色暗下来一会,北关村"巧头"张雀说差不多可以开始接巧娘娘了。在此之前,张雀和几位成员先在乞巧点已经为巧娘娘布置好了香案;她们从泰山庙借了一块桌裙,铺在村委会会议室中间的那张大桌子上,又从庙里借了一只香炉,再将买好的香蜡裱纸摆在香案上,准备好一杯清水和一杯茶。张雀从家里拿了两个托盘过来,一个盘子里放上四张用红纸条疏过的黄裱,两沓纸钱,在裱纸上又放了十六个金锞、两对红蜡和两板香、两串五十响的炮;另一个盘子里放着三碟洗净的供果,一盘葡萄、一盘苹果、一盘桃子,苹果和桃子都是四个,三个做底一个做顶,摆成塔山的形状。开始接巧娘娘的仪式时,她们一致建议由杨兰花捧着巧娘娘纸扎像,因为她是最年长的,关于乞巧的知识懂得也比较多。张雀点燃一把香,乞巧成员手持香聚到一起。张雀和刘爱云分别端上准备好的盘子,站在外面等着杨兰花捧上巧娘娘像出来,杨兰花捧着巧娘娘像走出乞巧点时,提前请好的一位小伙子点响一串鞭炮;杨兰花捧着巧娘娘像走在前面,张雀和刘爱云一左一右跟在其后,保持两步远的距离,乞巧成员紧跟其后,还有沿途或跟着观看的人们。随着鞭炮声的响起,她们开始唱起一首旋律相对简单的歌曲,过后她们告诉我,这就是接巧娘娘的歌,从乞巧点到白水桥大约三

百多米,她们在反复地唱着这首歌曲:

> 七月初一天门开,我请巧娘娘下凡来。
> 巧娘娘,下凡来,给我教针教线来。
> 巧娘娘教我绣一针,一绣桃花满树红。
> 巧娘娘教我绣二针,二绣麦子黄成金。
> 巧娘娘教我绣三针,三绣中秋月亮明。
> 巧娘娘教我绣四针,四绣过年挂红灯。
> 去年去了今年来,头顶香盘接你来。
> 巧娘娘,想你着,我把巧娘娘请下凡。

她们反复齐唱着这首乞巧歌,穿过街道,来到事先商量好的地点,杨兰花把巧娘娘纸扎像小心地靠着桥栏放稳,张雀和刘爱云也把盘子放在巧娘娘像的面前;由杨兰花把四根红蜡都燃起,这时,张雀在一旁带着乞巧的妇人们继续大声地唱接巧娘娘的歌,她说唱得越大声越好,好让巧娘娘听见,听见接她,她就来了。大家手持香站在桥中央齐唱乞巧歌,观看的人愈聚愈多,虽然是在人来人往的白水桥中央,但看众们并没有发出喧哗声,顶多会议论一下巧娘娘的装扮,总体上,这是一个神圣的事件。唱了大约十五分钟的样子,张雀和杨兰花商量说差不多了,巧娘娘应该被接来了。张雀、杨兰花还有另外两位妇人一起,跪到巧娘娘纸扎像前面,把带去的纸钱、黄裱、金锞焚化在纸扎像面前,这个仪式表明巧娘娘已经降到这个纸扎像上面了。巧头张雀一边焚烧一边对着神像祷告:"巧娘娘,我们一定把你侍奉得好好的,您老人家也要把我们都保佑得好好的。"

第二天下午,我又在十里乡梁集村看了一场接巧娘娘仪式。十里乡位于县城以南,是在七月初一下午接巧娘娘。我是在县城里认识梁集村四社的巧头卢桃花的,那天她和助手一起到城里挑巧娘娘。初一下午五点刚过,户桃花就和同伴们准备接巧娘娘了。起初的准备和张雀她们差不多。梁集村四社在半山腰上,户桃花说村里有一条河,快干了,不过还有一线流水。她们在准备接巧娘娘的时候,比张雀要多准备一样东西,就是一团红毛线,她们说搭桥用的。她们一样大声地唱着接巧娘娘歌来到小河边时,看到河边已然在喧闹;只见河东有一把椅子,两个老妇人扶着一尊巧娘娘像站在一旁,巧娘娘像正对着的河面上,拉在两棵树间的一条红毛线穿河而过,寓意给巧娘娘搭起一道桥。户桃花说,那是社里女娃娃们的巧娘娘,娃娃们不懂,那两位老阿婆在教她们怎么接巧娘娘。户桃花她们刚到河边时,两个老阿婆就朝她们招手,老阿婆说干脆你们和娃娃们一起接巧娘娘吧,她们只会跳舞不会唱接巧娘娘的歌。户桃花她们欣然答应。她们站到河的西边,唱其接巧娘娘的歌,女娃娃们跟着她们一起唱。她们唱的接巧娘娘歌比北关村的多一首:

> 三张黄裱一刀纸,我给巧娘娘搭桥子。
> 三刀黄裱一对蜡,手襻的红绳把桥搭。
> 巧娘娘穿的绣花鞋,天桥那边走着来。
> 巧娘娘穿的高跟鞋,天桥那边遊着来。
> 巧娘娘穿的缎子鞋,仙女把你送着来。
> 巧娘娘穿的云子鞋,登云驾雾虚空里来。
> 巧娘娘,想你着,我把巧娘娘请下凡。①

显然,这首接巧娘娘的歌与搭桥仪式相关,因此,没有进行搭桥仪式的地方,比如北关村,就无须唱这首歌。她们用歌声告诉巧娘娘,红绳便是连接人神两界间的桥,这座具有象征意义的桥将巧娘娘下凡至纸扎像上的过程进一步形象化。

轮番唱了几遍接巧娘娘的歌之后,老阿婆让女娃娃和妇人家各选一人在各自的巧娘娘像面前焚化黄裱、上香,与此同时,河的西边开始点响鞭炮,这表示两界的沟通;接着,老阿婆让女娃娃和妇人家各自捧起自己的巧娘娘像,顺着红毛线走到对岸去,这个过程中炮声不断,表示巧娘娘被接下凡了。

与乡村的清静相比,县城就显得拥挤、繁忙、混乱得多。在张雀她

---

① "虚空",西和方言,天空的意思。这首接巧娘娘的歌是由十里乡的霞根据我的录音整理出来的,在此致谢。

们进行接巧娘娘的仪式过程中,白水桥上的交通很快进入瘫痪的状态;堵在桥上的司机知道是在乞巧娘娘之后,并没有窝火,索性站在一边看起来。不过,交通的情形还是影响到了乞巧娘娘的妇人们,她们也不想因此带来麻烦,接巧娘娘仪式就在多少有些急促的氛围中结束了。

返回乞巧点的路上,依然是由杨兰花捧着巧娘娘像走在最前面,张雀和刘爱云端着来时的盘子,护驾左右。参与接巧娘娘的一行人,又如来时一样,手持焚香跟在后面,一同唱起另一首接巧娘娘的歌:

> 七月初一天门开,我把巧娘娘接回来。
> 一根香两根香,我把巧娘娘接进庄。
> 一根线两根线,我把巧娘娘接进院。
> 一根绳两根绳,我把巧娘娘接进门。
> 一对蜡两对蜡,我把巧娘娘接进家。
> 去年去了今年来,头顶香盘接你来。
> 巧娘娘,想你着,我把巧娘娘请下凡。

这首乞巧歌是在回程中唱的,它具有强烈的空间感,"庄""院""门""家",一步步接近和进入乞巧点。

以上这几首接巧娘娘的乞巧歌都是祈神性质的,在结构和内容上都表现出较强的固定性。2009 年、2010 年的两次乞巧节期间,我前后考察了西和六个乡镇至少十个村落的乞巧活动,深度参与了两个村子的乞巧;我发现虽然西和的乞巧仪式存在一定的地域差异,但这几首乞巧歌在各处相应的乞巧仪式中都是必不可少的,而且在形式上几乎没有差异。从历时上讲,这几首祈神类乞巧歌也具有相对的固定性。主要由于"文化大革命"期间被迫中断过,西和乞巧在 20 世纪 80 年代以来的复兴过程中发生了诸多变迁,突出表现在乞巧主体的变化上,现在西和乞巧群体有未婚少女和中老年妇女两类;但即便是追求改良的未婚少女群体,她们在乞巧仪式中依然要遵照老人们的指导唱祈神类的乞巧歌,因为至少到目前为止,西和人认为如果不唱祈神类的乞巧歌那么就不是乞巧。

乞巧的女性在仪式中一起唱起这几首乞巧歌时，身体的姿态和面部的表情都非常严肃；她们说如果唱得不好，那么就有可能接不到巧娘娘，请神仪式将告失败。在乞巧结束前的送巧娘娘仪式中也要唱送巧娘娘的乞巧歌，届时，悲伤和不舍的情感充斥着每一个人。我的田野报告人杨先生曾给我描述过一个他亲身经历的一个场景：

> 那时我大概七八岁，那是我第一次见"送巧娘娘"的场景，至此，再也没有勇气再看一次。那年是我们本村的乞巧，晚上我就跟着奶奶一起去看。夜深后，她们开始准备送巧娘娘归天，她们忽然开始痛哭起来，嘴里还说着舍不得巧娘娘走的话，也说些自己的委屈。等到送巧娘娘仪式时，哭得更厉害了，她们满脸都是泪。这让我特别难过，不敢再见那样的悲伤场面了。

接巧娘娘的这几首乞巧歌包含了浓厚的集体情感；她们在唱这几首祈神类的乞巧歌时，相信所祭拜的女神巧娘娘是在场的，这种由象征和心理一起营造的神圣感将所有成员凝结到一起。这也就是涂尔干为什么一再强调宗教代表社会本身的原因所在。

乞巧娘娘

"乞巧娘娘"有两个层面的意涵，一个是对整个乞巧的总称，也指乞巧仪式中对巧娘娘的祭拜活动。回到乞巧点并不意味着接巧娘娘仪式的结束。在炮声中，杨兰花将巧娘娘像请到香案上，让其端坐正中；把巧娘娘安顿好之后，她又忙着把香炉放正、上香，在香炉两边各点上一只红蜡。张雀和刘爱云也忙着将供果放在香炉的后面，苹果和桃子放在两边，紫色的葡萄放在中间，剩下的金锞和纸钱放在巧娘娘像的旁边；香炉要靠外放置，便于大家上香，张雀又把事先准备好的一杯茶和一杯清水供在香炉前面，最后在香案前面放上一个从庙里借来的蒲团。这样就算把香案布置好了。随后进来的那些持香的女人们，她们陆续把手里依然在燃着的香火插到香炉里，然后跪到蒲团上给巧娘娘磕头。

这个时候的巧娘娘像已经具有了神性，不再是一尊单薄的纸扎像;但是,纵使巧娘娘已经降临至纸扎像上,她们认为这个晚上的接巧娘娘仪式却未曾完结,或者用她们自己的话说,尚未过瘾,所谓的没过瘾主要是指没唱得过瘾。上完香之后,参与接巧娘娘的女人们便站到香案前面,手牵着手,又唱起接巧娘娘的歌,只见她们唱歌时,相拉的手上下前后摆动着,配合着歌曲的旋律。除了唱之前的两首接巧歌而外,又多出一首:

> 七月初一天门开,我请巧娘娘下凡来。
> 我把巧娘娘请下凡,天天给我教茶饭。
> 巧娘娘请到神桌上,天天给我教文章。
> 巧娘娘请上莲花台,天天教我绣花鞋。
> 巧娘娘请来了点黄蜡,天天教我绣梅花。
> 巧娘娘请来了献茶酒,给我赐一双好巧手。
> 去年去了今年来,头顶香盘接你来。
> 巧娘娘,想你着,我把巧娘娘请下凡。

这首乞巧歌是在乞巧点唱的,把接巧仪式进一步具体化:请下凡——请到神桌——请上莲花台——点蜡——献茶酒,歌词讲述着仪式过程。

她们这时的歌唱显得很随意,不再讲究什么时候唱哪一首,而是随意地轮流着唱几首接巧娘娘的歌;参与唱的人们也比较随意,唱累了就退出,便会有新的人站到队伍里去唱,大家休息的时候,也会有人提议某几位唱得出色的,让她们站出来给大家展示展示好嗓音。差不多一炷香的工夫,她们说差不多了。在此期间,有不少女性来到乞巧点,她们先在香案上放上一些香钱,然后给巧娘娘上支香、磕头、祈求巧娘娘的保佑,这些人拜了巧娘娘之后,感兴趣的也可以留下来和大家一起唱唱歌。

大家唱乞巧歌的时候,周围观看的人也愈来愈多,男女老少都有,有谈论她们唱得好不好,也有谈论这一年的巧娘娘像漂亮不漂亮的。大概唱到十一点钟的样子,人渐渐散去,张雀对我说,第二天她们要给巧娘娘炸果子,接着还要给巧娘娘正式上供。

张雀和杨兰花是最后离开的,离开之前,她们给巧娘娘上了一支长香,并在嘴里默念:"巧娘娘您老人家先委屈一下,明天我们就炸果子,好好侍奉您老人家。"杨兰花说,在她小的时候,姑娘们还要在这天夜里十二点的时候抢头香;"头香"就是接巧娘娘当晚子夜时给巧娘娘上的头一支香,她们认为能抢到头香的人会有好运。于是,女孩们就聚在乞巧点,一直唱啊跳的。杨兰花说,按理讲,把巧娘娘接回来之后,就不能断香火,但现在大家都不抢头香了,也没有人能半夜里起来续香。

第二天下午,几个人聚到张雀家准备给巧娘娘炸果子,白面是由张雀、杨兰花和慧美三个人凑的,清油用张雀家的。给巧娘娘炸的果子和她们平日里在泰山庙里炸的是一样的;都是用白面先捏成各种花样,然后再放到清油里炸熟,她们较为喜爱的是核桃树、梨树、桃树等形状。这些果子,既能作为供品敬给神,仪式过后也可以食用。炸果子的几个人都是乞巧成员里年龄比较大的,而且也是平时喜爱到庙里敬神的人,她们不仅重视乞巧娘娘,而且也掌握敬神的常识。约莫两个多小时,她们炸好了果子。接下来,她们要进行一个正式的敬献仪式:

> 她们借用张雀家的茶几,放在乞巧点的门口,将摆好的供果、献果以及两盘巧芽放在茶几上。参与仪式的共有六个人,她们分成三对,站成两排,列于屋内巧娘娘香案与屋外茶几之间。起先,由最靠近茶几的一对,她们先是相互叩拜一下,端起巧芽,转身交给下一对,下面的两个人在接过巧芽之前,也要相互叩拜一下,最后由第三对将巧芽供到香案上去;最后,茶几上的所有供品依此供到香案上巧娘娘面前。

当地人把这个上贡仪式叫做"转饭",这个仪式在不同的地方繁简不一。有的地方,比如县城以北的一些村社尤为重视,除了炸果子,还要专门烹饪一桌子的菜肴,而有的地方并不进行这个仪式,只是将准备好的供品毕恭毕敬地端到香案上就可以了。

从这一天开始,参与乞巧的女性在晚饭后便如约而至,唱一会儿歌,这时的唱歌便不再局限于接巧娘娘的歌了;其中,她们时常会提及但又有所顾虑的是一首叫做《跳麻姐姐》的歌。这首歌连同相应的身体姿态,实际上是一个问神的仪式,她们把这个神称为"麻姐姐",当地人认为"麻姐姐"肯定不是巧娘娘,是个小神,但麻姐姐又与乞巧娘娘有关,因为在平时,她们又不能请麻姐姐。那一天,大家又聚在一起唱乞巧娘娘歌时,忽然有人提议唱一唱这首歌;年长者都在反对,年轻的妇人们却是自顾自地唱了起来。唱时,她们便要做一种稍有些难度的动作,双手交替着在身前身后击掌的同时双腿要笔直地跳起,这样看起来,整个人的身体向后倾斜着上下跳动。

跳麻姐姐

麻姐姐,虚空来,脚上穿的登云鞋。
麻姐姐,隔河来,手里打着响锣来。
麻姐姐,翻山来,脚踏铺下的红毡来。
麻姐姐,神来了。黑天半夜咋来了?
给神端的茶来了。
麻姐姐,神来了。黑天半夜走来了,
给神端的酒来了。
杏核茶,蜂坛酒,
虚空行,云里走,麻姐姐拿的降妖斗。

据老人们回忆,她们儿时乞巧常"跳麻姐姐"。首先要选一位跳神姑娘,这个人通常是平时会请神问神的人;另外,还需一位经验丰富的上年岁的妇人做仪式主持,另两位姑娘陪跳,还需要一位装作麻姐姐替身的姑娘,钻到香案下面。仪式开始之前,她们要在香案前上香、点蜡、化裱。在麻姐姐替身一边从香案下钻出一边喊道"麻姐姐的神来了"时,仪式便随之开始了。香案前的三位姑娘在众人齐唱《跳麻姐姐》的歌声中开始跳起来,而且跳得幅度和高度愈来愈大,直至跳神姑娘脸色发白、神志不清,大家认为这是麻姐姐附体的标志;这时,跳神姑娘大多随即倒地、口吐白沫,大家蜂拥过来,询问吉凶。此外,被麻姐姐附体了的姑娘,也会说些蹊跷古怪的话语,这些话会在以后很长一段日子里成为大家议论和探讨的一个话题。

尤其是新中国成立以来,"跳麻姐姐"仪式渐渐消逝;不过据说如果乞巧娘娘期间,大家要是唱起这首歌的话,依然会招致麻姐姐的上身,譬如一些体弱的人会不能自拔地愈跳愈高,甚至能触及屋顶,这样的情景便是麻姐姐上身的前兆。一旦麻姐姐上了身,她便躲到阴暗的角落里去,说些古怪的话,譬如谁偷了谁家的鸡禽、谁在背后说了谁的坏话等等。等到麻姐姐从这个人身上离开后,此人通常就瘫倒在地上了,甚至有些身体过弱的人会因此丧命。

乞巧的时候,我常会听到女人们这样说:"男人家狂社火,我们女人家来狂巧娘娘。"乞巧在西和曾被誉为"女儿节",女儿节主要是针对解放以前的乞巧主体而言,那时,约莫十岁至二十岁的少女为主要的乞巧群体,新媳妇也常加入婆家所在村社的乞巧活动。20世纪80年代以来,中年妇女加入到乞巧的群体里面。但"女儿节"还是点出了乞巧的某些特点,即乞巧是一个女性的节庆活动。西和的男人们谈论起乞巧的时候,常常会说那是女人家的事情,从准备乞巧开始,很少有男人参与其中;但是,女人们能够跨出门坎投入到乞巧中去,多少也需要男人们的同意和支持。

这与西和依然盛行的社火是类似的,与乞巧所在的七月份对应,正好约半年之隔,男人们通常会在每年的正月里筹备一台社火;社火是具有解禳性质的活动,每个村社的社火特色往往与村神相关。新中国成立以前,社火不允许女性参与,据老人们回忆,从大集体时期开始,村一级的行政机构管理社火的运作,秧歌和女性开始加入到社火的表演中。不过,在我参与观察的县城北关村,他们的社火依然延续着新中国成立前的传统,排斥女性的参与。将县城北关村视作一个共同体,那么,可见每年的七月间女人们在乞巧,正月里男人们在耍社火。如果说乞巧为北关村的女性们提供了"站在门坎上"的机会,那么,社火也为北关村的男人们提供了类似的机会。

第三节 | 社火[①]与男人

> 北关的狮子南关的龙,老庄的老虎跳进城。
> 满城社火正热闹,忽听城外响大炮。
> 回军出城向北窜,徐家磨下又混战。
> 川军纪律最严明,一战赶走马成麟。
> 巧娘娘,下云端,我把巧娘娘请下凡。

这是一首传唱于 20 世纪二三十年代的乞巧歌,转引自赵殿举(2010:70—71)的《西和乞巧歌》。里面提到的北关狮子、南关老龙就是西和县城南北二关最出名的社火。不管是从时间还是从参与的群体上看,南北二关的社火与乞巧之间都构成一对有意思的关系。在时间上,耍社火的正月与狂巧娘娘的七月份差不多相隔半年;在参与的群体上,南北二关的社火依然遵照传统只允许男性参与,参与者的年龄从几岁到六七十岁不等。如同乞巧,男人也需要女人们的支持,暂时从家庭的事务中、过日子的状态中抽身。对于男人们而言,社火犹如乞巧,也是他们难得的一个集体狂欢、休憩的机会。

本文在探讨西和乞巧与当地女性情感表达之间关系的同时,也兼顾当地男性的情感世界,借此,试图在方法论上探寻出一种地方社会的整体观;西和社火之于当地男性与西和乞巧之于当地女性有着类的相似性,二者在诸多层面构成了西和社会生活的内在逻辑,它将有助

[①] 对西和县城南北二关的男人们而言,最为热闹的集体活动要算正月十五的社火了。原先的社火是由村内的大户人家出资、全村共同参与的一项兼具祈神和娱乐意味的春节活动;1949 年之后,社火的组织转由村一级的行政单位组织和管理,1980 年以来,社火又渐渐转变为民间自发组织的行为。现在,除了村一级自发的社火活动之外,县政府也会分派县内各企事业单位进行社火表演,算是政治任务。南北二关的社火最为核心的部分分别是舞狮子和舞龙,80 年代以来,大型的社火队伍在县城里已经无法再组织起来,南北二关的男人们倒是经常在正月里自发组织起来耍社火。这种活动有着内在的传承性,一方面,未成年的男孩可以适当参与其中,一边帮忙做些事情一边学习耍社火的技艺和相关知识;另一方面,他们也可以和一些同龄的朋友在父亲们的帮助下组织起一个小型的舞狮子或舞龙队伍,仿照大人们的社火组织模式和玩耍形式,不仅自己到街上舞狮子或龙,也会到商铺、单位和家户去拜年,西和人也非常喜爱和支持孩子们的这种活动。

于我们更好地理解乞巧以及当地女性的情感世界。

开会

2010年阴历十一月二十八下午一点左右,北关村委会召开了一次简短的会议;所在的会议室就是后来借给三社女人们乞巧的那间屋子。参会的人包括现任副村长、村长秘书,几位社火爱好者和提倡者杨耿、张佑、李又仁、许三儿等①,以及平日里在北关村公共生活中起着重要角色的人物,还包括几位三十岁左右喜爱社火的年轻小伙子。这次会议的发起者是北关村的李又仁,他曾是个"矿老板",因为开矿挣了不少钱,这一年伙同几位朋友想发动大家再耍一次社火。要一台最简单的社火,即只要老狮和两条龙,也至少需要一万元以上的启动资金;另外,北关社火耍起来之后,尤其是与南关社火之间的紧张关系,极有可能发生一些无法掌控的危险局面。因此,李又仁和他的几位朋友商量首先要征得村委会的支持,一方面,这是新中国成立后形成的一个不成文规定,村一级的社火至少在形式上要由村委会出面组织和管理;另外,他们也想通过这种方式得到村上的资金赞助;再者,以防社火中发生一些不可预测的事情,只要村委会出面组织,社火就成了"公家"的事情了,个人不需要在其中承担什么责任。

但村委会并不愿意参与其中。在会议之前,他们专门邀请了现任村支部书记、村长和退休的老村长,会议当天,这几位都未到场,而是让副村长、村长秘书参加了会议。这两位都是三十岁左右的年轻人,大家都知道他俩都不当家,是被派来应付差事的。他们又让人再去请书记和村长,但两位仍以各种理由拒绝。

---

① 这几位都是化名。许三儿是个挺有意思的人物,他原本在北关是以打架出名的,人长得很俊,但是无正经工作,在矿上混过,也倒卖过文物,他的妻子原来是当地一个店铺的售货员,人长得相当漂亮;他与妻子之间的结合也是历尽了诸多阻隔。他虽然原本"不务正业",但他为人正直,讲究道义,可以为朋友两肋插刀,因此结交甚广;另外,他还是个非常手巧之人,会画画也会手工做一些创作。受外面家政公司的启发,他从乡村拉了一班子人马也办起了家政公司,目前,他的"公司"还没有注册,场所是在北关泰山庙旁边的戏台子内,每年给村上交六千元的租金。他们接的活儿很宽泛,诸如红白喜事中给主家搭棚、装饰一些场所、打坟、抬棺等。

参会的人分为两拨,村里想搞社火的那些人和村委会的两位年轻的代表。民间的力量要求副村长表个态,只要村上表示同意,他们就可以以北关村的名义来组织这次社火。李又仁跟我说,需要的启动资金不是小数目,必须要得到村委会的正式支持,只有以北关村的名义来办这台社火,否则那么多钱是筹备不起来的。

村委会派来的两位代表说,他们俩是北关村的人,是晚辈,大家想搞社火,他们个人从情感上并不反对,组织和筹备的过程中,需要他们做什么都可以;但是他们认为社火应该是自发组织的民间活动,让他们以村委会的身份参与并承担起提倡者和组织者,他们做不了主。看到这种情形,杨耿站出来说,既然今天开会不会有结果,那就只能再开一次了。他拿出一张事先列好的名单,在列的人员包括北关村的老艺人、几位资格较老的社火爱好者、在村上能襄得开①的人。他把名单交给副村长,让他以村上的名义请这些人过来,大家再开一次会。

副村长在县城的街上开了一个店铺,是他家的主要营生,村上没什么事情,他平时大多在铺子里做生意。第二天,我到他那里买东西时,提起刚开的会议,他说,村上万万不会答应的。我表示困惑,他说村上出面组织社火本来没什么,以前也组织过,他们说的1984年的社火确实弄得好,但那是县上要求的,而且还给了钱;大家口口声声说,只要村上表态、出面组织,其他事不用管,但实际上就是想让村里出一笔启动资金,村上一分钱也没有,这个话,谁敢应下来!

接下来的几天,耍社火的事情仿佛销声匿迹了。我问了几位牵头人,他们都说村上不出面组织的话,估计这一年社火就要作罢了。农历十二月十二早上,张佑打来电话说,他们又组织在居委会开会。这次到场的人比上次多了许多,关键是书记和村长也来了,北关社区居委会也来了两位工作人员。张佑笑着悄悄对我说,村长和书记能到场的主要原因是李又仁给他们送了好烟好酒。这份名单上主要是北关

---

① "襄得开"是西和方言,表示一个人的社会关系搞得比较好,在一个社区内说话有分量,认识一些有头有脸的人,做过一些让大家佩服的事情,做事拿得起放得下,这样的人常常在做事情时能够一呼百应。

村里的"三教九流",也就是一些社会关系网络比较庞大的人;这些人都有各自的人脉,如当官的官场朋友、做生意的生意场上朋友、读书的校友,还有因为某一爱好(如敬神、唱山歌等)结成的团体。张佑说,像社火这么大的集体活动一定要把这些人拉进来。这次开会,村上表示了赞同,但仍然坚持这次社火的组织属于群众行为,村上没有资金支持。会议最后,两方达成了一致:他们可以以北关村的名义耍社火,就叫"北关村社火队",但村上没有太多的物资支持。

这次会议上,他们又一起拟定了另一份名单,上面包括社火组织的主要成员,其中包括八位社火头、四位村委会和社区的人员、八位艺人。并计划会议结束之后,就由两三位社火头加上村委会的人,一起去请这八位艺人,请他们腊月二十二就到村委会这里开始制作社火道具。至于经费的筹集,他们决定会议结束后就可以开始准备了。

集资与盟誓

会议最后讨论的结果是,对外而言,北关社火是以北关村的名义组织的活动,内部来讲,这次社火仍然定位为群众自发性质,并成立了"北关东岳泰山庙社火组委会",组委会成员主要是选出来的八位社火头。村上无偿将整个村委会提供给他们作为社火期间所需的场地。这次社火资金筹集形式主要是个人集资。他们先大致预算一下社火的开支至少需要两万元,之后开始筛选村内的居民;他们认为从副县级干部、矿老板、大的店铺以及几家政府单位开始,尽量不到每家每户去筹钱,因为之后不久就是三月份的泰山庙会的集资,到时是要到每家每户收庙会的份子钱的。

他们先大致筛选出 20 户,打印出红色的喜帖,上面写着:

xxx 先生:

  今年北关群众组织春节社火,希望您支持北关社火,支持北关村的公共事业;作为回报,北关村社火队将于正月里来给您拜年。预祝新年快乐,身体健康,万事如意。

北关东岳泰山庙社火组委会
x 年 x 月 x 日

先让年轻人将请帖送上门,过一两天,筹备小组便上门收取赞助经费。最后,这 20 户全部都给了经费支持,一是因为他们有这个经济能力,尤其是自己的社会身份让他们也不好意思拒绝,更为重要的原因是社火本身有很强的约束性。①

另外,在他们开始集资的时候,北关村有些人家也主动送钱过去,因为社火终究是给泰山爷耍的,大家认为自己放了钱就等于是献给泰山爷了,会得到好的回报。共有 62 户人家放了钱,合 6503 元。到腊月二十四,他们总共筹集到了两万五千元左右。

农历十二月二十晚上八点钟,八位社火头准时聚集到村委会,他们要商量接下来的事宜,特别是关于请老艺人的事情。因为这次社火所需的老狮和龙都需要重新制作,这个手艺只有村里的几位上了年纪的艺人还有。为了表示尊敬和重视,大家决定以组委会的名义给每位艺人专门印一份请帖,并送上一斤好茶②。这件事情商定之后,八位社火头相邀来到旁边的泰山庙,他们要在泰山爷面前"盟誓";盟誓的意思就是,每一位社火头要在泰山爷面前表明自己的诚心,自这一刻起,社火就算真正组织起来了,八位社火头组成的组委会也随即起效。由李又仁主持,其余各位也都手持燃香跪在泰山爷面前;只见李又仁说

---

① 据说,曾有一位干部在社火筹集经费时因惹恼众人差点遭到很严重的报复。前年北关耍社火期间,大家请这位干部安排几个人员帮忙摄像,他非但没有答应还嘲笑大家指挥自己,社火头与大家非常气愤,扬言要在正月十六社火谢降(是一种仪式,后文将会详细介绍)的时候把狮子烧在他家门口。在当地,这是一件非常严重的事情,社火谢降和乞巧结束前焚烧所有仪式物品一样,都要在村庄之外远离人家的地方才行,因为这是送神的仪式,焚烧的物品都是神的东西,如果烧在谁家门口,这家必定会受到神的惩罚。这位干部被吓坏了,最后他的父亲出来替儿子向大家公开赔礼道歉。在北关,如果有人在社火的事情上惹恼大家,把社火谢烧在他家门口就是一种最严重的报复,所以,一般情况下,人是不敢轻言评论社火或者做些不利于社火的事情的。而就在今年筹钱的过程中,他们到选定的一户人家去集资,当天只有他的儿子和儿媳妇在家,年轻人不懂其中的道理,态度有点不好,虽然最后他们还是给了五百元钱,但社火队的人觉得很不舒服。这家儿媳妇在镇上工作,便向镇上领导反映说北关社火筹备小组的人硬性要求每家交钱,镇上打电话给北关村委会了解情况。筹备组里有一些性格急躁的人要将钱退回去,并且说到时候狮子烧在他们家门口,而那些年长的人让大家按捺住心情,听听风声再说。结果,第二天一大早,这户人家的主人就过来替儿子媳妇道歉,说他们没有看到请帖也不知道攒钱的事情,请大家原谅,又追加了五百元钱。

② 他们所说的好茶,大概是指七八十元一斤的茶叶;西和城里的人喝茶一般喝五十元一斤的,一般乡村里的人喝二三十元一斤的。

道:"泰山爷老人家,今年 2010 年春节给您老人家要台社火,您老人家要保佑北关人民一切顺利、平安。"接着放炮,社火头们一起磕头;他们说磕头之后就有了约束性,谁也不能怠慢,否则会受到泰山爷的惩罚。

老狮和龙

西和流行着这样的话"北关的狮子南关的龙"。相传汉代,一位姓刘的官员被贬流放至西和。期满离开西和前,为表达对西和的留念,为南北二关分别绑了老龙和老狮,供春节闹元宵。北关的老狮一大特点就是它的毛是绿色的,北关人解释说,因为北关的老狮是水里的狮子,水狮;为了克制水狮,耍狮子的时候要配一把油火①,以火克水,这样就能求得太平。

北关社火里原没有龙。三十年前,北关有个叫做张三岁的人,小时候在县城北边的白雀寺正殿的屋梁上看到两只泥塑的龙;1984 年北关耍社火的时候,他就按照那个模样绑了两条龙;据说,刚绑好后,白雀寺就有人来问话,说是头一天晚上,寺里的一位神婆发神,两条龙对神婆说:我们不在这里了,把我们挡在这里做什么,我们要去北关耍了。这位神婆便遣人下山到北关问个究竟,张三岁道明缘由。白雀寺的人说,那原本是菩萨的坐骑。于是,第二天,北关里的人挑着两条龙到白雀寺里去敬菩萨。此后便形成了习惯,北关社火的两条龙出去耍之前,都要到白雀寺去敬神。等到最后社火谢将的时候,两条龙也要对着白雀寺的方向焚化。

点睛

正月十二下午,他们请阴阳先生选好吉日吉时,北关的老狮和龙的点睛仪式在居委会院子里正式开始。由专门的仪式司仪负责各个

---

① "油火",是用黄香和炒好的大荞面,以 3∶7 的比例混合而成。再制一根油火棒,把一大把香用布缠牢,在清油中浸透;耍神狮的时候,一个人在狮子前头,手持点燃的油火棒,肩上挎着一个小袋子,里面装的是油火,隔一段距离,他们便抓起一把油火,自下而上掌握好角度,往油火棒的火焰上撒去,便会燃起一阵冲天的火焰。

流程的主持；点睛之人分别是制作老狮和龙的两位艺人；准备两支新的排笔、红墨汁、两条两丈八尺长的"红"①。四时一到，司仪宣布："北关地区老狮、老龙点睛仪式开始。"首先鸣炮，接着由艺人分别蘸红墨汁在老狮、龙的眼睛、鼻子、嘴巴、耳朵以及魄门处点上一点红，意味开七窍。七窍开毕，再由艺人将两丈八尺长的"红"挂到老狮和龙脖子上，与此同时，司仪在一边大声地说一些吉祥话，诸如请泰山爷、神狮、神龙保佑北关地区风调雨顺，百姓平安等。

接下来，一些年轻力壮的男子架起老狮和龙到泰山庙里敬神。在出居委会院子的时候，上了年纪的人在一边不停地强调，一定要让狮子和龙退着出去，这是对院子里土神的敬重。到了泰山庙里，老人们让年轻人将狮子和龙摆成下跪的姿势，跪在泰山爷面前。接着放炮，泰山庙里的庙官给狮子和龙各挂上一根两丈八尺长的"红"。仪式完毕之后，也是退着出庙门。按照老传统，敬完泰山爷之后，狮子和龙就可以出庄展示了。

北关狮子和龙的社火队由四十个排灯、鼓乐队以及耍狮、耍龙队组成。排灯都是由村里十岁左右的小男孩掌着；鼓乐队包括两拨人，四五十岁的中年人和十六七岁的男孩组成；耍狮子和龙的则是由村里十七八岁的高中生、二十至三十五岁的男性组成，这是特别需要力量的项目。敬完泰山爷之后，社火头要求大家在闫家场少安毋躁，让鼓乐队打起鼓来，招惹村上的男人们。每来一位，社火头就会发一根红给他，让他系在腰间，这表示他已经成为北关社火队的成员了。等到人数差不多时，社火头让放起鞭炮，舞起狮子和龙，以老狮为主，二龙护在两侧，来到北关小学正对着的街上；据说这里曾是泰山庙旧址的正门外。社火头让鼓乐队的人不要停下，鼓声响彻县城。他们说，这是一直流传下来的做法，是在告之外界，尤其是南关，北关的老狮要出

---

① "红"，是西和庙宇做仪式时常用的一种吉祥物，实际上就是红布条；"红"分不同的尺寸，代表着不同的级别，这里的两丈八尺长就只能给神或神的坐骑用。社火中也会准备一大匹三尺长的"红"，发给参加社火的男人们；他们大多把"红"系在腰间，拿到一条"红"就意味着加入了社火队。社火结束后，每个人腰间的"红"都具有了神圣性，家里人都会毕恭毕敬地将其保存好，有保家人平安的作用。

来闹元宵了。

南关的老龙

北关的老狮和龙出来后,南关也开始紧锣密鼓地开始张罗耍老龙的事情,据说他们开了三次会,在正月十二的晚上产生了社火头(南关叫做龙主①,由一个龙主和若干人组成社火头),正月十三的上午十点左右,请去老艺人开始糊龙,地点在南关幼儿园,即原来的张爷庙;年轻人也陆续到幼儿园里去帮忙。晚上六点钟左右,老龙便制作完成了。南关的老龙在制作上所需材料比较简单,南关的社火组织形式也相对简约一些,所需的经费也比较少,因此,南关的社火其实更好组织,组织起来也比较迅速。

做好的老龙首先到公安局门下,即原城隍庙所在处。之后,在马路中央正对着老龙设下香案,等着制作老龙的艺人来为其开七窍:这位艺人先到城隍庙里去点一支香,配上一张裱纸,裱纸裹在香上,先敬城隍爷,祈求保佑耍龙的平安顺利。敬神完毕回到老龙那里,他拿着这枝香和裱纸过去,先吩咐几位社火头跪在香案前,化裱纸、磕头,而他则将手里的香和裱纸在老龙前逆时针绕三下,然后在龙前将裱纸化掉,然后用点燃的那枝香为龙开七窍。开了的老龙依然要等待片刻,按照他们自己的话说是为了惹人,惹来更多的南关里的男人来参与其中。下面是南关社火的经费来源和开支情况:

> 龙主连着当了两年,去年结余790元,今年他放进去210元,这样启动资金凑齐为1000元,这部分钱用来购买基本的材料,而在整个活动中的开销大部分先赊账,最后拿收入的钱再去结账。总收入(包括烟酒兑换的1500元,其中约200瓶酒1000元,16条烟500元)为5600元,除去龙主放进去的210元,还有在制作老龙过程中的所有开支,最后结余3500元。大家商量决定用结余

---

① 南关以老龙为主,把社火头称为"龙主"。

下的钱置办"家具"①,城隍庙里本来有一个2米的大鼓,镲8副,锣2面,牛角2个。这两个牛角在"文化大革命"时候被藏在私人家中才免遭被收入文化馆,当地很多私人家以及庙宇里的文物据说当年大多被销毁或者被官方没收,没收的部分后来被文化馆收归管理成为"文物",一些庙宇试图要回,但一概遭到拒绝。他们商量决定再买一个小一些的鼓和一些镲、锣;恰好龙主要到四川去游玩,他将负责这些家具的购买。

第四节 | "集体情感"及其局限

北关村的社火与乞巧有一种类的相似性,二者都是基于信仰的节庆活动,这决定了他们在仪式活动上的双重性,即兼具祈神和娱乐两个部分。在信仰的层面,乞巧是为了祭拜巧娘娘的,西和的社火是为了祭祀村神的,比如北关村的社火就是为了祭拜村神泰山爷;与此相对应的是社火和乞巧中的一系列仪式活动,这些仪式都有相关的神学观念作为支撑,因此,仪式活动的文化形式表现出相对的稳定性,轻易不能改动,否则就是对神灵的不敬。在社火和乞巧的仪式活动中,仪式活动参与者在其中表露出来的情感都是指向神灵的。这首先是神灵具有一种涂尔干所言的神圣的宗教力,这种宗教力对人具有一种约束性,就如接巧娘娘仪式中的女性们必须怀有对巧娘娘虔诚的崇敬之情,并通过如歌如泣的歌声将这种情感表达出来,请神仪式才会顺利完成,再如北关村社火的点睛和敬神仪式,社火参与者通过鞭炮、敬香和盟誓等方式来表达对泰山爷、神狮神龙的崇敬之情;尤为重要的是,不管是乞巧还是社火,相关的仪式活动在参与者心中所生发出来的这类情感能够将参与者凝聚到一起,大家在其中感受到了一种团体的氛围。这类情感其实就是涂尔干所说的"集体情感"。

在接巧娘娘仪式中所唱的乞巧歌和当地的山歌一样,均可列入歌

---

① 西和人将鼓锣镲称为"家具"。

谣的范畴。从发生学上讲,歌谣是由人们集体创作的,因此,它一直被视为了解民间社会的一个重要渠道。比如中国自古就有采民歌、观民俗的传统,而这一传统在五四时期的北大歌谣研究会以及《歌谣》周刊的创立中得到了强烈的体现。不过,歌谣研究的人类学意义最初是通过仪式来界定的,首先强调的是歌谣对于群体和社会的功能,而非其对于歌者本身的意义。

与中国的五四运动差不多同一时期,法国社会学年鉴学派第三代传人葛兰言,早《歌谣》周刊三年于1919年出版的《古代中国的节庆与歌谣》一书可以算作人类学对歌谣研究的开创性著作。葛兰言(2005:73—75)首先指出《诗经》中的情歌包含着大量的情感表达成分。

显然,葛兰言所说的情感就是涂尔干所说的"集体情感"。涂尔干指出集体情感往往集中体现于仪式当中,人们在仪式活动中进入了一个与日常生活完全不同的世界;一种来自于社会的奇异力量将人从凡俗的世界带入神圣的世界,从而在人们的心中激起一种超越个人的集体情感。[①] 在集体欢腾中,原本相互孤立的个人得以形成集体,最终产生社会凝聚力,而这种凝聚力又通过有规律性的仪式活动得到反复的加强。这曾深深影响了特别是英国人类学中的仪式研究。葛兰言也是用这一框架来论证自己提出的"《诗经》中的情歌表达的是集体情感"这一命题,他诉诸仪式来理解情歌中的集体情感。经过详细的文本分析之后,葛兰言(2005:75—78)断言这些情歌是来自于乡间季节性的大规模聚会中的男女即兴对歌,这类时间和地点相对固定的聚会实质上就是仪式活动,它为平时分居异地的地域群体提供了接触的机会。葛兰言认为古代中国的社会组织之基本原则是家族集团和性别

[①] 对此,涂尔干(2006:208—209)在《宗教生活的基本形式》中这样说道:"可以想象,当一个人达到了这种亢奋状态,他就不可能再意识到自己了。他感到自己被某种力量支配着,使他不能自持,所思所为都与平时不同,于是,他自然就会产生'不再是自己'的印象了。他好像已经变成了一个新的存在,而他佩戴的装饰和遮脸的面具从物质方面也形成了这种内在的转化,并在很大程度上可以用来确定它的性质。与此同时,他的伙伴们也感到自身发生了同样的转化,并把这种情感表达为叫喊、动作和共同的姿态,一切都仿佛是他们果真被送入另一个特殊的世界,一个与他们的日常生活完全不同的世界,一个充满了异常强烈的力量的环境——这力量左右他并使他发生性质变。"

间的对立,来自不同集团的男女青年通过对歌达成两性的结合,从而促成了两个集团之间的团结;分离甚至是对立的关系得到了暂时的缓解。葛兰言认为这正是歌谣所起的社会功能,很显然,歌谣中的集体情感在其中起着至关重要的作用。

针对西和乞巧的祈神仪式以及其中的祈神类乞巧歌,葛兰言的歌谣研究思路以及涂尔干的集体情感概念依然是适用的。但是在长期的民族志考察中,我开始产生了这样的疑问:乞巧仪式参与者唱着同样的乞巧歌、进行着同样的仪式活动,内心生发出相同的集体情感,但是,是否能因此说参与仪式活动的每个人的心境也是一样的?著名的英国现代小说家弗吉尼亚·吴尔夫(2013:61)曾经说过,每一个人都有着旁人无法触及的内核,这个内核是真正的自我;她在小说《到灯塔去》中写道:

> 现在,她不用顾着谁。她可以自己待着,表现真实的自我。而这种时候,她常常觉得需要默想;不,甚至不要默想。只是默默地;独自待着。所有那些蔓延的、发光的、有声的存在和行为,现在都已消散;她在抽缩,带着一种庄重的感觉,缩成真的自我,黑暗中一个楔形的内核,而别人是看不见的。她还是那样笔直地坐着,织着长袜,心里却感受到了真的自我;这个自我摆脱了所有身外之物,自由地去探险、猎奇。当生活暂时沉落的时候,人的感受真是浩瀚无垠。

这是典型的现代哲学对个人的强调,涂尔干传统下的"集体情感"概念是在经典哲学的思想传统中提出来的;在情感问题上,涂尔干和柏拉图一样,都强调理性对情感的控制,是典型的理性主义者。涂尔干提出的"集体情感"具有很强的阐释力,他成功地在人性之中找到了外在的社会团结的根本原因;在"集体情感"概念之下,人的情感首先是被视为危险之物,受到理性控制和引导的情感可以转变为"集体情感",将成为维护集体利益的重要力量,而与"集体情感"相对的则是"个体情感","个体情感"属于个人性范畴,在涂尔干看来,都是反社会的力量。尤为重要的一点是,涂尔干认为集体情感要通过周期性的仪式活动得到加强和巩固,在仪式活动中,集体情感全面覆盖个体情感；换言之，集体情感与个体情感是不能同时在场的，仪式活动往往是集体情感发生之所，因此仪式活动中是不存在个体情感的。

　　民族志考察的一大特点就是长期生活在田野点，和那里的人们长久地相处之后会发现，民族志考察的对象并不单单是文化和社会结构，或者说不能只以文化和社会结构作为最终的考察对象。西和乞巧在文化上的表现是很容易被把握的，仪式过程也是很容易被书写出来的，但是我们在田野中相遇的那些人，同样也是民族志考察的对象，而且是最直接的对象，他们与我们自己一样，有血有肉、有想法有情感。当远离这些活生生的人们时，我们看到西和乞巧仪式确实是饱含着集体情感，但是当我们走进那些人们时，会发现她们在仪式中却不单单只有集体情感，内心中也充斥着来自于日常生活的个体情感。不得不指出，涂尔干提出的"集体情感"概念是有其特定的社会和思想背景的，对于西和乞巧，"集体情感"表现出了解释的困境。这里所提到的个体情感及其在理论上的重要性，将在下一章的"狂巧娘娘"中一一细述。

第五章

狂欢:"狂巧娘娘"与非定向性情感

第一节 | 轻与重

意大利小说家卡尔维诺在其终未成行的"诺顿讲座"讲稿中提出一个概念,叫做"轻"。他援引古罗马哲学家卢克莱修在《物性论》里的观点,即在认识世界的时候,不仅要看到组成世界的物质及其坚固性,也要重视那些无穷小、轻和游移的事物,比如射进暗室里一束阳光中的微尘、走路时缠绕住我们的蜘蛛网。卡尔维诺认为,卢克莱修之所以在讨论世界本质的时候关注那些看似空虚、微小的事物,是要防止那坚固物质的重量压碎人类;卡尔维诺(2009:8)说,"哪怕是在阐述决定每一事件的严格机械性的规律时,他(卢克莱修)也感到有必要让原子以无法预期的方式偏离直线,从而确保原子和人类的自由"。卡尔维诺将这一类游移于坚固物质之外的东西称为"轻",将坚固物质组成的世界称为"重";他将美杜莎①身上所具有的那种命运般的魔咒,即所有人都无法逃脱的悲剧命运,视为一种"重",但是美杜莎最终却

---

① 美杜莎是希腊神话里的人物,奥维德在《变形记》中讲述了美杜莎的故事。因得罪了雅典娜,美杜莎被施咒变成了头顶无数毒蛇的妖怪,谁只要看到她的眼睛,就会立刻变成一块大石头。

被脚蹬飞鞋的珀尔修斯砍下了头颅,解除了命运的诅咒。卡尔维诺认为,飞鞋是一种"轻",这就是"轻"对"重"的关系以及"轻"的重要性。

这同样也是米兰·昆德拉在《生命中不能承受之轻》中所探讨的问题,对于昆德拉而言,生命的重量不仅在于那种尼采式无限重复的形而上学绝望,还在于现实生活中,无所不在的政治压制;生命的重量体现在公共和私人领域中无孔不入的束缚。所以小说主人公托马斯才以各种方式的"轻"(如离婚、辞掉钟爱的职业而去当一名清洁工、与不同女人的无休止性爱)来试图挣脱这样的"重"。实际上,卢克莱修所说的物质的固定性正是指人类社会的特征:有组织、有系统、有秩序、有等级,其中的一切都有各自的位置;是更高的能量,保持这种位置排列的凝固,位置上的人也被死死地固定,卡尔维诺认为这个时候就需卢克莱修所说的那种不固定的原子及其无规则的运动,才能赋予人一种自由。卡尔维诺举例说,在妇女承受苛刻生活的时期,总是会有这样的故事在讲述,女巫们在夜间乘扫帚柄飞行。为了不至于被生存之重压垮,人们才去寻找"轻",但是这样的"轻"往往成为一种人们心目中渴望却不易获得的幸福,卡尔维诺说这是一种民间的想象力。巴赫金在研究中世纪拉伯雷思想时把这样的民间想象力称为"乌托邦梦想"。

所谓的"乌托邦梦想"就是颠倒日常生活中的等级、秩序,建立与官方、严肃性格格不入的狂欢化色彩,充满对神圣、严肃的戏谑和模仿;他将此称为诙谐、狂欢,这其实也是一种"轻"的方式。巴赫金认为"狂欢节"背后隐藏着一种关于世界的观点,即人的生活不只是由严肃与神圣感的秩序构成,除此之外,还存在第二种生活,便是由诙谐因素构成的。巴赫金(1998:19)提出的广场意象极为形象地呈现出这种生活,广场是一个特殊的空间,在那里,人们暂时取消了等级差别,取消了日常生活,在非狂欢节生活中的某些规范和禁令的条件下,形成了在平时生活中不可能有的一种特殊的、既理想又现实的人与人之间的交往。这与维克多·特纳(2007:328—331)提出的"反结构"概念异曲同工,特纳把反结构等同于卢梭的"自然状态"。"反结构"和"乌托邦梦想"都与卡尔维诺所说的"民间想象力"一样,具有"轻"的气质。

"轻"之中包含着多重关系。第一,"轻"本身包含着轻与重的关系,即轻是对重的解构和超越;第二,无论如何,"重"却往往是现实生活中的主导,"轻"是一种愿望和梦想;第三,"轻"对于重而言具有双重性,既是对重的否定,同时又具有再生的能力。最重要的是,不管是卡尔维诺还是巴赫金和特纳,他们都在强调人追求"轻"的权利,换句话说,"轻"是内在于人自身之中但却被外力所剥夺的部分,对自由的追求是人天生应该被赋予的权利。因此,巴赫金说,狂欢是对官方、严肃性生活的暂时超越,但所展示的恰恰是自身愿望的一种表达,即原先自身存在的另一种自由形式。

"轻"的概念中充满了政治学色彩,是寻求解放的一种方式。但是,在有关"轻"的论述中,日常生活都被置于不太重要的位置。巴赫金更是将日常生活视为一种私人的、隐蔽的部分,相对于广场、城邦公共生活而言,是微不足道的。他们所强调的日常的重量,也是在公共领域的范畴内讲述人们的政治生活。但是,日常生活本身无疑是重要的,是置放身体和心灵,乃至整个生命的重要场域。正如赫勒(1990:3—7)所言,日常生活是个体再生产要素的集合,不仅再生产出个人自身,也是构成社会再生产的基础。日常生活中同样包含着重量,每个角色都被赋予了不同的责任和重量,有时候同样让人窒息。

一声叹息

那是一个冬日的晚上,慧美叫我到家里吃晚饭。饭后,慧美的丈夫照旧顺势侧身靠在炕边的被子上看起电视;慧美的孩子急匆匆地背起书包赶着去上学;我帮她收拾了餐桌,把碗筷拿到厨房后,她照旧不让我动手洗碗。刚开始,我以为慧美不让我帮忙洗碗是一种礼让;但是,在成为她家常客之后,慧美依旧没有丝毫让我动手洗碗的意思。她常说,觉得我一直在外上学,肯定没做过家务,接着,她总是会讲起她女儿洗锅的故事。那是女儿上六年级的时候,那时她还在上班,那天也是吃完晚饭,慧美决定让女儿洗锅碗,因为她和丈夫都觉得应该训练一下女儿的家务能力。

谁知，不一会就听到家里传来女儿的哭声，跑回去一看，女儿趴在地上，额头上在流血；原来，小女孩在端起锅倒水的时候，不小心绊倒了。慧美说，那次真是吓到她了，一是她没法向丈夫交待，二来，她当时很担心女儿额头上的疤痕影响到美观、影响到长大后的找对象。既然慧美不让我帮忙，我就站到庭院里。忽然，我听到慧美在厨房里发出了一声长长的叹息，似乎穿透了整个夜晚的静谧。我过去问她怎么了，她说觉得人一辈子真没意思，像她，早上一睁眼，先围着店铺转，晚上再围着锅台转，一天一天就这样过去了，她感到永无止境的绝望。那天晚上，慧美的那声叹息让我久久不能入睡。

老 鼠 洞

西和有拜年的习俗，到了新年，西和的每家每户都要出门去拜年；拜年的对象包括亲房、好友、亲戚、邻居、同事，而最近几年，给干部和上司拜年的风气愈发浓重。从初一开始，我也加入到慧美家拜年的行列，有时候跟在慧美夫妇后面，看着他们怎么给至亲、至交拜年，而大部分时间，我是跟着慧美的两个孩子。在西和，家里的孩子到六七岁，就可以替家里拜年了，一来，孩子们喜爱拜年，因为到人家里，不仅有好吃的①，而且有压岁钱；大人们则在家里坐镇指挥，什么时候去拜哪一家，大人们把一包拜年的东西准备好了，孩子们拜完一家回来拎上另一包，又重新出发。

正月初三的上午，我和慧美的两个孩子拜完年回来，准备拿上礼品再到另一家去。推门进屋的时候，发现慧美的丈夫盘腿坐在炕上，并没有和慧美一起收拾礼品；这时两个孩子有点累了，表现出不耐烦的情绪。看着慧美在一旁哄着孩子们继续拜年，慧美的丈夫忽然对我说，每当过年的时候，他就很烦，恨不得到一个没

---

① 西和拜年时招待人的主要食品是醪糟，准备醪糟也是每家腊月里的一件要事。现在，县城里的人大多从街上买一些回家，留着新年备用，或者乡村里有亲友的，他们也会送来一些。而乡村里的人们，大多自家做醪糟，买些酒曲，将小麦煮了去皮，放到家里的阴暗处，把握好时间，就可以做出醪糟了。新年准备招待亲友时，在屋里的炉火上架一个小钢锅，放些醪糟和水，放在那里煮着；待客时，舀上一碗，在里面放些白糖就可以食用，很甘甜。

有人的地方待着,如果有个老鼠洞,他也愿意待到里面。慧美的丈夫又说,虽然拜年是相互的,但不知道为什么,每一年他们家都要贴进去不少钱,不知道那些礼物在礼尚往来中都到哪里去了。

慧美的那声长叹,以及她丈夫对于无光、黯淡但却可以避开人群的老鼠洞的"想往",都是他们对于日常生活的重量的反应。就比如西和的人情之礼,这种礼物的流动原本是人际交往、社会关系建立和更新的基础,但是就个体而言,在人情来往中又往往表现出无力承受的状态。

人情之礼与日常之重

有一天我在街道边的小饭馆吃麻辣粉,刚好遇见赵叔的一位亲戚,等我吃完准备付账时,老板说那位亲戚已经帮我给了。有天晚上,我陪荣阿姨去超市,刚好遇到她娘家侄儿两口子,到了款台,她主动要给侄儿两口子选的东西付钱。侄儿媳妇就买了一只鞋油,七元钱;有意思的是,就在那之前,我与荣阿姨到超市去,她也准备买一只同样牌子的鞋油,但那天她犹豫了半天也没有买,觉得贵。而这一天晚上,她看起来却没有半点犹豫地付了钱。

阴历三月二十八是北关泰山庙庙会,提前三天,北关的庙会活动就已经开始了,各种吃的、玩的都聚集到北关闫家场及周遭。每逢泰山庙会期间,赵叔夫妻俩就会在屋子背后的马路边摆一个摊位,将小卖铺里的东西拿到那里去卖。晚上没什么事时,我就会帮着他们照看摊位;仅仅在我帮忙的时候,就见不停有亲友来访,每当有带着孩子的,赵叔夫妻俩就要忙着给孩子一点钱,五元十元不等,给孩子买庙会上的小吃、零食和玩具,这叫做"给看戏钱"。晚上收摊时,我就会说摆这个摊不知能挣多少钱,给别人的看戏钱都不知道够不够。他们夫妻俩总是说,那也没办法,即使不摆这个摊,碰见了照样要给看戏钱。

西和的人情很重,这集中体现在日常生活中的几个特殊时段,与之相配的则是一套比较完整的仪式。首先是红白喜事、满月酒以及新开铺面时的"行情";其次是与葬礼相关的人情,其中的一个重要仪式是送"封包纸"①;最后,就是"拜年"。拜年的主体主要是家里的小孩,如果对方家里有老人,又是直系亲戚或好友的,就自己去拜年,顺便坐下聊聊天;其余的就让孩子去,对方要给孩子压岁钱,关系一般的大多给五块钱到十块钱。新年之前,西和人就要提前准备压岁钱。压岁钱以"新"为特点,荣阿姨在腊月初就托在邮电局上班的侄女换了一千元的新钱;有一百元的、十元和五元的,其中,面值一百元的主要为新婚的亲戚和好友家的孩子准备的。

在西和县城,普通的亲友间拜年时拿的人情通常是一瓶20元的酒、3元钱的醪糟或罐头。② 关系好一些的,就用贵一些的酒、50元到100元一斤的茶、一条烟,任选两样。表5-1是慧美家2011年给亲友拜年的情况:

表 5-1 西和普通人家的拜年情况

家户	关系	人情③	建立拜年关系时长(年)	拜年的时间	去拜年的人
陈家	妻子的大哥	一斤50元的茶和一瓶城州窖酒	23	初一	夫妻二人
王家	丈夫的战友	一斤50元的茶和一瓶古河洲酒	30	初一	夫妻二人

---

① "封包纸"在葬礼以及亡人去世后的一年、二年和三年的相关仪式,尤其是在接去世未过三年的亡灵回家过新年的仪式中用到。亡人的三年礼一过,就不用送封包纸了。腊月底,街道上到处是送封包纸的人。首先是直系的亲戚,其次是好友,另外,就是有往来关系的邻居,自家中有人去世的三年中,人家每年送封包纸过来,这样的话,对方有家人去世,自己也要送封包纸过去。腊月里准备"封包纸"也是准备过年的重要事情之一。每逢年前的集市,可以看到很多卖封包纸的小摊,有些毛笔字写得不错的人,就会在年前做些封包纸出售,换一些营生,现在一份封包纸可以卖到五元钱;一般家庭在新年送封包纸的仪式中至少要送十来份,一些家庭会选择自己制作。封包纸的制作很简单,购买足够的冥票和白纸,用白纸端端正正地包上若干冥票,县城以及靠近县城的地方,是折叠成16开大小,再远一些的地方折叠成24开;县城里的封包纸里,一般每包放上二十张冥票,有的也可以放些白纸,如果是直系关系,那么,封包纸就要做得厚一些。关键是,在折叠好的封包纸正面要写上几行字;原先以八行为准,现在一般写七行,如下:谨具、今逢xxx、奉、上、故xxx、孝xxx、公元/阴历年xxx 坟前火化。封包纸背后由上而下写上"护""封",他们解释说这类似于今世的投寄包裹,要封好,并写上投寄地址,对方才知道这是谁烧的。

② 城里和乡里在拜年礼物上差别挺大的,城里拜年的礼物有酒、茶、醪糟、罐头和烟,乡里一般是水果、三四元钱的点心、三五元钱的挂面,如果是城乡之间拜年则按照各自的规程来拜。

③ 西和人把在随礼、人情来往中的礼物称作"人情"。

(续表)

家户	关系	人情	建立拜年关系时长(年)	拜年的时间	去拜年的人
李家	丈夫的大伯	一斤50元的茶和一瓶城州窖酒	50	初一	夫妻二人
赵家	丈夫的同事兼好友	一斤50元的茶和一瓶金六福酒	30	初一	夫妻二人
李家	妻子的姑表姊妹	一瓶金红川酒和一瓶醪糟	23	初二	女儿①
陈家	妻子的舅舅	一斤50元的茶和一瓶城州窖酒	23	初二	夫妻二人
王家	妻子的姨侄女和女婿家	一斤50元的茶和一瓶城州窖酒	6	初二	女儿
赵家	丈夫的战友	一瓶城州窖酒和一瓶醪糟	30	初二	女儿
常家	丈夫的同事	一瓶世纪金微酒和一瓶醪糟	15	初二	女儿
丁家	丈夫的战友	一瓶城州窖酒和一斤挂面	30	初二	女儿
常家	干亲家(儿子的干父母)	一条黑兰州香烟和一瓶金城州酒	15	初二	女儿
李家	丈夫的堂兄弟	一瓶城古酒和一瓶罐头	50	初二	女儿
赵家	妻子的姐姐	一斤50元的茶和一瓶城州窖酒	23	初二	女儿
陈家	妻子的三哥	一斤50元的茶和一瓶城州窖酒	23	初二	女儿
李家	丈夫的同学兼好友②	一斤50元的茶和一瓶城州窖酒	30	初二	丈夫

---

① 赵叔家今年的拜年主要是由他的女儿去的,女儿今年十六岁,读高中,以前都是兄妹二人一起去拜年,儿子前年出门在外工作,只有平时有几天探亲假,哥哥外出之后就由妹妹一个人承担起这个任务了。

② 拜年关系中,即使是因为好友和同事关系而建立的拜年关系,只要双方有父母在,而且住在一起的话,那么拜年就主要是给对方的父母拜。李家的儿子是慧美丈夫多年的好友,慧美丈夫从小就常到李家;成家后,慧美丈夫每年都要给李家父母拜年,到那里先到香案前给李家先人磕头,之后上炕和二位老人喝茶聊天,二老也非常喜爱慧美丈夫,总会打开上锁的柜子从里面取出上好的点心招待他。慧美丈夫说,像这样的拜年才是他发乎内心的。

（续表）

家户	关系	人情	建立拜年关系时长(年)	拜年的时间	去拜年的人
刘家	丈夫的妹妹家	一斤50元的茶和一瓶城州窖酒	23	初二	女儿
沈家	丈夫的战友	一瓶城古酒和一瓶罐头	30	初三	女儿
赵家	丈夫的战友	一瓶城古酒和一瓶醪糟	30	初三	女儿
刘家	丈夫的同事兼好友	一瓶城古酒和一瓶罐头	15	初三	夫妻二人
赵家	丈夫的战友	一瓶城古酒和一瓶醪糟	30	初三	女儿
张家	左邻	一瓶城古酒和一瓶罐头	40	初三	女儿
王家	右舍	一瓶城古酒和一瓶罐头	40	初三	女儿

  像慧美家有这样二十几户拜年关系的，在西和县城算是少的了；我在西和认识的一位小学退休教师，他家与73个家庭有拜年关系。他有两儿一女，都各自成家了，他平时喜爱结交，拜年关系中包括他从父亲那里继承下来，也包括他自己在成人过程中建立起来的，还包括儿女们建立的关系网络。为了准备新年拜年，这位退休老师与妻子光是压岁钱就准备了五千元。

  拜年关系一般都是长时段的，大部分从父亲那里继承下来，另外一部分是在自己的成长过程中新建立的，如好友、同事，还有因婚姻而产生的拜年关系；新婚后的那个新年，新婚夫妇有个认新亲的仪式，分别从双方最近的关系向外扩展，范围由自己把持，第一年认了的就定下了拜年关系。好友和同事之间的拜年关系是最不稳定的，即可以新加进来也可以断掉，断了的原因主要是对方不回礼，另外就是平时关系变淡了，第三种情况就是两家产生了矛盾。同样，断了关系也可以再续上，前提是两个家庭或者两人之间的关系又变得亲近。

  在过去，拜年有一套完整的仪式，提上人情，到人家里先要到香案前给对方先人磕头。如果是成年男子,对方就招呼你上炕喝茶,如果是女人或者小孩子,就招呼你喝醪糟、吃瓜子糖等,长辈还将之前准备好的压岁钱给来拜年的孩子。现在的拜年仪式发生了不少变化,如果是大人拜年的话,基本的仪式都还能见到。孩子们的拜年早已不磕头了,他们通常都是将礼物放下后,拿了压岁钱就走,让对方知道是谁家的孩子就可以了。

大约在20世纪90年代,西和的拜年加入了一种新的类型,那就是给领导、上司拜年。虽然也叫"拜年",却不同于通常意义上的"拜年"。在时间上,给领导拜年大多是在年前拜,一来是怕在新年的时候人多嘴杂,以免自己尴尬也为领导避嫌,因此,形成了这样的共识,给领导拜年一定要在腊月三十之前拜完。其次,给领导拜年在"人情"上要重得多,通常的拜年一般是二十元至一百元的"人情",而给领导拜年最少也要三四百元,人情大多是好烟好酒好肉。最关键的,给领导拜年与通常意义上的拜年最大的不同在于,拜年礼俗是互惠的,而给领导拜年是单向的。

若从人类学里传统的功能主义视角来看待这种人情之礼的话,它便是构建和稳固社会关系的积极基础,是社会得以可能的基础之一。对此,我不予否认。不过,就如被慧美在践行礼仪规范时内心的纠结情感所触动一样,我在西和的朋友们在人情之礼和生活重量面前的内心倦意也同样让我难以释怀;但我懂得,他们从不会因脸上的倦容而放弃生活,放弃礼仪规范,相反,这些终究是他们安身立命之所在。不过,西和社会有一种自我更新的能力,让人们有机会和能力心生倦意,有机会去选择反思自身的存在处境,比如女子的乞巧、男子们的社火。

第二节 | "心上"与"狂耍"

在我参与乞巧仪式时,常听她们这样说:"晚饭后,来巧娘娘这狂一下,心上就亮清了。"她们这里所说的"狂"是西和俚语,玩耍、转悠的意思,而乞巧中的"狂"则是指唱乞巧歌、边唱边跳、上香祭拜巧娘娘,或者在一旁听别人唱、看别人跳,也可以跟着一起哼唱。"心上"和"亮清"都是西和俚语,"心上"就是我们通常说的"心里面"。有一次,我与西和的房东在街上遇到一位熟人,房东赶紧上前握手,说道:"最近你怎么不来我家了,一定是我说了什么得罪人的话,把你给得罪了,我心上一直卡(qia,去声)人的。"过后,我问他"卡人"是什么意思,他说就是心里不太舒服的感觉,对以前做过的事情或对待过的人心怀歉意,有些后悔,但时光无法倒流,有的事无法弥补,就更加深了后悔的程度。此后,我在田野调查中经常听到西和人说"最近心上卡人的""心上亮清的""熬嘈死了""心上泼烦的"等等。"卡人"是后悔、过意不去的意思,"亮清"是指光线很好,也指心情不错,"熬嘈"是烦心的意思,"泼烦"指不高兴。

"心上"是西和的一个地方性词汇,实际上就是我们通常所说的"心里面",心是身体的一部分,就在心脏的地方,但"心上"说的又不是生理上的症状,而是因为人事圜局内的事情导致心的各种状态,如混乱的、激动的、忧愁的、时而平静、时而明朗;西和人用"卡人""泼烦""亮清""熬嘈"这样的词语来形容"心上",就是指心的不同感觉,这些词语与"心上"组合起来,其实就是我们通常所说的"心情",其中包含着人们的情感。然而,"心上"虽非生理上的症候,但在人们的表述和体会中,不同的状态又要通过对"心"的描述来达成,就如赵叔,在跟那个朋友诉说自己心上卡人时,他的面部表情似乎呈现出很难过的样子,再如有些人说"熬嘈死了",就会看到他们的确眉头紧锁,感觉有东西郁结在心中,很难排解。

西和人爱唱山歌,有首山歌这样说道:"唱过穿了唱戴哩/唱我心上的畅快哩。没唱穿,没唱戴/一唱心上一畅快。"作为一种行为活动的"唱",成为排解心情、表达情感的一种方式。"唱"不仅是一种行为,而且是一种群体性行为,这是"唱"的社会性方面。一个人走在路上哼着流行歌,这是唱,但不具备社会性;一群人每天清晨相约半山腰,赏心地边唱边跳,当唱的行为起始,这便是一种文化形式;一个人在半山腰,唱起洪亮的山歌,这虽是个人的行为,但听的人可以与之构成关联,这个唱也同样具有社会性。在一种文化形式中,人的内心情感体验落实到具体行为上,而作为行为的主体,活生生的人生存于丰厚的日常经验当中,因此,这种文化形式与生活方式以及生活心态构成了直接的关系。不管是"心上"还是"唱"都与西和的一个地方性概念"狂耍"有关。

"狂耍"是由笔者根据西和的"狂""耍"两个词的内涵总结出来的一个地方性概念。① 在西和小城经常听到人们使用"狂"和"耍"这两个词,比如一个小孩出门之前会向父母请示一下说:"我出去狂一下,可以吗?"两个相识的青年男子在街道上偶遇,一个问对方干什么去,如果对方没有什么特别的事情就会问答说"没什么事,就在街上狂一阵子";一个爱好根雕的人,当别人称赞他的工艺时,他往往会自谦道:"我这是自己没事时耍的";一位喜好收藏字画的人,当别人赞誉自己的收藏爱好时,他也会自然地应和一声"嗨,我那是耍的";西和将孩童的过家家游戏称为"狂屋里";当男人们出头组织社火时,他们会说我们今年准备"耍一台社火";女人们在一旁看着男人们尽情于社火时,会半羡慕、半开玩笑地说"男人家狂社火,我们女人家来狂巧娘娘吧";这里的"狂巧娘娘"就是乞巧的意思,当然她们是不能在腊月里狂巧娘娘,乞巧与社火一样都是有特定的社会时间,当女人们着手准备乞巧时,她们也可以说"今年我们狂巧娘娘了"②。

"狂"和"耍"囊括了孩童与成人、正式与非正式、随意性与必要性、个体和家庭、家庭和村落等范畴。孩童的游戏可以在"狂耍"的概念之中,这样的游戏是很随意的;个人对根雕、书画、收藏的爱好是一种个人性行为,这种行为虽然与生计不直接相关,但与个体的审美乃至西和人的审美世界直接相关;而那些具有集体性的"狂耍"行为则往往具有一种文化约束性,这种约束性体现在当地的民间信仰上,比如

---

① 我借用狂字来指代当地的一个方言——kuang;在西和县志中,kuang 被写成"逛",但我认为"逛"字不能涵盖 kuang 的意涵,于是用"狂欢"中的"狂"字,表示超越正常生活状态的一种心态和娱乐形式。

② 在当地,举办社火可以说"耍社火",也可以说"狂社火",但针对乞巧,只能说"狂巧娘娘"而不能说"耍巧娘娘"。

社火、乞巧都与信仰有关,拥有正当的社会空间和社会时间,这使得这两种活动本身充满了与其他"狂耍"行为不一样的神圣性,也因此诞生出一套相对完整的仪式活动;但同时,作为主体的民众在用"狂"或"耍"来表述社火和乞巧时,又表示是在将原本严肃的事情转变为一种轻松愉悦的事情来做。

但是,西和人一般不会把"狂"和"耍"放在一起说。对他们而言,"狂"和"耍"是有区别的,"狂"是一种至少包括两个或两个以上主体的娱乐性活动,比如一个小孩跟家长说出去狂一下,那么一定是出去找伙伴一起玩耍;比"狂"的程度再深一点的就是"耍"①,"耍"是一个人也可以进行的活动,比如说个人性的收藏、写字、画画等,这些活动只能说"耍"而不能说"狂";而像乞巧和儿童游戏中的过家家却只能说"狂"而不能说"耍"。"狂社火"也可以说成"耍社火",但"耍狮子""耍龙"就不能说"狂狮子""狂龙"。另外,"狂"和"耍"这两个词只能用于平辈或者长辈对晚辈之间,也就是说,晚辈对长辈不能用这两个词,比如,晚辈就不能对长辈说"你出去狂一阵子去"之类的话。

总之,从外部特征看,"狂""耍"二词在当地人的日常用语中使用频率非常之高,很多活动都可以用狂或耍来指称;另外,二词的使用主体也极为广泛,男女老少都有使用的机会。第三,"狂"和"耍"虽然在使用主体和语境上有所区别,但它们所指称的对象之间具有类的相似性,主要是指日常生活中,与中规中矩不同的一个范畴,在此范畴里,个体或者由兴趣相投的个体组成的群体,他们可以发挥自己的特长和喜好,可以不按照正常生活状态下的规矩去做事情,可以让自己得到释怀,淤积的情感得到通畅地表达,这是日常生活的调味品和审美向度;而且,社会中也有相应的文化形式为人们提供休憩和情感表达的机会。概言之,"狂"和"耍"都有玩耍、爱好、娱乐等含义,不管是"狂"还是"耍",其活动大多是兼娱乐性质的,而且这些活动都不是以赚钱为目的,用当地人的话说,这些都是不重要的事情。基于此,我将"狂"

---

① 当地人告诉我,"耍"在一定的场合下稍带贬义,有戏谑的意涵,比如说某人"耍人""耍脾气""耍家""耍牌子"等。

和"耍"放在一起说成是"狂耍",侧重于强调这个概念所包含的一种不同于理性的、以生计为第一要义的生活方式和心态。

比如,在西和的红白喜事中,总是会有这样的场景,一群男人聚到一块儿打麻将或者"挖坑"(即打扑克),旁边还有一些围观的人,我们可以说这些男人们是在"狂耍"。其实,他们是到主家来"禳事情"①的,但区别于理事会,他们并不承担任何实质性的任务,他们只是到那里露个面、行个情、吃个酒席,这是一种人情的表达,主家会预先准备好供他们"狂耍"的场地、麻将和扑克牌,甚至包括烟酒。因此,在"过事情"的那些天里,从上午九十点钟一直到晚上七八点,主家的庭院内会陆续聚集一些来禳事情的男人们,在酒席前后,这群不管相识与否的男人们就会玩起扑克或麻将。扑克的玩法最能吸引众人的围观,游戏包括四个人,但每轮只能三个人参与,另外一个人等着下一轮,这样相互轮流着玩;谁先将牌出完谁就赢,留牌最多的一个人是输家,他需要给另外两位赌注,钱的数额取决于赢家在开盘前的赌注,比如在揭完牌之后,每位参与者可以根据自己牌的好坏来决定这个数额,一般是五元钱为底线,然后可以两倍、三倍地往上加,这种场合的玩法一般不会超过三倍。这样下来,一两个小时内的输赢大概在一两百元左右。游戏过程中,围观的人也在参与,他们会在每盘结束之后议论这盘牌的其他可能出法,有些人之间会因不同的意见而争得面红耳赤。游戏结束之后,大家会要求赢钱最多的人请客,比如烟、酒或时令的瓜果之类,不能从主家那里取,必须用赢得的钱去买;其实,赢家最后往往还要自己再添些钱才可以。从请客的角度讲,赢家的钱也是另外几位参与者的,可以说其实是四位玩牌的人共同请大家的。所以说,挖坑并不是为了赢钱,某种程度上讲,是为了让这段必须来但又没事可

---

① "禳事情"在当地也是一个很有意思的概念,它是借用民间信仰中的"解禳"的概念,但与"解禳"不同,"禳事情"是指某一家户遇到红白喜事时,亲友、邻居和同事一起过来帮忙将整个事情顺利做完。按照承担事情的不同,"禳事情"又可细分为两类,一类是红白喜事中理事会成员们承担的特殊任务;另一类则是与主家有"行情"关系的家庭,从主家正式开始办酒席招待客人的那天起,这些家庭会派来"行情"的人,大多数都是男人出面,他们不承担什么实质性任务,通常会在主家那里陪人聊聊天,再就是打扑克或麻将,这也叫"禳事情"。作为"狂耍"的打麻将和挖坑就是发生在他们到主家后酒席开始之前这段时间。

做的时光变得有意思一些。

　　有意思的是,虽然"狂""耍"在西和人的生活中使用频率非常高,而且与之相关的个人性活动和群体性活动也非常丰富,但是他们在口头表述上会强调"狂""耍"并不重要。那么,对于他们而言,究竟什么事情才是重要的呢?那就是过日子。因为"狂"和"耍"都与生计无关,他们将之划为不重要的事情。但是这些不重要的事情在当地的日常生活和社会生活中却占有较大的比重,比如男人们的打麻将、打扑克、耍社火、喝酒、字画、唱山歌、玩根雕,女人们的狂巧娘娘、爬山唱山歌、唠家常、织毛衣、绣花等等;其中除了与地方信仰相关的社火和乞巧之外,其余的活动都没有特殊的社会空间和时间的限制。这些可以概括为"狂"或"耍"的活动都是与理性、赚钱不相关的,甚至是相对的,进行这些活动的主体并不是为了赚钱而集中在一起,而是为了让生活变得有意思、让"心上"能"亮清"一些、让闲暇的时光变得有滋味一些。实际上,他们所说的重要,包含着不得不做的意思,也就是在人事圈局之中不得不扮演的角色以及承担起相应的责任;重要的事情,如养家糊口、把生活过好,其中包含着很大的重量,一直做重要的事情会让人终究疲惫不堪。虽然,他们说"狂耍"是不重要的,他们却又对之偏爱有加,在生活的重量之外,人们也需要寻找轻逸一些的事情来做,"狂耍"就是一种轻逸、一种放松和休憩,其实同样也是重要的。这种重要性一方面源自于"狂耍"与"养家糊口"之间所构成的一张一弛的关系,同时,"狂耍"与"养家糊口"有机的结合才可能构成一种较好的生命状态和生命体验,换言之,人的生命意义绝不单单是为了养家糊口,更不应该体现为更大范畴下经济发展、物质增长的工具性存在。

　　笔者将"狂耍"和"心上"两个地方性概念进一步延伸为五个层面。第一,"狂耍"不是指对象化的活动,即一种从对象抽离出来的观看或观赏,而是指人作为主体参与其中、进行实践的自主行动。第二,"狂耍"是指一种能够超越同时又能够涵盖日常生活的特殊范畴,在具体的层面上说,"狂耍"的空间是在聚焦日常生活的家庭空间之外的,它包含着离开和超越的心理和行为,但这个空间同时也包含着对日常生活的回望和期许。第三,"狂耍"不仅仅是一种行为和实践,更是心灵上的逍遥,是在内心里强烈想超越日常生活下那种过日子的理性心境,这种理性的心境时刻规训着人们,哪些能做哪些不能做。第四,在观念层面上,"狂耍"与"心上"合在一起共同支撑着当地的一种生活方式。它们在当地日常词汇中的频繁出现说明人们对心灵的重视,因而,与之相关的文化活动在人们看来才是重要和有意义的。第五,"狂耍"和"心上"成为西和文化中的精髓,这反过来也说明了"狂耍"和"心上"在文化层面上所具有的历史的厚度,即它们是内在于当地的文化传统。一方面,从当地人的观念出发,这些文化活动在他们的认知里是重要的,被他们所钟爱,因此,他们才愿意从养家糊口的状态中抽身出来,将过日子的钱拿出来,在这些活动上花心思,使得文化形式得以延续、传承和精致化;另一方面,从研究者的角度而言,会看到一张一弛的生活方式对于人的重要性,同时也看到人的存在和活着的意义不仅仅在于其功能性。

很显然,"狂耍"与"心上"有着无法忽视和割裂的内在关联。它们的合璧代表了西和人一种独特的生活方式以及价值观念,即过日子并非仅仅是养家糊口、追求物质丰裕,同时也要关心自己内心的状况。对于内心感受的体悟,最终又诉诸外在可见的行为活动,即"狂耍"。"心上"是对人的内在情感的描述和观照,同时又连接着人的行为;"狂耍"是对人的行为的描述,但最终观照的则又是人的内在心灵感受,即"心上"。二者的连接之处恰恰在于,"狂耍"中所包含的人们对于生活的审美性价值观念。

第三节 | "狂巧娘娘"

地方词源学和价值观念

"狂巧娘娘"是西和方言,通常西和人不说"乞巧",而是说"乞巧娘娘"或"狂巧娘娘";"乞巧娘娘"和"狂巧娘娘"的区别在于言说时的情感态度。"乞巧娘娘"代表一种相对正式、严肃的情感态度,用"乞"

突出人在神面前的谦卑心态,也凸显乞巧的神圣性。"乞巧娘娘"是西和人提及乞巧时最常用的说法,但并非所有时候,他们都用"乞巧娘娘",有些情况下,他们会说"狂巧娘娘"。"狂巧娘娘"的说法渗透一种诙谐的语气,比如一个男人会逗乐似地对一群女人说:"你们今年狂不狂巧娘娘了?"

"乞巧娘娘"和"狂巧娘娘"二词的使用与语境极为相关,二者是不能置换的。另外,二者所指的内容也不尽相同,"乞巧娘娘"是指整个乞巧仪式,而"狂巧娘娘"是指乞巧仪式中具有娱乐、狂欢性质的那一部分,是将乞巧视为一种抽离家庭和日常生活的休憩和放松的活动。总体而言,"乞巧娘娘"的范围要大于"狂巧娘娘",即当人使用"乞巧娘娘"这个词时,虽然更多的是指针对巧娘娘的宗教仪式及行为,但它亦可以包括"狂巧娘娘"的那部分。但反过来说,"狂巧娘娘"却不能包含"乞巧娘娘"所含有的神圣性态度、情感和行为。总之,"乞巧娘娘"是乞巧的主体部分,"狂巧娘娘"要依靠"乞巧娘娘"才有可能,但"狂巧娘娘"这个概念对于我们理解西和乞巧具有意味深长的意义。

从主体及其观念的层面上看,首先,"狂巧娘娘"与前文所论述的"狂耍"概念是一致的,"狂巧娘娘"是"狂耍"观念下的行为和活动的一种,而其特殊性在于其主体——当地的女性。可以说,正是因为她们拥有"狂耍"的观念,才会喜爱和浸淫于乞巧。另外,当地的男性也赞同女人们"狂巧娘娘",虽然他们在很多场合会说"那是女人家的事情",带有不屑、与己无关、不值一提的情感态度,而这也正是当地人观的体现,即男人要远离女性气质。但是,这并不表示他们在观念上对之不屑,虽然男性不被允许直接参与其中,不过他们从来不质疑和否定女人们"狂巧娘娘"的合理性。在另一个层面上,他们对于自己的女人出去"狂巧娘娘"也很少干涉,很多时候是鼓励的,甚至可以说,鼓励妻子去"狂巧娘娘"是爱意的表达。不过,也有一些例外的趣事在发生。

敬巧娘娘的傻子

他是北关人，我经常会在路上遇到他，每次他都在用力地拉着一辆粪车，身子向前微倾。他很少说话，大家也很少理他。后来，当我好奇地打听起他时，大家都对我说，你打听他干啥，他是个傻子，没家，没老婆。这一年，北关村三社乞巧娘娘时，他忽然出现在乞巧点，并给巧娘娘磕头、上香、放了香火钱。这是我在西和乞巧中看到的唯一的一个男子，但是我发现，对于他的出现，乞巧点的妇人们都视为不见。对于我的疑惑，她们非常难以理解，她们说他是个脑筋有问题的人，管他做什么，尽做些女人家的事情，男不男女不女的。我大概能够理解，像他这样的男人，在当地人看来不仅不被归为男人的分类，甚至连"人"的分类也不算，如果是正常的男人到乞巧点的话，当地人就会笑话他像个女人一样。

老伴的支持

北关的杨兰花现在和老伴跟着小儿子一家生活，她每天都要给两个孙子做饭。杨兰花从小家境很好，父亲一直供她初中毕业，她说那时初中毕业算是最高学历了。她是狂巧娘娘长大的，父母每年都会为她准备一身新衣服去乞巧。2010年北关村三社乞巧，杨兰花自然是组织者之一。不过，有一天她很生气，向我倾诉了一些事情。她出来狂巧娘娘的事情让她儿媳妇很不满，刚开始儿媳妇只是嘴里说说，半开玩笑地讽刺她说，你都这么大岁数了，还去唱啊跳的，也不怕人家笑话。过了些天，她发现儿媳妇有意不留饭给她。她说儿媳妇之所以反对她出来狂巧娘娘，是想她天天待在家里，给两个孩子做饭。对此，她又欣慰地说，还好老伴一直支持她，放弃了出去溜达的时间，在家里替她给孙子们做饭。有了老伴的支持，儿媳妇多半不好意思也不敢再阻挠杨兰花了。对于老伴的支持，杨兰花说他对自己真好，一辈子都顺着自己，说到此处，她满脸的幸福。

这些短小的插曲很值得去品味。其实，到任何一个地方，我们都

能看到一些游离于正常与非正常之间的人物,就如北关村的那个掏粪人,或许,人们需要这样的人来界定什么是正常和有序的。当我们真正接近当地人时,会发现学术性的思考和讨论马上被还原到活生生的个人,总体性的论述马上会与丰富多彩的个人经验发生切磋和制衡,就如我这里一直强调的"狂耍"的价值观念,虽然说杨兰花终究还是从家里出来"狂巧娘娘"了,但背后却包含着很多的纷扰。在观念层面,人们的确认同和喜爱狂巧娘娘,虽然它与过日子无关,甚至有时会直接影响到正常的日常生活(如杨兰花儿媳妇的抱怨),但无论如何,人们会想尽办法来挣脱这些,"狂巧娘娘"吸引着她们。

"周家纸货铺"的口述史

口述史对过去的讲述并非简单的回忆,而是包含着对记忆的选择以及将过去与当下的对接,人们觉得难以忘却的历史恰恰是因为心灵深处所受的触动,也说明那些过往通过人们的记忆对当下的人及其生存状态依然发生着影响。西和人关于"狂巧娘娘"的记忆与周家纸货铺紧紧联系在一起,据说周家纸货铺制作的巧娘娘纸扎像一直是西和县最好的。他们关于"狂巧娘娘"和周家纸货铺的回忆是三段式的,即用"建国前""文化大革命""改革开放"三个阶段来回忆往昔。

2009年9月的一天,当时西和的乞巧刚刚结束,我的田野报告人杨老师说要带我去周家纸货铺看看。我们从小城的北商场大门进去,一直往东走,在最东边一排楼房的二楼,远远便能望到悬挂在外面的牌子,上面写着"周家纸货铺"以及联系电话。现在的主人是位三十来岁的年轻人,叫周小牛,带着妻儿就住在纸货铺里;初次接触时,就能感觉到他是个极为谨慎小心的人,尤其是在我们谈及"文化大革命"的种种时。那天,他更愿意拿出以前的老照片和先人留下的钱币给我们看,一直很沉默。

几天之后,我开始一个人到纸货铺里找他们夫妻俩聊天;有一次,在我又问到"文化大革命"的事情时,他为难地说,有些事情过去了就让它过去吧,而且也不敢再提起,说不定哪天风向又变了。不过,在连着拜访几次之后,他也开始或多或少地给我讲起一些以前的事情。

周家纸货铺的第一代主人,也就是周小牛的太爷爷是光绪十五年生人(1890—1960),本是远乡人;少时,他师从自己的舅舅学习制作丧葬用品和巧娘娘的技艺,据说他舅舅原初是从四川学得这门手艺的。当时,西和还没有纸货铺这样的店铺,按照惯例,做这类活的艺人们都是被请到亡者家里制作丧葬用品;巧娘娘像要提前做好,乞巧前,大家就到他们家里选购,也有提前预订的。后来,周小牛的太爷爷带着全家搬到西和城里,在南关开了西和第一家纸货铺。

之后,太爷爷把手艺传给了周小牛的爷爷(1921—2001);周小牛说,小时候常常会听爷爷讲起,建国前,每年四五月间,周家就要准备制作巧娘娘像了,院子里摆满了巧娘娘的头像模子;往往是做了三四百尊也供不应求,当时一尊巧娘娘像能卖到一个银圆。

周小牛是1976年生人,高中毕业之后,考学未果,刚开始拒绝了家里让他在纸货铺里帮忙的要求,到当地一家矿上找了份体力活;干了五六年,受不了那种劳累,又回到家里跟着爷爷学起了纸货铺的手艺;2002年,他把纸货铺从南关搬到了较为热闹的北商场。

周小牛说,太爷爷是1960年去世的,他本人1976年出生,四代人中,第一代和第四代倒是幸运了,而中间两代是最悲惨的。60年代"破四旧"时,包括拆庙、烧字画、砸文物,反对一切"迷信活动",再加上此前国家的集体化、严厉打击私人营业,周家开的纸货铺,既是牛鬼蛇神又是私人商铺,一下成了双重靶子。据说,周小牛的爷爷曾被"改革委员会"的人绑起来吊到屋梁上抽打。除了打人、砸铺面,还抄家,"革委会"把周家的钱粮全没收了,又把周小牛的爷爷和父亲下放劳动改造。讲到这里,周小牛告诉我,他的父亲就是在"文化大革命"期间被整得精神失常,至今未愈,时好时坏。

"文化大革命"一结束,乞巧又在私底下慢慢恢复了,周小牛的爷爷也慢慢开始在家里做起巧娘娘像和丧葬用品。据周小牛回忆,八九十年代那段时间他家铺子卖出的巧娘娘是最多的,那个时候人们手里的钱不多,买不起太多的丧葬用品,而那时一个成品巧娘娘像要卖两元钱左右,铺子里每年能靠乞巧挣上一大笔钱。每年阴历六月二十至三十这十天,是女孩子们来周家选购巧娘娘最为集中的时间;人最多时,周家所在的小巷里都挤满了,他爷爷会在院子里放个竹子编的大框,里面装满干草,让娃娃们坐在上面等着,有的甚至能在他家等一个晚上。90年代以后,买巧娘娘像的人就愈来愈少了,主要是打工热潮把女孩子们都吸引到外面的世界去了,而且人们的观念也在转变,开始送女孩子上学、读书,出来乞巧的机会也就少了。但是,与此同时,西和的妇女们忽然出来狂巧娘娘了。2000年之后,狂巧娘娘的人又开始渐渐多了起来。乞巧的时间正好是在暑假,家长们也逐渐转变了想法,觉得孩子在暑假补课、学习之余,出去狂一下巧娘娘也算是休息放松了。

与巧娘娘像不同,丧葬用品的市场却越来越大;周小牛回忆到,80年代那会儿,有钱的人不多,丧葬仪式比建国前简单很多,一般穷人家买一匹马就行了,少数有钱人家还会请他爷爷到家里主持仪式。90年代之后,丧葬用品的需求递增,为了招揽更多的生意,他在北商场租了两间房,三十平米左右,租金一年四千元;生意多时,需要连夜加班,于是他索性就带着妻儿住到了铺子里。他们依然会在每年的五六月间出售巧娘娘像,现在一尊巧娘娘像卖到二十元、二十五元、三十元不等。他说,现在乞巧的人大多临近了才来买,不再像以前那样,提前十来天就郑重其事地来订购了;而且,现在西和县的纸货铺也越来越多了,很多东西不再需要纯粹的手工制作,做起来也快。

谈起父亲和爷爷在"文化大革命"时的遭遇时,周小牛说他现在开这个纸货铺还是很害怕,担心国家政策哪天一变,自己又成"典型"了。他说小时候,因为家庭背景的问题,他有很长一段时间都不敢从正街上走路,都是从人家屋后绕着走。他接着说,就在前些天,工商局的人造访说他的铺子不合法;我问他怎么个不合法,他说没有办营业执照,而且工商局的人还讽刺他这是在搞迷信活动。

对于周家纸货铺的这段历史,当地也众人皆晓。其实,不仅是"狂巧娘娘",西和人的具有狂欢和审美意涵的"狂耍"活动大多经历了类似的历程。就"狂巧娘娘"而言,"文化大革命"确实破坏掉了它正常的传承机制,不过,即使在"文化大革命"如此非常时期,狂巧娘娘也没有完全停止过,只不过是以销声匿迹的方式在进行着。

悲恸地哭:记忆中的情感表达

西和赵殿举先生搜集的乞巧歌充分地展示了西和人记忆中的"狂巧娘娘"。赵先生在 20 世纪 30 年代开始搜集记录西和乞巧歌,赵先生之子赵逯夫在 2010 年将之整理并在香港银河出版社出版发行,取名为《西和乞巧歌》。现在这类乞巧歌已经没有人再唱了,但这些存留纸片之上的歌词,却可以反映出解放前女性借之表达的内心情愫。

一

蒋旅长[①]进了西和县,男人不叫留长辫。
少年家剪了笑嘻嘻,提着要送秃女子。
老汉家常常回头看,猪尾巴没了不习惯。
妇人家小脚要放开,过河冻水能脱鞋。
女子家不再缠脚了,走路轻巧的没说了。

[①] 蒋旅长,蒋云台(1905—1987),名汉城,甘肃定西人,早年毕业于陇东讲武学堂,后入陆军大学高教班,抗战开始时任 165 师副师长,陆军中将;1948 年蒋云台任 119 军中将副军长兼 244 师师长,次年 12 月,王、蒋率部在武都起义。此为赵书原注,但从"男人不叫留长辫"看,唱的应是辛亥后的"易发"事件,那蒋旅长进入西和的时间应在 1912 年左右,这与蒋云台生平稍有不符,但歌谣出现时间的错置也并不稀奇。

兰州天水请把式①,商量制造纺纱机。
纺的又细又均匀,一台机器顶百人。
巧娘娘,下云端,我把巧娘娘请下凡。

二

正月里来是新年,孔司令②要倒沙儿钱。
先倒沙板后办款,卷去了百姓的麻钱串。
二月里来庄农动,王法好大的孔司令。
还没办款先出令:款子不办要老命。
三月里来三月三,镇守使衙门要放官。
新官个个像凶犯,害了陇南十四县。
四月里来四月半,西和坐的是许知县③。
南北二乡转一转,鸦片烟刮了几十万。
五月里来五端阳,都看司令不久长。
百姓把事没看远,司令年限还没满。
六月里来热难当,司令招兵不存粮。
司令招兵人不爱,陇南百姓逃在外。
七月里来秋风凉,倒下的沙钱报中央。
倒下的沙钱民没见,斜斜票子二寸半。
八月里来款涨了,张罗要开铜厂了。
开了铜厂开炭厂,公款银子月月涨。
九月里来重阳节,司令坐的是汽车。
各县要把路修大,害怕汽车走不下。
十月里来冷寒天,扯些布来缝衣衫。
缝下的衣衫不敢穿,头上还有一层天。
十一月里下大雪,百姓冤枉没处说。

---

① "把式",方言,工具的意思,"请把式",就是买工具的意思。
② 孔司令,孔繁锦(?—1951),民国将领,安徽合肥人。1919年冬,甘肃督军兼省长张广建派孔繁锦带三营省防军抵天水,曾驻军陇南各县,成为独霸一方的地方军阀。
③ 许知县,许慕衡,民国十一年到十二年在任。

> 打八斗来收一石,不如外面去要饭。
> 十二月里年满了,百姓望想没款了。
> 司令的年限坐满了,才把百姓办展了。
> 巧娘娘,下云端,我把巧娘娘请下凡。①

通常,西和的女性很少谈论时事,而这两首乞巧歌表露了她们对时事和当权者的看法,不乏批判之词。现在,西和人也会编写一些类似的乞巧歌,只是批判的维度已然式微。下面是北关村的牛润花新编的一首乞巧歌:

> 正月里正月半,西和命名乞巧县,
> 伏羲仇池八卦演,七夕文化全国传。
> 二月里二月半,旅游胜地西和县,
> 第三届乞巧旅游节,欢迎领导来参观。
> 晚家峡山对山,旅游胜地真美观。
> 山上开的白牡丹,旅游的人上千万。
> 晚霞湖真好看,湖边的鲜花真娇艳,
> 玉石菩萨坐湖边,保的众人都平安。
> 晚霞湖畔真美观,原前是个死水潭,
> 改革开放的政策好,现在变成旅游点。
> 六月里入伏天,灾后建起新家园。
> 党的政策送温暖,科技教育大发展。
> 七月里七月半,到处的洪水在泛滥,
> 解放军勇敢去救援,温家宝深入第一线。
> 八月里八月半,滑坡事故要避免,
> 西和的晒经遭水淹,县委领导送温暖。
> 九月里九月半,新农村建设的真好看,
> 感谢党的好领导,富庶和谐奔小康。

---

① 转引自赵殿举:《西和乞巧歌》,赵逵夫校,香港银河出版社2010年版,第61—77页。

> 十月里十月一,孟姜女儿送寒衣,
> 寒衣送到长城里,哭倒长城万万里。
> 十一月庆丰年,灾后建起新家园,
> 科技教育大发展,农税学费全减免。
> 十二月月满了,党中央的政策实在好,
> 党的恩情忘不了,小康生活步步高。
> 巧娘娘,下云端,我把巧娘娘请下凡。

另外,赵先生搜集的乞巧歌中还有一类非常有意思,体现了当时的启蒙思想,展示出对女性处境的反思,对女性解放、女性自由的追求:

> 一
> 北山里下雨南山里晴,势成女子不如人。
> 四岁五岁穿耳环,七岁八岁把脚缠。
> 十一二上不出门,媒人登门问行情。
> 六尺花布一瓶酒,打发女儿跟着走。
> 侍候阿家①把花扎,挨打受骂养娃娃。
> 只让喝汤不给饭,一点不对让滚蛋。
> 巧娘娘,下云端,我把巧娘娘请下凡。
> 二
> 一样的戥子十样的银,女子不如儿子疼。
> 十二三上卖给人,心不情愿不敢嗯。②
> 山又大来沟又深,木底鞋垫得脚腰疼。
> 五黄六月热难当,把饭送到山梁上。
> 放下扁担就割麦,本来不黑也晒黑。
> 太阳没落一身汗,赶着回去做黑饭③。

---

① 阿家,西和方言,婆婆的意思。
② 嗯,西和方言,吱声的意思。
③ 黑饭,西和方言,晚饭的意思。

路上连滚又是爬,急着回家要喂娃。
腰又酸来腿又疼,对着灶神骂媒人。
巧娘娘,下云端,我把巧娘娘请下凡。

三

正月十五提起话,二月十五把媒发。
三月十五送彩礼,四月十五给人家。
伺候阿家做家务,十个月上抱娃娃。
娃娃是要亲手抓,不怕阿家有王法。
等到抓大把书念,省吃俭用买笔砚。
母以子贵古人言,靠儿把娘的枷锁搬。
头年念的《百家姓》,二年念的《三字经》。
上《论》下《论》都读遍,十五岁上是童生。
二十岁上到京城,一举高中耀门庭。
作了高官来上坟,抓娃的早就成古人。
巧娘娘,下云端,我把巧娘娘请下凡。

四

红心柳,杈对杈,姐姐今年十七八。
男人是个碎娃娃①,半夜醒来只叫娘。
说要靸屎尿尿家②,抱起男人把炕下。
一面掇浇③一面想,眼泪流了一叭嗒④。
说是成给好人家,实是给人家看娃娃。
好好的年纪白糟蹋,这罪孽啥时才完家。
巧娘娘,下云端,我把巧娘娘请下凡。

五

正月里来是新正,我娘生我一场空。

---

① 碎娃娃,西和方言,小孩子的意思。
② 家,语气词,呢、了等意。
③ 掇浇,方言,指大人抱起小孩大小便。
④ 叭嗒,方言,指一滩。

一岁两岁吃娘奶,三岁四岁离娘怀。
五岁六岁穿耳环,七岁八岁把脚缠。
九岁十岁学纺线,十一二上学茶饭。
都说针线最要紧,十三四上用了心。
数九寒天不歇手,冬夏做活点油灯。
一学缝补二学描,三学剪裁手艺高。
上得机来能织布,都说我娘教得好。
十五岁上媒人来,十六给人成在外①。
我娘病了谁抓药,谁给我娘接碗筷。
要转娘家②难上难,上面还有几层天。
达达娘娘没人管,常叫女儿心不甘。
巧娘娘,下云端,我把巧娘娘请下凡。

六

眼看就要乞巧哩,大姐说着还早哩。
逼着赶出一双鞋,咯噔咯噔扭着来。
三扭两扭扭歪了,可惜大姐的手段了。
都怪缠成小脚了,这一辈子没说了。
巧娘娘,下云端,我把巧娘娘请下凡。

七

日头出来一盆火,放下纺车摘豆角。
一笼豆角刚摘满,娘家哥哥在路旁。
干垄上面刨一把,说声亲哥你坐下。
眼泪一双唰唰下,亲哥听妹几句话。
巧娘娘,下云端,我把巧娘娘请下凡。
鸡叫头遍去推面,一面打盹一面转。
鸡叫二遍把水担,路又远来桶又宽。
鸡叫三遍要上坡,崖上山上砍柴火。

---

① 成在外,出嫁的意思。
② 转娘家,指回娘家。

喂牛喂猪蒸馍馍,抱上湿柴去烧锅。
一口两口吹不着,阿家骂我像猪猡。
流着眼泪吹着了,头发眉毛燎着了。
男人过来脸上打,阿公过来拔头发。
阿家把我的嘴撕破,小叔子过来揪耳朵。
巧娘娘,下云端,我把巧娘娘请下凡。
哥哥一听也伤心,拿了手背揉眼睛。
你男人他是年轻人,一年半载会老成①。
阿公阿家老人家,三年五年过世家。
挺住身子咬住牙,过后你也当阿家。
巧娘娘,下云端,我把巧娘娘请下凡。

八

正月里来是新年,姊妹几个打秋千。
上搭檩子下支橼,秋千栽在后花园。
手把麻绳往山站,露出点点小金莲。
金莲一蹬上了天,细腰一弓空中旋。
大姐力猛虎生威,二姐高起龙翻身。
三姐轻飘鹰点水,四姐长裙龙摆尾。
长裙飘起风呼呼,四姐娃露出了红短裤。
巧娘娘,下云端,我把巧娘娘请下凡。

九

鸦片烟,稀罕罕,一块银元只买一点点。
呼噜呼噜钻眼眼,吃得人脸势黄扁扁。
淌眼泪来打呵欠,卖儿卖女卖家产。
大家骂仗不安然,掌柜的再莫吃鸦片烟!
巧娘娘,下云端,我把巧娘娘请下凡。②

---

① 老成,成熟。
② 这几首乞巧歌转引自赵殿举:《西和乞巧歌》,赵逵夫校,香港银河出版社 2010 年版,第 11—39 页。

这一组乞巧歌让人似乎听到了,那些乞巧的女性对于自身命运的哭诉。

"销声匿迹":"文化大革命"时的情感表达

"文化大革命"是人们在回忆乞巧时触及较多的一个时段,忆起这段往事的人们大多没有亲历"文化大革命"和乞巧,但他们幼时所见的场景就如杨老师的反应,似乎有感同身受的切肤之痛。当地人告诉我,"文化大革命"期间西和乞巧并没有真正断过,那时都是晚上偷偷地进行,参与的女孩子有时甚至还瞒着自己的父母。怕被村干部知道,被当作"典型"拉到街上去游行。就如周家纸货铺的主人,就曾被挂着巧娘娘纸扎像在街上游行,也被"改革委员会"的人绑起来吊在屋梁上打过。即使在这样的环境下,西和人还是坚持"狂巧娘娘",只不过大家不敢像以往那样大声地唱乞巧歌,而是变成沉默地"狂巧娘娘"了。

沉默地"跳麻姐姐"

荣阿姨回忆起她小时候,那时大概是60年代后期,那一年,大家私底下听闻北关村有一个乞巧点。晚上,年龄相仿的女孩子就相约去看乞巧。那时,北关村北面的北川还是一片田地,女孩子们走在黑夜的路上,都备感害怕,大家相互鼓气。荣阿姨说那天那个乞巧点的人特别的多,她那时还小,根本看不到屋子里的情景。就记得当时在"跳麻姐姐",大家也没有人在唱《跳麻姐姐》,一片被按捺住的沉寂,几个乞巧的女孩子跳得很开心。其中一个女孩身体比较羸弱,但居然愈跳愈高,超出同伴很多。大家紧张起来,过去将她按住,本来身体很弱的女子,在这种情况下却要好几个人才能按得住。最后,她被按在炕上,挣扎了一会便昏睡过去了,约莫半个小时,这个女孩才醒过来,周围的人问起她之前的事情,她却一概不知。

恐怖的小屋

我在当地听说过这样一个故事,讲述者现在是西和县广播局的职工，大约在他四五岁时，20世纪60年代，他与母亲还有姊妹被下放到二十里外的一个乡村。这时"文化大革命"刚刚开始，乞巧是被严令禁止的。有一天，他在村子里闲逛，看到一些女孩子往一户人家进进出出，出于好奇跟了过去，发现里面正在乞巧。他对当时的情景记忆犹新，巧娘娘像也还是供在香案上，一切活动与他之前和此后所见也差不多，但就是有一种莫名的恐惧阵阵袭来。我很好奇他的这种恐惧，他说应该是那样无声的场景，每个人都不说话，也没有唱和跳，而且，那个乞巧点原本是一间空房子，据说房子的主人被"革委会"的抓起来了。他现在回想起来，觉得也许是由于房子久无人居，再加这种诡秘的行为让自己感到害怕的吧。

"文化大革命"时的"狂巧娘娘"是一种被压抑着的狂欢，人们不能像正常乞巧那样大声地歌唱，只能悄悄地组织和参与，只能在黑夜来临的时候，默默地跳着《跳麻姐姐》和《泼又泼》，进行一种特殊的欢腾；这种欢腾的场景可以从那时不能唱、只能跳的乞巧歌中窥见一斑：

　　　　　　　泼又泼其一
　　泼又泼呀，泼又泼，白绫子缠脚乐又乐呀。
　　用心梳妆打扮哩，红缎子鞋上绣花哩。
　　前一跳，后一摆，咯噔咯噔泼起来。
　　泼又泼呀，泼又泼呀，姊妹几个乐又乐呀。
　　泼乱了，泼端了，绣下的花鞋拐偏了。
　　泼端了，泼乱了，绣下的花鞋拐烂了。
　　泼又泼呀，泼又泼呀，巧娘娘面前乐又乐呀。
　　鞋偏了，鞋烂了，可惜大姐的针线了。
　　鞋烂了，鞋偏了，可惜大姐的手段了。
　　泼又泼呀，泼又泼呀，跳着唱着乐又乐呀。
　　只顾泼着图乐了，绣花鞋烂得没穿了。
　　只顾泼着不歇了，难为缠下的小脚了。

泼又泼其二

泼又泼呀,泼又泼呀,姊妹乞巧乐又乐呀。
用心梳妆打扮哩,要显姐姐的手段哩。
红缎子的绣花鞋,手拖手儿跳起来。
前一跳,后一摆,尽着身子放心载。
帽盖子①后面耍长虫,瓦眉儿上下像扇风。
妹子的脸蛋儿跳红了,姐姐的小脚跳疼了。
跳疼了呀跳酸了,一双花鞋拐偏了。
泼又泼呀,泼又泼呀,姊妹乞巧乐又乐呀。
跳乏了,唱乱了,一双花鞋拐烂了。
跳得高兴没说了,只愿缠成小脚了。
妹子诅咒再不缠,老天劝说也枉然。②

欢乐的场景溢于言表,新鞋也跳坏了,脚也跳扭了,没有任何力量可以拥有控制人内心情感表达的权力。

音像时代的欢腾与辛酸

"音像时代"是对电影、电视普及时期的概括。我在调查中发现,"音像"对于"狂巧娘娘"的形式和当地的女性均有很大的影响。对于女性而言,"音像"是一种审美理想,即音像所展现的女性形象影响着她们的审美标准,借着狂巧娘娘的机会,她们可以公开且正当地对媒体上的女性形象进行模仿和再现,通过这种方式,她们进行自我表达。倘若平日里谁将自己装扮成乞巧时的样子,一定有人在背后说这个人头脑出问题了。

(一) 身体的展示

据当地老人回忆,建国前,父母会在乞巧前给女儿准备好一身新衣服和一双绣花鞋,乞巧时,女孩子在后面梳一个大辫子,耳朵两边各

---

① 帽盖子,长辫子的意思。
② 转引自赵殿举:《西和乞巧歌》,赵逵夫校,香港银河出版社 2010 年版,第 101—103 页。

留一个小辫子顺下来。人们喜于评论,谁家的女儿漂亮、会收拾、会打扮。到了上个世纪80年代,女孩子们开始按照电影里的形象,扮演起刘三姐、七仙姑、九天仙女、织女等。比如一位中年妇人给我描述,她年轻时乞巧的装束都是梳两个髻、后面甩一个大辫子,身穿荷叶边的衣服,手里配条拂尘。

随着音像时代的到来,女性对于电影、电视,尤其是流行音乐和舞蹈的喜爱和模仿在"狂巧娘娘"中得到淋漓尽致的展现。首先是着装上,她们通过"音像"追随着潮流,也模仿电视上晚会的场面来购置着装,比如妇人家乞巧时通常会购买一身黑西服、里面配上白色吊带、白手套,还可以配上花篮或扇子作道具,这些费用可以统一收,也可以说好样式,各自到县城去买。音像时代的另一个标志是光盘的普及,在每个乞巧点,都可以看到她们有不少光碟;女娃娃们的大部分是自己购买的那种盗版流行音乐和现代舞光碟,妇人家的光碟里则是她们所喜爱的歌曲还有往年乞巧时请人录制的音像资料。

女孩子们的乞巧,主要由大班子的女孩负责服装的选择,特别是到过外面打工的女孩,大家就会依赖和相信她们的审美标准,往往是由这样的女孩子带着乞巧成员到城里选购衣服。"新衣服"是指从头到脚的新,有新的头花、新上衣和裤子、新鞋子和新袜子。十里乡梁集村一社的张晶告诉我,她这个点上,大班子的一套衣服是175元、二班子是80元、小班子70元。她们挑衣服的时候,除了要好看、时尚之外,也要注意不能选得太过花哨,希望这些衣服在平时也可以穿一穿。

"狂巧娘娘"通常都是要化妆的,比如80年代是在眉心点一颗红痣,脸上擦些粉。至于化什么样的妆,这大多是由"娃娃头"和大班子的人决定。比如梁集村一社女孩子们购买的化妆物品有:

  2瓶指甲油4元、10片美人痣7元、1包棉签5角、1盒眼影和1盒粉18元、1瓶唇彩2元、1瓶睫毛膏15元、2瓶亮晶晶2元、1盒儿童霜5元、1瓶遮瑕膏49元。

(二)新乞巧歌

在狂巧娘娘中所唱的乞巧歌表现出极大的时代流变性,不同时代的乞巧者会编写反映时代特点的乞巧歌,以前的那些乞巧歌现在就没有人再唱了,比如上个世纪 30 年代哭诉女性命运的那些乞巧歌现在就不再传唱。表 5-2 是这类乞巧歌近八十年的演变情况:

表 5-2 西和乞巧歌的近现代变迁情况

年代	20 世纪 30 年代	现在	
		中年妇女	未婚少女
乞巧歌	北山里下雨南山里晴,势成女子不如人。四岁五岁穿耳环,七岁八岁把脚缠。十一二上不出门,媒人登门问行情。六尺花布一瓶酒,打发女儿跟着走。侍候阿家把花扎,挨打受骂养娃娃。只让喝汤不给饭,一点不对让滚蛋。巧娘娘,下云端,我把巧娘娘请下凡。	《十送红军》《军港之夜》《青藏高原》《小白杨》	内地流行曲目:《魅力无限》《东南西北风》《大家一起来》港台流行曲目:《踏浪》《开心马骝》《挪威的森林》

现在的两类乞巧群体,妇人家和女娃娃,分别有喜爱的流行歌曲和舞姿。比如妇人家在狂巧娘娘时喜欢唱《十送红军》《中国好运》《兵哥哥》《好日子》之类的歌曲,还有一些自编自演的快板,她们也会自编自导一些简单的舞蹈与之相配;女孩子则通常会用现代舞的基本动作,依照某首流行音乐的节奏创造出一个新的舞蹈。她们比较喜爱的流行音乐有:黄安的《东南西北风》、郭富城的《啪啦啪啦樱之花》、郭美美的《老鼠爱大米》、闪亮三姊妹的《给我几秒钟》、动力火车的《眉飞色舞》、周鹏的《咚巴啦》、徐怀钰的《踏浪》、侯强的《回心转意》、周鹏的《自己美》、《我要嫁个有钱人》、李建复的《龙的传人》、孙悦的《魅力无限》、刘德华的《开心马骝》、伍佰的《挪威的森林》、孙悦的《大家一起来》、《弄你的士高》、庞龙的《杯水情歌》、S.H.E.的《波斯猫》、《嘟啊嘟》,等等。

下面是梁集村一社乞巧点选的新乞巧歌的情况:

整个乞巧点的舞蹈都由"娃娃头"张晶编排,她说一首歌,半个小时左右就能编出一套舞蹈动作与之相配,她也是跟着光盘上的现代舞学的,然后再根据歌舞的旋律将各种舞蹈动作组合在一起。新编的舞蹈和选择的歌曲都要与以往不同,还要尽量创新,否则会被大家议论说没有才能。每个班子的歌和舞都不相同,要与年龄相匹配。

大班子:《魅力无限》《独一无二》《火苗》《彩虹的微笑》《丢了幸福的猪》《偷偷的哭》《爱的抱抱》《不如跳舞》《我的 darling》;

中班子:《踏浪》《不怕不怕》《叮咚》《不如跳舞》《彩虹的微笑》《4个舞曲》;

小班子:《兔子舞》《小螺号》《独一无二》《小手拍拍》《小白兔》。

(三)"狂耍"中的心情故事

相较而言,像建国前乞巧歌中那种对女性身份的抱怨倒是少见了,这当然与女性在社会中角色和地位的变化直接相关,但这并不能说女性真正地得到了解放、获得了自由。现在的女性依然会在乞巧的特殊空间中讲述者自己的辛酸故事。

被丈夫打骂

那天在北关村的乞巧点,她们教我叠敬神用的"金元宝",大家在一块讲起了张雀的一个笑话。有一年狂巧娘娘,那时张雀已是三个孩子的母亲了,最小的孩子刚会走路,丈夫经常在外跑生意。七月初七深夜送巧娘娘,张雀也参加了,贴身带上了两个大点的孩子,小儿子放在家里炕上熟睡。正在河坝里送巧娘娘归天时,丈夫忽然出现,见到张雀,解开皮带就抽打,嘴里骂道:"叫你还野桥哥呢,叫你还野桥哥,去家里看看,孩子绊①啥样了。"原来,丈夫夜晚从外地回到家中时发现小儿子醒来找娘,从炕上摔下头磕到了头,一个人在那里哭。

大家谈笑起这件事情时,张雀也在一旁笑了起来,但也能感觉到她的无奈。她说丈夫脾气一直很暴躁,尤其是年轻的时候,经常被他打骂。张雀说自己命很苦,从小娘去世得早,父亲很快

---

① 摔倒、磕碰的意思。

找了一个伴,后妈容不下她,两个哥哥带着她单过;后来哥哥们也陆续成家了,嫂子们也容不下她,她刚刚十五岁,就被嫁过来了。有时被丈夫打得厉害,就不想跟他过了,但也无处可去。后来,有了孩子,加上年纪渐长,丈夫的脾气才逐渐好转,日子也才好过一点。

就快嫁人

张晶是我在离城十里地的十里乡某村认识的一个女孩,她在村里连续当了两年的乞巧"娃娃头"。她今年22岁,父亲是村里小学的校长,但她却不爱学习,2007年初中毕业后去了广州打工,后来又到北京做过三四个月的导购,家里给介绍了对象之后,就没有让她再出去打工了。她告诉我,男友催促明年结婚,因为根据他们二人的属相,如果明年不结婚那就要再等好多年;她感叹说,今年是最后一年带着村里的娃娃们狂巧娘娘了,她之前的娃娃头们也是这样一个个嫁了出去。她对未来的丈夫和婚姻有着美好的憧憬,也有着潜在的焦虑。

作为妻子和母亲的张雀、作为子女的张晶,她们在日常生活中都有特定的身份和角色,并要履行相应的义务,这与"狂巧娘娘"构成一定的张力。比如,作为家庭主妇的张雀应该照顾好她的孩子们,未婚少女张晶也在准备着做一个妻子。她们在日常生活中履行相应义务的时候,都有相应的道德体系约束她们的行为。狂巧娘娘提供了一个特殊的空间,在其中,大家可以讲述各自的心事。张雀被丈夫打骂的事情尽然成为一个笑话被大家包括她自己讲述着,笑声背后隐藏着深深的悲情。再如张晶,其实她担忧的并不是自己不能再狂巧娘娘了,在她讲述的背后包含着对未来婚姻以及自己身份转变的紧张和担心。

到村外"狂巧娘娘":行情

今儿个坝里去行情,老娘早早有叮咛。
衣裳裤子要齐整,脸上打扮要心疼。
姐姐给我来抹粉,嫂子教我抹口红。

> 花鞋一双样样儿俊,上面的花儿随风动。
> 大路上走到张庄里,都看我的鞋帮哩。
> 打问鞋是谁纳的,上面的花儿谁扎的。
> 你问不好不言喘,全是我的瞎手段。①
> 巧娘娘,下云端,我把巧娘娘请下凡。

这是一首流行于上个世纪的乞巧歌,其中讲述的是乞巧中最为热闹的一个仪式,叫做"行情",也叫"拜巧";有意思的是,西和人也将随礼叫"行情"。"行情",就是到距离不太远的乞巧点去祭拜对方的巧娘娘。

一般而言,行情的范围大多在本乡以内,这主要是考虑到路程,但倘若是一个乡的边陲村社,她们就会越出乡的范畴了。山村不像平原,也不像城里,可以随手拦一辆车子,女娃娃们的行情大多是步行,一大早出门,一天拜访三四个点,就要到晚上八点左右才能回来。不同的村社之间,往往会形成约定俗成的行情关系;在当地,乞巧娘娘期间的行情,就如家户之间的随礼、庙会期间的十方来献礼一样,随着时间的流变,已经构成一种礼尚往来的社会关系。类似的,对这种关系的约束是基于关系断裂的可能性,如果知道对方有乞巧但未去祭拜,或者对方来行情我们未回礼的话,行情关系都有可能断裂。乞巧临近结束时,全部参与者会聚在一起议论哪些村社来行情了、哪些没有来、哪些没有回礼,随后,她们会集体决定与哪些村社中止行情关系。但有意思的是,在这种看似严格且极具时效的约束性之下,她们的具体实践又显得很有弹性。首先,对于行情关系的建立,只要有别的乞巧点来行情,就应该回礼,只要回礼便构成行情关系;其次,对于断裂关系的修复,也只需当初失礼的一方在下一次双方都乞巧时主动登门行情便可。不过在一个村社的行情关系网络中,总会有一些相对稳固的行情关系,主要是那些相隔较近的村社,更多是基于两个村社之间社

---

① 言喘,西和方言,答应的意思;瞎手段,瞎是西和方言,坏、不好的意思,这里是自谦的说法。

会生活上的关联,而显得尤为密切和重要;相比之下,相隔较远的村社对于相互之间的行情关系看得就要平淡一些。

"行情"是乞巧众多仪式中最欢闹,也最为人喜爱的仪式之一。老人们说,尤其在建国前,女孩子们很少有出门的机会,更别说梳妆打扮好大张旗鼓地到别的村子去了。乞巧时的行情为这些女孩子们提供了一个难得的机会,她们如花团锦簇一般,到别的村社去行情,通过衣着打扮、歌喉、巧芽等展示自己的才情;而那些她们去行情的村社,他们在尽地主之谊的同时,也获得了观看和品论外面姑娘们的机会。因此,当地人常说,以前很多因缘都是在乞巧时定下的,谁家相中了行情队伍里的姑娘,就会去打听,觉得合适的便会上门提亲。而一些胆大的小伙子,也会在看中某位姑娘后,一直追随,调皮地给她身上扔些花草,如果姑娘不作十足的厌烦之态,说明她也心领神会,这样的情况也会促成一段婚恋;现在还时有人打趣地说,村里哪对夫妇就是在乞巧时相识的。

原先,关于行情在时间上的安排是有讲究的,初五那天要专门留出来给本村内其他乞巧点行情,即便没有也不能到外村去。但现在已不再讲究这些,她们主要考虑的是否顺路,只要在一条道上,不管是村内还是村外的乞巧点,就顺着拜了。一般来讲,女娃娃的乞巧点与妇人家之间不会发生交叉行情的情况,女娃娃的点只给女娃娃的行情,同样的,妇人家也只给妇人家的乞巧点行情,这两类乞巧点之间通常不会发生交叉行情的情况。行情期间,按照自愿的原则,每个点上都会留有两三位成员,接待有可能到来的行情队伍,这是一种礼节;如果一个行情队伍到一个点发现无人接待,她们会选择离开,并评论这个点的成员不懂得最基本的人情世故。

我曾在十里乡参与过一群女娃娃的行情。因为是山区,村与村之间的距离甚远,为了到两三个乞巧点去行情,姑娘们一天就要步行好几十里的山地;但她们并不为此感到乏味,而是满脸欢快,身体上的疲倦已被心底的欢愉消解了。

"行情"记

2010年8月11日星期三,阴历七月初二,晴

　　本来准备偷懒留在县城,待在张雀她们的乞巧点上,随意地参与一些活动;就在我有些百无聊赖的时候,十里乡的霞发来短信说,避雨村的娃娃们打去电话找我,说她们要出门行情了。一股暖流拂过心底,这才想起,几天前回城时,和她们约好一起行情。我赶忙打上一辆出租车。和霞先到姚河村一社,问路边小卖铺里的人,说还未看到行情的女孩子经过,一社是妇人家的点,娃娃们应该不会过来,建议我们继续往前找。

　　离开一社往山上走,路边就是姚河,现在可见的河床依然很宽,但只剩下一条涓涓细流;村里的老人们聚集在河边的树荫下聊天、吸烟、打牌,抑或是眯上眼睛打盹,妇人们在水边洗衣服,还有正在收获的村民在河边淘洗半夏,脱了皮的半夏在阳光下的河水中,格外娇嫩。

　　一位老人告诉我们在河对岸有一家娃娃的乞巧点,有一群孩子刚刚过去。我们顺着老人指的方向找过去,走了不多远便听见音乐声了,进门一看果然是一群行情的女孩子,正载歌载舞,但却不是我们要找的。一打听,她们是河坝镇三岐大队西坡村的,离这里有十里路;她们准备再往山上走,天黑以前能回到家就可以。看她们跳舞的时候,发现里面有一个特别小的孩子,才四岁半,母亲担心,便一路陪着过来;她在小班里,表演的时候,基本的舞步还不会,但站在那里手舞足蹈的,倒也带给大家另外一种愉悦和欢喜,她自己更是欢天喜地。

　　她们的行情仪式还没有结束,我们要找的梁集村的娃娃们已经到了,祭拜完巧娘娘后便在一旁安静地等着。西坡村跳完之后,孩子们从大到小排成队,在院子里绕了两圈,边走边唱,之后把一串鞭炮交给乞巧点的人,等她们出门之后,要将鞭炮点燃。我跟上她们,在霞的帮助下,了解了她们行情仪式的过程如下。

　　找到一个乞巧点,进入所在村社时先放一串五十响的鞭炮,

这样对方便知道有行情的人来了;无须经过乞巧点的同意,她们就可以直接进院。在进村子之前,大娃娃们将大家按照从高到矮排成一个队;最前面带队的通常是"娃娃头",她手里端着一个盘子,进院后,她带着队伍先在院子里逆时针转两圈,边转边唱着行情的歌:

> 七月里开红花,
> 红花开在社员家,
> 商量打扮女儿娃,
> 女儿娃打扮衣裳花。
> 尼龙裤九龙袜,
> 头上都把花儿插,
> 脸上都把粉儿擦,
> 妹妹姐姐快都来,
> 今年乞巧好欢的。
> 七月里七月七,
> 天上的牛郎配织女。

唱毕,其余的人留在庭院里,娃娃头端着盘子来到香案前,盘子里一般放着鞭炮、香、裱纸、巧芽、果子、水果等,在路上时用红纱巾遮上。乞巧点都会提前在香案前面准备一处化裱纸的地方,有的是放一个火盆,有的就直接化在地上。娃娃头将盘子放在香案上之后,先在蜡烛上点燃裱纸,跪下把裱纸化掉,再给巧娘娘上香,献上巧芽。

接下来,姑娘们便开始载歌载舞;一般是从小班开始,最后是大班;表演的节目都是按照音乐编排而成的舞蹈,一般是十个节目,小班和中班各三个,大班是四个,每个节目两分钟左右。

村里的人慢慢聚集过来。每有行情的娃娃到达,乞巧点就要立刻准备白糖水给她们解渴;在西和的乡村,在白开水里加些白糖是礼遇的象征,平时自家喝水不一定舍得放糖,亲友造访时,通常会在水里加些糖以表重客。

表演结束后，她们依然按照从高到矮重新排好队，在院子里转两圈，并齐唱出门的歌：

　　白豆芽儿五寸长，
　　我们行情走得忙，
　　白豆芽儿手里端，
　　我们行情走得欢。
　　走在你家庄里了，
　　乞巧的姑娘接来了，
　　走在你家大门上，
　　鞭炮啪啪响开了，
　　走在你家当院了，
　　绣女托上好看了。
　　娃娃少，娃娃小，
　　给你们大家没跳欢，
　　亲戚你把路一让，
　　拿来我的盘盘我端上。

等她们唱毕，负责接待的人替对方端起来时的盘子和音响设备，送至门外，并在盘子里放些自己乞巧点上的贡果，以示礼节。娃娃头取一串鞭炮给乞巧点的人，待她们走远一些点响。

我和霞留下来等待避雨村的女孩子们，之后，又跟着她们继续往前寻找下一个乞巧点。从村民那里得知山上还有几家，于是她们决定再往山上走，大概是在五六里路以外。今天刚好天气转晴，西和温差很大，夏秋之际，只要有太阳出来温度就会骤然上升，下午的气温至少三十度以上；这些娃娃脚穿舞蹈鞋、身穿长袖的统一服装、脸上还有妆容、肩上背着食物，不过，她们依然兴奋也很执着。一路上，即使那位四岁半的小朋友，也始终没闹过情绪。

寻找乞巧点就是要沿途打听。避雨村的这群女孩来到二郎村的乞巧点时，那里锁着门，一问才知道是一个妇人家的点，白天她们都在田里干活。村人告诉她们梁集村有一个娃娃的点，大概走了半小时，我们到时却发现只有两位老阿婆在那里，她们表示歉意，解释说这个点上的成员太少，都出去行情了。女孩们也就没计较太多，敬完巧娘娘后，就放起音乐，在院子里跳了起来。

在路上，与大班子一个女孩聊天，她说，从排练开始，村上大部分女孩都聚在一起，平时，每个人都很有个性，但在这个过程中，大家都得妥协，依照制定好的计划统一行事。每次行情出门前，家长都会给孩子一些零花钱，主要是给她们沿途买午餐，这也是孩子们较为期待的一件事情，毕竟有了一小笔自己可以支配的钱；一些家庭条件不太好的孩子，她们就只能从家里带些馒头、咸菜，但也有伙伴会与她们分享自己买的零食。行情的路上，集体行为都是按照年龄组的制度进行，比如决定走哪条路线、何时离开、何时休息，都由娃娃头和几个年龄较大的女孩子说了算，但她们也有义务照顾那些年龄偏小的孩子，包括她们的身体和心理状况。

接着，我们来到剡河村一社的乞巧点，他们说，之前已有两个村子的来过。从剡河村出来后，娃娃们继续往山上走，来到姚堡村，打听到五社和六社合办了一台乞巧。一进村子，便看到路边有一口井，我第一次见这种"井"，是一个用水泥和砖做成的四方形水窖，正面贴着一副对联："金龙常映万户春，银水带来千方富。"水窖里的水是用管子从山上一处泉水引下来的，据说是神水，附近村社乞巧都会来这里"迎水"。大家都渴了，便用瓶子直接从里面舀水喝。

在姚堡村行完情后，娃娃们还准备再往山上走，这个时候天气骤变，快要下雨的样子，她们依然决定再走两处才回家。上山的途中，遇到姚堡村出去行情归来的娃娃们，得知她们已经完成了今天的计划，走了三个村社：小麦村、王川村、西坡村，并且还到五福山敬了神。她们说，如果行情途中遇到神庙，就一定要进去拜一拜，就像行情时给巧娘娘跳的歌舞一样，也要给庙里的神表演一番。

一路上不时遇到行情的娃娃们，比如我们昨天去的姚堡村、小页村以及剡河村的女孩。走到一处，她们指着旁边一个山坡说，要上去敬神，那里是李家寺。

寺庙修在一座百米高的山坡上，门上写着"灵应十方"。庙官说此庙前身毁于"文化大革命"，2007年始重建。李家寺是李河村的地方庙宇，供奉钎佛龙王，是村神。我敬香时，庙官在一旁敲锣、敲鼓、向神祷告："李家寺仟佛龙王合庙尊神从今天拜访后保佑领导工作顺利步步高升。"可能是听到我满嘴普通话的缘故吧，他坚持要给我卜一卦①。只听庙官嘴里念叨龙王您老人家给个三教合同卦②吧，第一卦是神卦，第二三卦都是阴卦，第四卦是阳卦，他高兴地说，龙王答应了。接下来，他又让我摇一卦，我先摇了一签，竟乃上上签，第二十九签："园中设誓为花开，水底行鱼皆谐开；矫花不惹游蜂恋，鱼水相欢任性来。"解曰："园中设誓因为花开，水底行鱼原是两谐，欢情自得任性任来，生贵子，出门吉，远行吉，病治，问功名，登云梯。"

避雨村行情的女孩们进庙后，先由娃娃头去敬神，庙官在一旁敲锣敲鼓，问明拜者哪里人，便对神吩咐，要保护避雨村人平安、风调雨顺，上学娃娃学业有成，大娃娃们寻个好人家。庙官说，已有九个村子的娃娃们来过。

天公变了脸，但终究没有落雨。看着别村的女孩们已经完成计划、轻松地回家，避雨村的娃娃头赶紧要求大家加快脚步。行完今天的最后一个点时，天已近黑，她们明显累了，脚步渐缓。我和霞有些着急，刚好在路上拦到一辆出租车，司机说他要到避雨村去接行情的女儿，否则也不会出车了。我们在岔路口分开，他

---

① "卦"，用木头做成，十五厘米左右的头角形状的两块卦，从中间一劈为二，一块内侧刻着八道倒V字形状，另一块则刻着九道V字形状，象征"九宫八卦"，神借卦来说话，正所谓"官凭的印，神凭的卦"；一反一正是神卦，两个都是有V字形状的则是阳卦，都是背面的是阴卦。

② 三教合同卦是指连着的三卦是神卦、阴卦、阳卦，顺序没有讲究。

往右去避雨村找女儿,而我和霞反向,往乡政府方向走去。

回去的路上,陆续遇到行情返家的女孩子们,有小页村的、剡河村的、小麦村的、杨姚村的;她们都能熟练地说出对方村社的名字。这时,我才明白,原来这些村落之间存在着约定俗成的行情关系,只不过,乞巧伊始,她们并不知道别的村落是否有乞巧活动,因此,走访和寻找乞巧点成了行情的重要部分;看着这些来来往往的女孩们,她们在村落之间穿梭,对于她们而言,这样的长途跋涉充满着无尽的乐趣和期待。

第四节 | 耍社火

总体上看,西和是一个以男性为主导的社会,相对于女性的缄默、柔弱、温顺,男性则是高声的、充满力量的形象。但同时,西和的人观也要求男人要体面、谦逊、自制、彬彬有礼。表面上看来,男性的情感在文化体制中被压抑的程度要轻一些,他们可以去的场所和进行情感表达的机会比女性也要多一些。但是,进一步看则会发现,男人所承担的养家糊口的责任也相应地大于女性,在日常生活的状态下,这个重量在他们的心灵上产生出很大的压力,这与日常生活对女性的牵制是一样的。在这个意义上,不管是男人还是女人,都需要暂时逃离日常之重的机会,都需要一些"轻"的形式。

相对于日常生活,民间想象力、乌托邦梦想或反结构这类"轻"的概念依然必要;但是,不同于巴赫金所强调的对现实的颠倒,我更多的是强调"轻"是对日常生活的暂时超越和抽离。"轻"不再是与日常生活构成二元对立的关系,而是构成一种审美关系,即对"轻"的尝试和践行是为了日常生活更好地继续下去。"轻"不仅仅是巴赫金所说的人们关于世界的观念,它也是文化形式和生活方式。西和不乏"轻"的文化形式,比如男人们的麻将、女人们的家长里短、唱山歌、女人们的乞巧、男人们的社火等等。

巴赫金指出,从民间文化的角度理解拉伯雷便可以发现其作品中的狂欢化色彩,而这正是西方中世纪的特点,乌托邦梦想拥有存在的空间。乌托邦梦想或者说民间诙谐在巴赫金那里具有两层含义,首先,它是和官方相对立的一个范畴,其次,也不同于人们的日常生活;也就是说,民间诙谐是指与官方相对立的、具有公共性、政治性且彰显人类自由本质的公共空间。西和的乞巧和社火同样具有这样的性质。乞巧点是女人们的广场,乞巧歌是主要的广场言语,它讲述了平时不能或者被压抑的那些故事和心情;而社火期间的男人们在广场上,主要以力量和技艺的展示为主。但不管是女人们以广场言语,还是男人们以身体,最终都是获得心灵的休憩。女人们在乞巧期间从家庭里抽身,需要男人们的支持,同样,男人们出去耍社火也需要女人们的同意。

在信仰中狂欢:敬城隍

2010年的正月十二下午,点睛仪式过后,北关的老狮和两条龙被安顿在北关小学正对着的街道上,社火头让鼓乐队不要停下来,敲得越欢越好。八位社火头商量,准备当晚去南关敬城隍爷,第二天再挑上两条龙到白雀寺去敬菩萨。社火头说,北关狮子和两条龙制作出来之后,点睛只代表它们活了,但必须敬了神,才能算真正的圣物,人们见了方起敬畏之心。

北关的人说,他们的社火办起来以后一定要去南关敬城隍爷,但南关的社火却不一定要来北关敬泰山爷,因为城隍爷位居泰山爷之上;北关社火不敬城隍被视为失礼,南关社火如果来敬泰山爷则是出于礼让。

城隍庙在南关村靠近正街的一条巷子尽头,北关约莫一百多人耍着老狮、挑着两条龙,锣鼓声响彻小城,浩浩荡荡地往南关去;北关地段街道两旁的商铺,没等社火队伍到达就放起了预先准备好的鞭炮,还有人家跪在那里化裱纸,祈求神狮、神龙的保佑。一出北关的范围,这种祭拜戛然而止,中山和南关的人们聚到街道两侧,只是观看。

南关城隍庙里的负责人听闻北关来敬城隍爷,便赶紧让人准备好三条两丈八尺长的红。由于巷子窄小,两条龙在当街面朝城隍庙的方向跪下,只有老狮进去拜城隍爷。城隍庙一时水泄不通。北关的八位社火头和老狮一起来到城隍庙,老狮跪在城隍庙当院、社火头们挨着老狮跪下,一起来的北关男人们也依次跪着,他们一起向城隍爷磕了三个头;社火头们挨个上香,庙里的主事者站在一旁对城隍爷吩咐道:"今天北关社火来敬您老人家了,一定保佑他们平平安安、顺顺利利。"接下来,庙里的主事者给老狮以及街道上的两条龙挂红。

北关社火队返回时,南关的男人们已经按捺不住了:这哪是来敬城隍爷,分明是挑衅!他们急着召集人商量,要把南关的老龙耍起来,与北关一比高低。据说,那天晚上南关就产生了龙主,第二天晚上,老龙就出来了。老龙出来之后,如北关一样,先停在当街,龙头朝向北关,几位龙主商量是否要去北关敬泰山爷。

颠覆日常:外甥打舅舅

小张是南关人,也是这一年南关社火的主力,但是他娶了北关的媳妇,而且老丈人是今年北关的社火头之一。那天傍晚,他一直在打电话,又骑着车子来往于南北二关之间;原来,南关的男人们要去北关敬泰山爷,但龙主们却不敢松口,因为他们担心万一老龙遇到老狮就麻烦了。他们告诉我,迟迟不敢松口其实是害怕被北关人围住了毒打,双方早在1984年的社火中结下恩怨,据说那一年北关人吃了不少亏,一直埋怨于心。

小张从北关回来对龙主说了一遍又一遍,北关的老狮今晚不出来,但龙主依然举棋不定。天快黑时,北关的两位社火头开了辆小型货运车来到南关龙主面前,双方递烟,北关社火头说:"你们来敬泰山爷是好事,我们把老狮锁起来了,放心来吧。"半小时后,南关社火队浩浩荡荡地向北关走来,龙主在队伍的最前面,手端一个盘子,里面放着香蜡褙纸、一杯茶和一杯酒、鞭炮。北关的社火头们热情迎接他们到庙里敬神,并为老龙挂红。南关的社火队并没有在庙里停留太久,便匆匆返回了。即便是双方都小心翼翼,但气氛依然紧张到一触即发的地步。南关人还没出北关地界，北关的一些年轻人几乎咒骂起来，几位社火头也颇有微词，认为南关召集了二三百人来敬神，到了北关放了那么多的鞭炮，这明明是在示威。北关人都期待正月十五的晚上与他们一比高下，他们常说，只要老狮的一把火就把南关那纸糊的老龙给吓退了。

当地一直有"北关的狮子南关的老龙"这个说法。据说，正月十五的晚上，南北二关的社火队都要到县城的街道上耍，狮子与龙一旦相遇就要打架。西和人讲，说来也奇怪，这天晚上南北二关的男人们，即便是亲戚、朋友，只要相遇就红了眼，哪怕是自己的舅舅也不认了，据说打得头破血流、牙齿脱落是常有的事。不过，正月十五晚上一过，双方再遇见又恢复了从前的关系，犹如什么事情都未曾发生过。对此，当地人的解释是，正月十五这一天，老狮和老龙打一打，便可以带来这一年的风调雨顺、五谷丰登。

用狂欢对抗政治：镇上找谈话

2010年正月十三的下午，北关社火头们正在商量晚上"万庄"①的事情，李又仁接到村长的电话，说镇长要见他们。这次耍社火与唱社戏不一样，唱社戏的时候，会头们的名字都冠冕堂皇地写于一张红纸上，张贴在外；而耍社火时，虽然大家都心知肚明这一次社火是由哪些人搞起来的，但就连社火头们自己通常也不愿公开自称社火头，因为怕自己承担不起社火活动中可能会有的责任。

李又仁挂了电话之后，与大家商量到底要不要去。其实，关于镇长将会谈到的话题，大家都心知肚明。首先是今年南北二关都耍社火了，镇上怕出乱子，一定是给他们划定正月十五晚上的路线；另外，他

---

① "万庄"是社火里一个重要的仪式，就是社火队耍起神狮（南关就是神龙），围着北关所有村子走一圈；在万庄之前，社火头们会告诉村民们大致的时间和顺序，每家每户都会在神狮到的时候，在家门口放一串鞭炮，并用香蜡裱纸敬神。条件好些的人家还会拿出好酒、好烟给社火队，因此，万庄的时候，有几个人专门提着大袋子，负责收这些礼物；单独送礼的以及那些为社火出了大笔资助经费的人家一般都会邀请神狮到自己院子里耍几下，并放一把油火，寓意越来越旺。

们已经听闻县上想让北关参加县上的社火汇演。大家提前在一起商量的结果是，他们可以接受镇上划线路，因为老人们讲，自古以来只要南北二关同时耍社火，衙门就要出面给他们划线路；但是，大家都反对参加县上的汇演。他们觉得镇上、县上并没有为北关社火赞助一分钱，现在凭什么要去耍给他们看。正月十三下午，社火头们并未如约而至。

第二天，李又仁的电话继续响起。他们不得不去见一下镇上领导，去之前，八位社火头统一了口径，第一，北关社火是自发的，没有社火头，参与的人个个都是社火头；第二，不参加汇演，除非县上为北关配一些耍社火的道具并给每人发一身演出服。正月十四的清晨，我跟着北关一行人来到镇政府，一进去，我们就被一位工作人员径直带到二楼的书记办公室，发现在场的还有县上公安局和交警队的两位负责人。书记开门见山道出缘由，竟与预计的一模一样。

北关人遂表明态度。书记说，县上不可能发演出服，去不去汇演，由北关人自己决定。接着，书记说他刚见过南关的几位龙主，因为北关若参加汇演的话，需经过南关，镇上已与南关商定，让北关社火队从背街里上去，汇演结束后从正街里下来，到时，南关不会让老龙出来以免发生冲突。另外，他还说即便北关不参加汇演，镇上也不反对他们自己在正月十五晚上出来耍，但是为安全起见，镇上规定了双方活动的范围。交警队队长告诉他们，十五晚上，南北二关分别以大哥大酒店、工商局为限界，南关社火队向北不得超过大哥大酒店，北关社火向南不得超过工商局，二者的最大范围之间相距一百五十米左右。说完这些，书记便起身送客了。

回去的路上，北关社火头们都很生气，他们认为书记和南关龙主设计的路线伤害到了北关人的尊严，尤其是那个汇演路线，凭什么要从背街上去；他们觉得北关社火应该从正街上、正街下。正月十五划分的界限，北关只能到工商局那里，他们觉得路线太短，根本耍不开。回去之后，大家再次商定第二天不参加汇演；傍晚时分，继续敲锣打鼓，召集村子里的男子汉，准备到隔壁的王磨村去拜年。王磨村是北关的十方，他们没有自己的家神庙，据说王磨村有好几家店铺请神狮去给他们烧一把油火。谁知，就在这天晚上，从王磨村返回的途中发生了一起让所有人都心痛的事故。

男性狂欢的传承机制：耍小龙

2010年5月28日，星期五，晴

  今天是阴历四月十五，早上荣阿姨照旧留出时间在院子里敬神，之后我到李友老师家里去查看资料，看到李老师提醒他的妻子要敬神：在香炉两边分别点上一只红蜡，找好一些裱纸和五色纸，之后上香，先将香点燃，李妻双手举着香在主屋的门坎内面向庭院跪下，同时，她又叫上三岁半的孙子和她一起敬神，教孙子怎么磕头，口中念到，今天众神归位，请保佑我们全家身体健康、工作顺利。李老师指着孙子对我说，现在他已经能有一些记忆了，这些事情在他长大之后都将是他的记忆。

  上面是我的一段田野笔记，李老师夫妻俩带着孙儿敬神的片段让我产生良久的感叹，在西和，只要稍作留神就会发现"文化传承""传承机制"很自然地沁入西和人的生活中。

  在北关社火的准备阶段，许三儿一面参与筹备活动，一面在给儿子绑一条小龙。他说自己承诺了儿子，只要这学期他考得好成绩就绑条龙给他耍；制作一条小龙要一千元钱，许三儿说，那也要做，做家长的，既然答应了就要做到。在父亲忙着绑小龙期间，儿子则忙于组建他的社火队，最后，他一共找到十三个伙伴，初一到初三年级的、十五至十七岁左右的男孩；其中，许三儿的儿子是社火头，他的一位好友是会计，负责记录收支。这位小会计的父亲和许三儿是二十几年的朋友，他和许三儿各自承担了五百元的启动资金。参与耍小龙的十三位伙伴，每人从压岁钱里拿出了十元、二十元钱不等，一共收到一百五十元，他们告诉我，这些钱只是暂时拿出来，等小龙绑起来，他们去给人家拜年，本钱就回来了，此外，每人还可以分到一些零花钱。

  小龙的制作主要在于龙架子，龙皮是三百元购买的成品，龙头所用的材料主要是竹片、铁丝网、白纸、颜料等,龙架子是由竹片绑成。许三儿把龙架子绑好之后,他让儿子把伙伴们都叫去,他告诉孩子们什么地方需要粘什么样的装饰物、什么地方需要上什么色彩,让他们自己去弄。小龙制作好之后,没有点睛仪式,他们说小龙就和小孩一样,还没成人。许三儿抽晚上的时间教孩子们怎么耍,包括舞龙的基本动作和鼓点,他们有一套小型的鼓、锣和镲。

大年初一下午,这帮孩子挑着小龙,先敬泰山爷,再去敬城隍爷。接下来,就要着小龙开始"万庄"了,与大人们不一样,他们不仅给本村的"万庄",也到外村去,到外村去叫做拜年;他们不仅在本县拜,还到邻县去。这类小型社火拜年在西和很常见,每户人家都会准备些零钱和礼物,这群孩子在本县共收到现金 1500 元钱。初五早上十点钟,他们又搭车去了旁边的成县,前年,他们曾去过;到了之后,先找好旅社,便到县城的街道上耍开了,先给各大酒店、铺子以及街道两旁的家家户户拜年,再到县城周围的村子里,他们在那里耍了六天,共收到 2500 元钱。对于这些收入,除去成本,包括吃饭、住宿和交通费,他们实行一天一分的制度。

在西和,几乎每个村子都会有大人为孩子制作或购买小狮子、小龙,让他们耍一台小社火;这些孩子们在大人的建议和教授下,组成一支小的社火队,包括社火头,各类社火用具,如乐器和排灯。他们在腊月里,一放假便集中起来练习,包括舞法、敲打乐器的技法,新年一过便出门拜年,比如到大街上给过往的车辆拜年,到已经开门的铺子去拜年,到每家每户去拜年。在此之前,他们会"发片子",所谓的片子,就是一张由红纸打印的、类似于请帖的通知单,上面写明是哪个村子的狮子或龙,将于何时来恭贺新春,比如上城的孩子发的片子上写着"上城雄狮,恭贺新春,虎年大吉",中央还画着一头正在奔跑的狮子。收到"片子"的人家都会预先做好迎接的准备,包括香蜡裱纸和鞭炮,以及钱或礼物。

孩子们的社火也是到正月十五的晚上达到高潮,十五晚上十二点一过,就要举行"谢将"仪式,即要把与这次社火有关的道具拿到一个偏僻之处烧掉;若第二年想要,再重新制作或购买。通常情况下,"谢将"是象征性的,比如许三儿儿子耍的小龙,他们在谢将的时候,把龙架子留下,只将粘上去的东西撕下来烧掉,他们前年耍的小狮子,只将狮子身上挂的红烧掉,现在这只小狮子还保存在一个小伙伴家里。

这是一种文化习俗的传承,这对于儿童而言是一种"游戏",他们喜爱并愿意去实践,这也是孩童们的"狂耍"或"轻"的文化形式。现代学校体制是全日制的,而且升学已经成为教育的重要目的,借助乞巧、社火,女孩子和男孩子分别在暑假和寒假期间,能够从繁重的学业负担中解脱出来,以年龄组的形式集中在一起尽情玩耍一番,这是让人欣慰的事情。

第五节 | 非定向性情感

西和女性和男性分别在狂巧娘娘和耍社火中所表露出来的情感可以界定为"非定向性情感","非定向性情感"是笔者在"定向性情感"概念的基础上提出来的。定向性情感与涂尔干的集体情感有着深层的一致性,都强调了社会对个人情感的规定或决定,同时也体现了价值观念上的一元性,即分别强调人的情感构成中的定向性情感或集体情感的最高地位;不过,定向性情感与集体情感不同之处在于,涂尔干将集体情感限定在神圣范畴,而定向性情感同时也观照到了日常生活。

"非定向性情感"主要是指"定向性情感"之外的或者说没有被定向的那部分情感,"非定向性情感"延续"定向性情感"所关涉的范畴,即不仅仅包括集体情感所指向的神圣世界,也包括涂尔干否定的凡俗世界,非定向性情感主要是指被某种外力压抑或压制的那些情感。仪式和礼仪分别是神圣世界和凡俗世界中对人的情感进行定向的代表性机制,但不管是仪式还是礼仪,其对人的约束其实并不在内心而是在行为,或者说人的心灵总是有一部分是无法被完全约束的;因此,在仪式和礼仪被照常践行时,与其相应的集体情感或定向性情感可能并不是时刻在场的,甚至会引发出相反的情绪来。这部分情感不管是在涂尔干的集体情感还是在定向性情感的概念中,都是社会所不允许的,但又与庄严的仪式和得体的礼仪相伴生,是潜在的、隐性的部分;"非定向性情感"的概念正是要关注这类情感,关注人们内心的波澜。

此外,"非定向性情感"尤其要反思涂尔干的"集体情感"概念。大革命之后的法国社会面临着社会重建的问题,旧的制度已经瓦解,那么如何在保证稳定的前提下建立一种新的社会制度,这是当时法国思想家要面对和解决的重要问题,涂尔干的大部分著作便是这方面的典范。他主要通过对宗教的研究来建立人性的根基,在他看来,人性的根本属性在于社会性,即由私人、个人的属性向群体、公共属性超越的能力,从而达成社会的团结;人的情感在此过程中起到关键的作用。涂尔干的社会理论建立在二元性的基础上,他认为人性是二元的,一个是与身体有关的(譬如官能、感受、情感、性)个人性的方面,一个是与灵魂相关的(诸如理性、理智)社会性的方面,后者具有绝对权威,前者具有朝向后者的潜能。他参照卢梭的"自然力"概念提出"社会力"的说法,社会之所以可能就在于社会力可以唤醒人们放弃个人性而追求社会性,他将此称为"情感唤醒",唤醒的是一种集体情感。在他看来,个体不是终极自然,社会是让人之为人的根本因素。涂尔干的确有效地论证了社会团结的可能,而且他在著述中也始终谨慎社会与个人之间的关系,但他对于情感的论述存在以下三个问题:

第一,完全否定了个体情感的意义。涂尔干将人的情感区分为个体情感和集体情感,认为个体情感是属于人的个人性范畴,在社会团结的过程中不仅没有积极作用而且还会破坏社会的稳定。由于他将集体情感界定为由社会力唤醒的情感,因此属于社会性范畴,在参与社会整合的过程中,集体情感实际上已经转化为了集体意识。涂尔干是从纯粹理性的角度构建了理想的公民状态,这在一定程度上,不仅否定了个人选择和行动的自由,而且也抹杀了个体之间的差异。

第二,否定了主体的能动性。涂尔干提倡集体情感而贬低个体情感其实是一种情感控制,这体现出他是一位忠实的柏拉图主义者、理性主义者,即为了整体的利益甘愿舍弃个人的欲望和追求;这种观念中存在一种偏见,认为个人范畴必然是反社会的,至少不会起到积极的作用。因此,他提出人的价值体现在对个人性的抛弃、完成向社会性的超越上,但他又指出人类超越的力量却并非来自自身,而是在根本上受到社会力的指引;这奠定了涂尔干社会决定论的基调。

第三,否定了凡俗世界的意义。涂尔干的整个社会理论是建立在二元论的基础上,并由此延伸出一套等级观念;他首先从宗教现象出发,用神圣和凡俗一对范畴对世界进行了区分,并且进一步阐释和论证神圣世界之于凡俗世界的绝对权威;他指出神圣与凡俗之间不能相互浸染,尤其是神圣不能沾染凡俗,否则便不能成为神圣;相反,凡俗世界是可以分享神圣世界的性质的,但前提是凡俗世界必须放弃自身的本性,接受神圣世界的改造。

"非定向性情感"的概念要重申以下几个问题。首先,试图沟通集体情感与个体情感之间的二元对立状态,进而通过人的情感向度重新讨论社会与个人之间的应然关系。人的价值究竟是在于社会还是在于人的生命本身,这是一个值得我们继续探讨的问题;但有一点可以肯定的是,涂尔干赋予集体情感以绝对权威,这无疑会导致以此为名义的绝对命令,这极其容易走向压制,如果是这样,涂尔干所向往的自由也将不复存在。

其次,反决定论。这里提出的"非定向性情感"概念更多的是受实践理论的影响,提倡对个人以及人的能动性的重视,对社会和文化决定论的谨慎;"非定向性情感"要强调的是人对于自己的情感被社会定向是有主动反应的,因此会在心底滋生诸如厌烦、不满、悲伤等情绪。这些情感及其表达方式应该受到重视和肯定,这至少为我们的生命提供一种在心灵上追求自由的可能性。

最后,解放凡俗世界,消解神圣与凡俗的二元对立。"非定向性情感"主要是指"定向性情感"之外的那部分情感,主张将人视为生命的整体,因此,不能像涂尔干那样只强调集体情感而否定凡俗世界中的情感及其价值,也不能赞同费孝通和赫勒断言人的情感完全受社会决定。与"定向性情感"一样,"非定向性情感"也与日常生活紧密相关。与涂尔干不同,我认为日常生活是人置放自身的最直接的文化空间,也是人最能感知到自我的一个空间,它对于人而言不可能是不重要的;"非定向性情感"提倡的是面向生命本身的观照。

"非定向性情感"主张人的情感没有清晰的集体情感和个体情感之分,更不赞同集体情感应该凌驾于个体情感之上的观点。人始终是一种复杂的生物,"非定向性情感"的概念通过观照和释放被压抑的情感来强调人的整体性,进而认为人性的构成中并不存在哪一项先天地优于其他项,这实际上最终指向涂尔干整个社会理论的二元论基础。

毫无疑问,定向性情感和集体情感两个学术概念有着不可忽视的贡献,二者均成功地建立了人的内在情感的社会属性,但是,二者都在价值观念上造成了一种一元论的局面。定向性情感始终认为社会和文化所倡导的情感才是正当的、合理的,违背社会和文化所定向的情感则是一种非常态;集体情感更是旗帜鲜明地否定了个体情感的意义和价值。二者都有意无意地导致了这样的结果,那就是人被视为一种单向度的存在。"非定向性情感"的提出并不是否定集体情感和定向性情感两个概念,而是要观照被这两个概念遮蔽的其他可能的,甚至是一定存在的情感类型,这是对压制的警觉以及对自由的渴求。

第六章

落幕:"谢将"中的最后狂欢

"谢将"是西和方言,主要是指社火结束后的送神仪式,这里也将乞巧中的"送巧娘娘"仪式归为"谢将"的范畴。"谢将"中所包含的送神的行为是西和人神学观念的再一次体现,当地很多民间宗教仪式都包含着接神和送神仪式,有接有送才能算得上一个完整的仪式。西和有接先人回家过年的习俗,腊月三十的晚上接回来,供在香案上,正月十五的下午必须送走;因为正月十五一过,新年就算过完了,人们认为请回来的先人能够保佑家里平安和幸福,但先人毕竟不是此世之物,时间一到必须送走,否则原本祈福的好事就会变成祸害。神狮是北关社火里的神圣物,从腊月开始忙了近半个月制作出来的老狮,他们用点睛仪式迎接神狮的到来,但是正月十五一过,同样也要举行送神狮的仪式,西和人称之为"谢将";"送巧娘娘"与"谢将"一样,其中都蕴含着当地人的神学观念,不是此世之物,超出它存在的时间框架,便不宜留之。

对于仪式参与者而言,"谢将"还意味着仪式活动的结束,大家在仪式过程中所产生的集体情感或非定向性情感均有可能在"谢将"中达到高峰;尤其是在"送巧娘娘"仪式中,经常会有人痛哭流涕,一来是对巧娘娘的不舍,二来是对乞巧所提供的"站在门坎上"这种状态的留恋。在西和乞巧仪式中,神学观念与狂欢精神是相互嵌入的,有时后者占主导地位,比如演唱娱乐类乞巧歌和行情,有时前者占主导地位,比如乞巧中的各类祭拜仪式。无疑,对于"送巧娘娘"而言,神学观念显得尤为重要,突出表现在仪式的时间禁忌上。

第一节 | 时间禁忌

2010年的正月十五夜里十二点,北关的几位社火头准时来到泰山庙前,和他们一起的还有事先召集好的十几位年轻力壮的小伙子,这天夜里,他们准备把此次耍社火的所有物件全部烧掉,尤其是神狮和神龙。在此之前,北关的一帮年轻人几次去找社火头们,希望他们能改变这个决定,年轻人说他们喜爱耍社火,期望以后还能耍,今年社火的行头能集资又请到老艺人弄起来很不容易,一旦全部烧掉,以后何时能再办一台社火就很难说了。社火头们被感动了,逢人便说起这帮孩子的请求;但是,对于已做的决定,他们依然很坚决。

当天夜里十一点半,社火头们带领十几位年轻人拿着所有社火行头向白水河走去,临行前,他们托付泰山庙的庙官放了一串鞭炮。除了这串鞭炮声之外,那天晚上的所有事情都显得悄无声息,没有人说话,更没有笑声,这根本不像是一个与社火有关的仪式活动,倒更像是在送走不祥之物。最后,他们来到白水河中间的一块搁浅滩上,一位社火头告诉我,此处是请阴阳先生用罗盘选定的。

他们把社火行头放在一边,将神狮和两条龙面向当日喜神所在的西南方向;十二点一到,众人在社火头的带领下跪在神狮和龙面前,由两位社火头上香、敬茶和酒。仪式过后,点燃所有物件,烧了一个多小时,大家仔细确认所有东西都化为灰烬之后才各自回家。

次日,我试图和张叔再聊起有关社火的事情时,他摆了摆手说,昨晚都"谢将"了,不要再提了。张叔所说的"谢将"就是那天晚上他们烧社火行头的行为,但确切地说,他们这一次的"谢将"却与以往不同。"谢将"是社火里一个重要的仪式,象征社火的真正结束,目的是把请来的神圣物送走。以往的"谢将"只是象征性地从神狮和龙身上取一些零碎的东西,比如粘上去的纸片、挂的红等,选一处僻静之地,敬了香蜡裱纸、茶和酒之后,将取下的东西焚化掉便可;这样便可以把基本的行头保留下来,为下一年的活动提供了极大的便利。2010年,北关的男人们能够再次把社火组织起来并不是一件容易的事,他们究竟为什么要在"谢将"的时候烧掉所有的行头,摆出一副永不再要的姿态呢?

北关社火中的人命

这主要是由于这年社火中发生的一起人命事故。正月十四晚上约莫五六点的样子,我跟着北关社火队到隔壁的王磨村去拜年。社火队里一共有三辆车,一辆是走在最前面的彩车,上面写着"北关社火队"以及恭贺新春的字样,另外两辆车分别拉着神狮和两条龙的鼓乐队;三辆车都是雇用的,司机都是外村人。神狮是北关社火里的主角,每到一户人家,总是让两条龙停在马路上,小伙子们顶着神狮到人家的院子里耍上一圈、再给一把油火。并不是每家每户都进去,神狮是要请的,主要是一些开店铺和当官的人家,他们听闻社火鼓乐的声音渐近,就会拿着"人情"(比如好烟、好酒、有时也给钱)到门外去迎接;每到一户人家,就可以看到院子里摆好的敬神狮小香案,通常都是在炕上吃饭用的那种小饭桌,上面点着两根红蜡、香炉、摆着一杯茶一杯酒以及若干裱纸,小香案摆放在主屋的屋檐下,正对着庭院。神狮在一串鞭炮声中进到庭院,户主面向神狮跪在香案前,上香、化裱纸,仪式结束后,神狮又在一串鞭炮声中离开,照样是后退着离开,怕冒犯到这一家的土神。

因此,相对于舞起来费力气的龙,小伙子们都更喜爱神狮。但是舞狮子只需要两个人,一个人顶头,一个人顶尾,顶狮子头的人力气要大,也需要掌握较好的技术,否则会遭人嘲笑;相对而言,顶尾巴就简单得多。整个晚上,有一群人跟在神狮后面期待替换要累了的人,其中还有一些十来岁的小男孩争抢着要顶神狮的尾巴。

途中遇到张叔时发现他满脸不高兴,原来他和几位上了年纪的社火头都不赞同这天晚上来王磨村拜年。他们说,北关社火自古以来除了敬城隍爷,就没有出庄给人拜年的道理,而且,第二天就是元宵节,应该让社火队保存精力才对;另外,这些老一辈人觉得社火毕竟人多又杂,他们担心会出乱子。一路上,我看见八位社火头们紧跟在队伍两旁,发现有捣乱的人便厉声斥责。

但是,悲剧终究还是在他们的小心翼翼下发生了。当晚九点多,在几位年长的社火头催促下,社火队决定早点结束返回。王磨村在城外,社火队出发和返回都要从白水桥上经过,白水桥是城北唯一入口,交通要道,也是堵车、撞车的多发地段。

两辆载着鼓乐队的车子开在最前面,一直传来舞狮子的鼓乐声;因为神狮的体积小、灵活,小伙子们一直舞着神狮紧跟着车子。两条龙逐渐落到了最后,舞龙的人已经精疲力竭,我也体力不支,便和他们走在一起。忽然,鼓乐声在渐行渐远中猛然停止了,我以为他们已经回到了泰山庙,但同行的人觉得不对劲,因为按照常规,鼓乐声需等到整个社火队都返回才能停止。等我们走到白水桥时看到其中一辆彩车停在桥头,人群攒动中看见车旁一摊鲜血。

听周围的人说,一辆彩车撞到了两个耍社火的小孩,受伤的孩子被送去了县医院,但其中一个已奄奄一息。据说,孩子的家长当场拉住司机,找了一帮亲友共十几个男人,带了棍子和匕首,准备把司机往死里打。还好,那晚在白水桥头值班的交警以交通事故为名带走了司机,大家说这是对司机最好的保护了。另外,交警大队将沾有血迹的神狮也运走了。十一点左右,从医院传来消息,一个孩子已经死亡,另一个腿部受了点轻伤。

事故的处理和原因的分析

据后来村长给我讲,事发当晚,几位社火头到医院去,失去孩子那一家人说,是社火害死了孩子,要和他们打官司。他们赶紧去找村长和书记,希望村上能出面调解此事。

第二天,死者家属便选择了公了,即报案。司机和社火头们害怕起来,他们想方设法用"遮倒"①的方式与死者家属沟通。司机是城东面的下城人,他的家人请了下城村支部书记和村主任,二人又亲自请北关村委会出面,组成调解方。这样构成了三方:代表司机的下城村委会、作为中间方的北关村委会以及死者家属。早上十点钟,三方先到医院现场进行调解,调解方与下城村的意见是,首先安埋死者,遭到对方拒绝,第一次调解失败。第二天下午两点左右,在旅社②进行第二次调解,北关村委会再次提出先安埋亡人,再由司机对死者家属进行经济赔偿,死者家属提出三十万元的赔偿金额,二次调解失败。正月十七日,调解方试图通过多方关系说服他们,最终,死者家属于正月十八日早上埋葬了死者。正月十九日,再次商量,双方达成协议,司机负责丧事中的一切费用,并给以十四万元的赔偿金。正月二十日,双方正式签订协议,协议产生后报送公安机关,得到他们的认可,又送陇南交警支队。交警队要求死者家属写一份死亡保证书,对双方产生的协议不得反悔,一式五份,存档,并由死亡家属申请公安机关释放司机。正月二十二日,司机被正式释放。二月初一上午,在一阵鞭炮声中,交警队将北关老狮送回泰山庙。其中,双方签订的协议书如下:

车肇事故协议书

于 2010 年 2 月 27 日(古正月十四日)晚九点左右,汉源镇下城村村民 xxx,驾驶甘 xxxx 农用车,由北关闹春活动所雇用,拉锣鼓的彩车在晚霞路行走时,在北大桥转弯处不慎和北关村村民 xxx 之子相遇,后轮撞伤,事故发生后,将伤者立即送往西和人民医院抢救,经医院多方抢救无效,伤者于当晚十时左右身亡,事故发生后,经中间调解,双方当事人多次协商,达成以下协议。

(一)死者安葬费用棺板、寿衣由肇事人承担。

(二)由肇事者付给受害者一次性补偿人民币:壹拾肆万元整(140000.00 元)。

---

① 遮倒:西和方言,指采取民间处理方式,不经官方,处理一些相对重大的矛盾或事件。

② 由司机出钱,下城村委出面,专门在县城一家私人旅社包了间房子。

(三)此协议一式伍份,自双方签字认可后,永不反悔。

肇事者:xxx

受害人家属:xxx

调解单位:汉源镇北关村

汉源镇下城村

民事调解人:xxx

二〇一〇年三月六日

随着纠纷的解决,这件事情本应慢慢平息,但是,县城却沸沸扬扬起来,特别是北关人,他们无论如何都难以接受,原本是祈福、吉祥的社火怎么会闹出人命,而且是一个还未成年的孩子。对此,县城里流传着几种解释:

(一)事故一发生后,当得知遭遇不幸的孩子是谁家的时,大家都说这一家人平时在村里的口碑很差,欺软怕硬,得罪过不少人,估计平日里有很多人诅咒他们,或许丧子是他们的报应,否则为什么同样是被车子撞到,而另一个孩子只是腿部受了一点轻伤。

(二)在此之前,正月初五这天,副村长家的铺子着火,所在地也是在这场事故发生地;北关人认为这绝非巧合,村委会应该出面找几位阴阳来看一看,大家认为是北关村的风水出了问题。

(三)参与社火的人猜测或许问题出在神狮身上。据说,死去的那个孩子原本和那个受轻伤的孩子在争抢着顶神狮的尾巴,而这个时候,前面的司机正在拐弯准备上桥,当时,神狮太靠近车子,拐弯的时候,神狮尾巴和彩车的甲板碰到一起,两个小孩被甩到车子底下。大家认为是神狮把孩子推进去的。但神狮原本是吉祥之物,怎变得如此狰狞?大家又猜测,有可能是神狮"开窍"时没弄好。也有人说,大家太着急,没有等神狮身上各处都弄好,就举行了点睛仪式。还有人说,"万庄"的仪式过后,神狮身上粘的东西破了一些,在老艺人不在场的情况下,几个年轻人给神狮作了修补,他们换掉了原先的耳朵、眼眉毛和嘴唇,换掉之后的神狮面露凶煞之貌。

（四）在泰山庙里主事的人揣测是否与泰山爷有关,泰山庙现在的香火大不如从前,很多人都愿意去敬城隍爷,而且,80年代新修的这座泰山庙,不仅地方小,而且前面住着人家,现在连个大门也没有。

（五）南关人在议论,北关不该又弄出两条龙,因为以前一直是北关的狮子,南关的龙;那两条龙是白雀寺的,白雀寺乃佛门之地,泰山爷是道教的,佛教的东西和泰山爷的坐骑放一起,不出事才怪。

（六）北关人传言,这次血光之灾或许是县上近几年的城市规划所致。这些年,县上在城东大兴土木;大家说风水先生讲过,县城东面不得动土,否则对西面不利,而北关村大部分的居民大多住在县城主街道的西面。北关人指责县上的领导只顾及自己的仕途,至于他们的决定和行为会对县城里的人造成什么样的后果,他们并不关心。

对于以上几种解释,北关的社火头们认为他们唯一能做出补救的便是第三个。他们在一起讨论,是否前年社火结束之后的谢将仪式出了差错？谢将的方向不对？还是说谢将得不够彻底,神狮没有送走？至此,社火头们已经对神狮和社火甚至泰山爷产生了埋怨的心理,他们在泰山庙里议论的时候,就有人朝着泰山爷说,我们好心好意地耍社火给您老人家看,怎么就出了这样的事情？最后,他们商量决定正月十五晚上社火谢将的时候,把与社火有关的物件全部烧掉,将这个不祥之物彻底送走。至于后辈人是否再耍社火,他们管不了了,但在他们的有生之年,是不会再组织了。于是,便出现了开头所描述的"谢将"场景。

在西和乞巧中,人们对"送巧娘娘"仪式的重视程度甚至要高于"接巧娘娘"的仪式,"送巧娘娘"的仪式和社火的"谢将"非常相似,属同一范畴,也是以焚化的形式让神秘力量恢复到其原本不可见的状态;对于"送巧娘娘"仪式的重视同样与当地人的神学观念相关,即"送"不彻底或者"送"得不合适,都有可能给自己、家庭乃至整个村庄带来不幸。

第二节 | 最后的狂欢

2010年北关村三社准备乞巧时,用作乞巧点的场地还没有收拾好,张雀便和慧美商量能否将买回来的巧娘娘像先放到她家里。慧美爽快地答应下来。那天傍晚,杨兰花捧着巧娘娘纸扎像径直来到慧美家;慧美马上将香案腾出地方,好将巧娘娘像放在香案正中,放好之后,马上上香。晚上,慧美一等再等也未见到乞巧的妇人们来取巧娘娘像,她愈发着急起来。那天晚上接巧娘娘时,慧美很紧张,她手里拿了四枝香,仪式结束后,慧美又来到乞巧点,跪在那里,边磕头边说,巧娘娘你就在这里好好坐着。慧美说虽然之前放在家中的巧娘娘纸扎像还没有经过接神仪式,也尚无神性,但是她心中还是觉得有点害怕,觉得不能随便放在家中。

迎水

2010年阴历七月初七清晨,张雀、杨兰花还有李家阿婆起了个大早,这一天,她们要代表大家到晚霞湖水库上去敬那尊巧娘娘塑像,同时也要完成迎水仪式。从北关到水库大约二十公里,她们各自花了十元钱坐上了拉客的面包车,随身带了两个大矿泉水瓶子,留作装神水用,又带了十个馍馍、一对红蜡、黄裱和香,准备献给水库上的巧娘娘。到水库上,她们先到巧娘娘塑像面前去祭拜,这尊塑像前面早已有人设好了香案,上面置放应有的香炉、鲜花、巧芽、供果等等,也见旁边有几个上了年岁的老阿婆随地摆起小摊位,出售敬神用的香蜡裱纸、鞭炮等物。敬完水库上的巧娘娘,张雀一行三人便找地方准备迎水。

由于这一年晚霞湖水库也是县上操办的"乞巧文化旅游节"分会场之一,初七这天,她们到了水边发现水库里的水并不清澈,继而看到旁边一户农家乐的院子里有一口水井;与主人打了招呼,便到井边灌满了两大瓶子的井水,装水的时候放了一串鞭炮,在井边用香蜡裱纸敬了水神。返回乞巧点后,她们将取回来的水放在香案的桌裙下面,留作当晚照花瓣用。

像这样较为随意的迎水仪式并不少见。相对于过去,现在的迎水仪式简化了许多,这种变化首先是心态上的。据老人们回忆,她们小时候迎水,初七的清晨乘着露水还未干,乞巧点上的所有成员全部到齐,由巧头端上准备好的盘子,里面放着四束献给水神的巧芽、香蜡裱纸、鞭炮以及盛水用的容器;取回的神水要与外界隔离以保持其神圣性。过去,对于迎水地点的选择也颇为讲究,通常是约定俗成的一处山泉或井边,一定是当地人认为有水神的地方。迎水的姑娘们到了那里,先敬水神,接着唱起迎水的"乞巧娘娘歌":

一

水神爷面前摆香案,迎上神水照花瓣。
水神爷出了南天门,你把神水赐两瓶。
水神爷打坐水晶宫,你把神水赐两桶。
水神爷身下骑的龙,你把神水赐两缸。
水神爷给我现灵验,迎上神水照花瓣。
巧娘娘,想你着,我把巧娘娘请下凡。

二

点黄蜡来烧长香,姊妹专来拜龙王。
我给龙王爷来下跪,龙王爷让我取神水。
神水清,神水神,神水越照眼越明。
毓龙泉里取一罐,提着回去照花瓣。
提了神水手机灵,喝了神水心上灵。
巧娘娘给我把巧赐,龙王爷给我点拨哩。
我用神水照花瓣,照影乞巧最灵验。
巧娘娘,下云端,我把巧娘娘请下凡。

除了唱迎水歌之外,姑娘们也可以唱其他的乞巧歌,周围也陆续会有很多村民来看,非常热闹。尽兴后,便开始取水,先点响一串鞭炮,姑娘们争先恐后地掐些巧芽的叶子丢到水中,观其倒影,巧头在大家的帮助下将器皿盛满水,盖好盖子,放在盘子上,恭敬地捧着回去。

现在的迎水仪式已不如以往的隆重,但对于取水的地点依然讲究;取回来的水依旧置于香案下,不到当晚照花瓣时,谁也不能动那些水。

办会会

2010年阴历七月初七下午,杨兰花到赵叔家叫我,说她们正在巧娘娘那里"办会会",邀我过去。按照习俗,七月初七的下午,凡是参与乞巧的女性都聚集到乞巧点,一起做一顿饭吃,她们把这顿饭叫做"巧饭",这个活动叫做"办会会"。这一年,北关三社的乞巧点是在村委会,无处起火办会会,张雀便借用了泰山庙里的灶房;杨兰花领我到那里的时候,"巧饭"已经做好了。与当地人的晚饭差不多,也是面条,通常是做法比较简单的一种,叫做"汤汤饭",先炒好一些熟菜,等面条下到锅里之后,再将菜倒进去,熟了就可以吃。泰山庙的厨房里配有一台压面机,张雀说是用了庙里的面粉,乞巧时还剩下一些钱,买了些豆腐、韭菜、白菜。张雀和一个同伴压面条,其他人有烧火的、和面的、洗菜的、炒菜的。

吃"巧饭"时,几个人围成一圈,有站着的,也有坐着的。看我来了,张雀赶紧盛了一碗面给我,她说,专门让杨兰花去叫我,这是巧娘娘赐的饭,吃了有福气。厨房的地上放了一个很大的桶,桶里有水,先吃完的人,在桶里将自己的碗筷洗净、放好。那些离家近的人便和张雀商量,想取些"巧饭"回家给家里人吃,她们说,吃了巧饭可以保佑孩子读书聪明、老人身体健康。

2009年乞巧期间,我在十里乡小麦村也曾遇到过一次"办会会",那是一个女娃娃的乞巧点。我跟随避雨村的姑娘们行情到达那里,看到乞巧点的院子里全是手端饭碗、乞巧打扮的女孩;这家女主人四十来岁,她女儿也参加乞巧了,她说孩子们凑的份子钱还剩下一些,娃娃头征得她的同意,就在她家做起了"巧饭"。巧饭主要都由大班子的姑娘们做,但吃完之后,各个负责洗自己的碗筷,她们的巧饭也是汤汤饭。

照花瓣

　　2009年8月26日，晚饭后七点钟的样子，十里乡的霞陪我到姚河村去看乞巧，霞告诉我，这天晚上我将会看到照花瓣以及"送巧娘娘"仪式。姚河村的乞巧点是妇人家的，我们到的时候，只有两位老人在那里帮忙照看香火，她们说等一会大家就都到齐了。八点多钟，人员全部到齐，除此之外，还来了好多村民。乞巧的妇人，她们来的时候都穿好统一买的服装，上身着粉色毛衣、下面是黑色裤子、手持一把绿色扇子；到了乞巧点之后，她们首先给巧娘娘磕头、上香，接着大家围着"巧头"商量唱些什么歌、跳些什么舞。这天晚上她们可以歌舞不断，直至照花瓣。至于唱什么歌，没有什么约束，大家一起练得那些乞巧歌，喜欢哪个就一起唱。她们先在香案前唱，随着看的人逐渐增多，便移至庭院。

　　十一点钟左右，巧头说差不多该照花瓣了，十二点之前要把巧娘娘送走。"巧头"把早上放在香案下的一小桶神水取出来，又分在三个碟子里，她解释说，乞巧的人多，不这样，就会很拥挤。接着，巧头带领大家一起跪在巧娘娘面前，上香、化裱纸，并祈求巧娘娘在照花瓣时给她们施巧。上完香之后，关掉电灯，每人点燃一支红蜡，是为了更好地观看巧芽在水中的倒影。每人掐些巧芽的叶子投到神水中，借着烛光观看自己所投叶子的倒影，她们各自称自己所投的形状是针或花，意思是得到了巧。她们继续欢腾，开始以玩笑的口吻戏谑对方的投影是棒槌、斧头或镰刀，调侃对方的笨拙。在"照花瓣"的过程中，她们一直唱着一首照花瓣的乞巧歌：

　　　　我给巧娘娘点黄蜡，巧娘娘你把善心发。
　　　　巧娘娘给我赐花瓣，照着花瓣许心愿。
　　　　巧了赐个花瓣儿，不巧了给个烂扇儿。
　　　　巧了赐个扎花针，不巧了给个钉匣钉。
　　　　巧了赐个扎花线，不巧了给个背箩襻。
　　　　巧了赐个铰花剪，不巧了给个挑草铲。

> 巧了赐个擀面杖,不巧了给个吆猪棒。
> 巧了赐个切肉刀,不巧了给个朽心桃。
> 巧了赐个写字笔,不巧了给个没毛鸡。
> 巧了赐个磨墨砚,不巧了给个提水罐。
> 巧娘娘给我赐吉祥,我给巧娘娘烧长香。
> 巧娘娘给我赐花瓣,照着花瓣了心愿。①

20世纪三四十年代的"照花瓣"和现在略有不同。那时,照花瓣开始时,所有乞巧的姑娘们各人手里都端着一个碗,列队恭敬地站在香案两边,巧头将早上取来的神水分倒进每个碗中。接下来,巧头跪在乞巧娘娘面前祈求巧娘娘施巧。这个时候,大家开始齐唱照花瓣的歌,流传下来的照花瓣歌,除了上面一首,还有:

> 豆芽芽,麦芽芽,把愿许给巧娘娘。
> 根根豆芽根根线,大红绸子缠一转。
> 金芽芽,银芽芽,今儿个献给巧娘娘。
> 今儿个桌上献一献,黑了掐着想心愿。
> 做活心上细看哩,巧娘娘心上记着哩。
> 做活手上快着哩,巧娘娘把我爱着哩。
> 清清水,端一盆,巧娘娘叫我变聪明。
> 清清水,碗里端,巧娘娘叫我好手段。
> 巧娘娘,下云端,我把巧娘娘请下凡。

她们边唱着照花瓣的歌,边掐巧芽投入自己的碗中。那时,对于巧芽在神水中投影的分类要详细得多;除了花瓣的形状,还有针、线、笔、砚、鸡心、如意,以及铲子、镰刀、锄头、棒槌、牛头、狗尾等。乞巧的女性对这些形状分别进行了解释,针、线象征心灵手巧;铲子、棒槌表示笨拙;鸡心和如意表示吉祥;牛头和狗尾表示不吉利;笔、砚表示未来的夫君是文人;镰刀和锄头则寓意将来的丈夫是种地人。②

---

① 这首乞巧歌也是十里乡的霞帮我记录和整理的,再次感谢。
② 这段有关水中倒影的分类和解释参考了西和杨克栋先生的《仇池乞巧风俗录》。

送巧娘娘

姚河村的妇人们进行完照花瓣仪式后,巧头说可以送巧娘娘了。由一位年龄稍大的妇人捧着巧娘娘像,巧头在前面端着香盘,嘱咐同伴一定要将巧娘娘香案上的东西,能烧的全部都拿上,比如剩下的香蜡裱纸、鞭炮以及七天里化裱纸的灰烬。

当地人说,每逢乞巧,西和地区或多或少总是会下些雨,人们认为这是巧娘娘不想离开而落下的泪水。当巧娘娘离开乞巧点时,巧头安排人点燃一串鞭炮;参与送巧娘娘的人,各人手里都拿着一支焚香。我跟随乞巧队伍走出屋子的时候,发现外面一片漆黑,而脚下是雨后的泥泞,之前来看热闹的村民都已陆续回家去了。有几位妇人带了手电筒,大家互相帮忙照着脚下的路。巧头说七天前在哪里接的就要到哪里送,否则送不回去。我们穿过几条小道,走出村庄,来到对面的一条小溪,大家又相互搀扶着越过小溪,找到一处依稀可见的灰烬,巧头说,这就是七天前接巧娘娘的地方。虽然天空乌黑、脚下打滑,打从一开始,巧头还是让大家一起唱些乞巧歌。从后来录音整理来看,她们唱乞巧歌时,并非严格地将每一首都唱完,甚至很多时候在混着唱。她们依次唱的乞巧歌为《接巧娘娘》《跳麻姐姐》《泼又泼》《十二个月》《迎水歌》《照花瓣》。①

找到接巧娘娘的地点后,有人催促快些开始,因为快到十二点了。巧头将巧娘娘像放下,面朝东南方向,她们专门问过村里的一位阴阳先生,这一天喜神位于东南方;大家在巧娘娘面前跪下,巧头和一位同伴先给巧娘娘上香、点蜡、敬茶清水、化裱纸,这时大家唱起送巧娘娘的歌:

---

① 其中,《十二月》的歌词为:"正月里冻冰二月里消/二月里鱼儿水上漂/三月里桃花满庄红/四月里杨柳摆出门/五月里雄黄闹端阳/六月里麦子遍山黄/七月里葡萄搭上架/八月里西瓜蔓月芽/九月里荞麦拢两拢/十月里雪花飘进门/十一月满了,巧娘娘上天不管了/不管你穿,不管你戴,只管你头上两朵银花簪。"《一根竹子》的歌词为:"一根竹子渐渐高/渐渐高上折葡萄/折下的葡萄能吃了/竹子划了蔑条了/划下的蔑条软溜溜/担担担上陕西走/陕西坝里的好丫头/拐上两个回家走/人人说我拐下的/三十两银子买下的/巧娘娘,上云端,我把巧娘娘送上天。"

白手巾,画莲花,
巧娘娘走家我咋家。
白手巾,写黑字,
巧娘娘走家我没治。
白手巾,画牡丹,
巧娘娘走家我了然。
野鹊哥,野鹊哥
把我巧娘娘送过河。
拔鸡毛,搭花桥
把我巧娘娘送上庙。
有心把你留一天,
害怕天上天门关。
骑白马,搭黄伞
把我巧娘娘送上天。①

白手巾绣的是水仙,一股子青烟升上天。
白手巾绣的一枝兰,再也见不上巧娘娘面。
白手巾绣的竹叶梅,巧娘娘一年来一回。
一年三百六十天,巧娘娘下凡只七天。
啥时能见巧娘娘面?除非明年再下凡。
啥时教我做茶饭?除非明年再相见。
啥时教我绣花衣?除非明年七月一。
啥时教我用笔砚?除非明年照花瓣。
白手巾绣的芍药花,巧娘娘一走想死家。
白手巾绣的葡萄蔓,巧娘娘一走心想烂。
白手巾绣的莲花台,今年去了明年来。
等到明年七月一,头顶香盘再迎你。
七月里,七月七,天上牛郎配织女。

---

① 咋家、没治,西和方言,没有办法的意思;野鹊哥,即喜鹊。

她们一边唱，一边开始用裱纸的火焰点燃了巧娘娘像，并将香案上的那些东西也放进火堆里。巧娘娘像的身体部位是用竹条和纸制成的，比较好烧，但头部因为糊了很多层麻纸，她们担心烧不尽，巧头找了一根树枝将巧娘娘像的头支起来，让其更顺利地燃烧；巧头说，她们必须确保这些东西全部烧完之后才能离开，因为若有东西未烧尽则表示这次送巧娘娘仪式的失败，没有顺利将巧娘娘送走，是不吉利的。

　　2010年阴历七月初八的早上，即乞巧结束的第二天，我还没有起床就听到张雀来找我；她给我送了一包贡果，说是头天晚上送巧娘娘仪式时她专门给我留着的，因为我在乞巧的时候也给她们交了份子钱，另外，她们觉得我是外地来的客人，吃了巧娘娘的贡果会有福气。这时，荣阿姨从厨房里过来，荣阿姨问张雀，是否将贡果先放在家里香案上贡一会更灵验，张雀说没错。荣阿姨将贡果接过去，置于香案上，并上了三支香。早饭过后，荣阿姨叫我过去吃贡果，张雀送来的贡果一共有四个，我建议与她家人分享；荣阿姨挑了一个好的给我，所谓的好是指这个贡果炸的花样和火候，她又取了一个送给侄孙，那个孩子感冒半个多月没好，她希望贡果能让那孩子早点好起来。剩下的两个分别留给了她的丈夫和女儿。在荣阿姨让我吃贡果的时候，一个邻居家六岁的小女孩站在我旁边说道："吃了你就能上大学了。"中午，荣阿姨的女儿放学回来，我将留下的贡果拿给她，她平时是一个很挑食的孩子，但看到贡果后，却高兴地接了过去，她也告诉我，吃了贡果可以保佑她考上大学。

　　头天晚上十一点多，张雀以及乞巧的同伴们在白水桥头，也就是她们接巧娘娘的地方去送巧娘娘。在一堆熊熊大火以及她们的歌声中，送巧娘娘仪式达到了高潮，周围拥挤的人群正饶有兴趣地看着，这时，火堆里忽然窜出一连串的鞭炮声，由于事发突然，原先拥挤的人群一下子被鞭炮炸散开去，刚定下神来，张雀大声地问是谁干的，自然问不出来。随着火焰的慢慢熄灭，人群也渐渐散去，最后只剩下乞巧的那些妇人们。张雀开始大声地骂起那个往火堆里丢鞭炮的人，她说大家散开的时候，如果有车辆快速经过的话，肯定要出事故；说到这里，张雀忽然又像明白了什么似的,她说之所以平安无事,正是巧娘娘的庇佑。

第三节 | "上台"狂欢?

自从西和乞巧作为非遗项目被地方政府提倡以来,出现了一种与"乞巧点"相似但又不同的空间形式,那就是政府搭的"台子";从2007年开始,西和政府就预计每年乞巧节期间举行"乞巧文化艺术节",旨在对外宣传、推动当地旅游。艺术节期间,西和政府都会在县城的体育场和县城西北面的水库各设一个舞台,届时,安排一些文艺表演,其中一项包括邀请乡村里自发乞巧的女性登台表演,誉之为"原汁原味的西和乞巧"。

台子之一:晚霞湖水库

2009年乞巧期间,我在十里乡跟着避雨村女孩子们行情途中,常听到人们议论一件新鲜事。阴历六月二十九这一天,在当地人忙着乞巧的时候,县城西北面的晚霞湖水库旁边多了一个让大家既兴奋又疑惑的东西,那就是县上旅游局运过去的一尊巧娘娘塑像。据说,那天下午塑像就被竖立在湖边,面朝县城方向。西和县政府也学着当地老百姓,准备乞巧娘娘;他们提前派一位政府选定的西和乞巧传承人在其老家的一所高中,挑选了四十名女学生,排练乞巧,预备在七月初七到晚霞湖水库的巧娘娘面前表演。对此,当地百姓颇有微词,他们说从古至今,没听过巧娘娘还能塑像的,都是纸扎像,乞巧一过就烧掉了,县上在水库旁竖了一尊塑像,乞巧结束了,但巧娘娘还在那里,这太不合规矩。甚至有些人责怪政府,为了一己之利,还不顾全县人民的命运。

按照西和人的神学观念,这的确无法理解,如果不按时送走巧娘娘的话,就会促动天庭,带来灾祸。而人们有此担忧又恰恰是因为他们赋予了这尊塑像以神圣性,他们已经将这尊原本一件现代艺术作品的塑像与庙宇里的神像同等看待了。就在巧娘娘塑像竖起的那天，水库周围村庄的女人们就都陆续过去祭拜，甚至在塑像前面安置了香案。2010年阴历七月初七的上午，我跟着荣阿姨以及她姐姐两家人一起到水库上去，看到很多县城里的人就像荣阿姨他们一样，搭车过来逛一逛。我们到了水库上，看到巧娘娘塑像那里有很多人在祭拜，旁边有三个小摊位，卖着成套的敬神物品，即用一张红纸包着一束香、两支红蜡、一沓黄裱，每套两元钱。再看那巧娘娘塑像前面，有一个摆好的香案，上面有香炉、贡果、一杯茶和一杯清水，与大家乞巧时给巧娘娘摆的香案一样；香案的左前方，有一个用砖头摆成的"火盆"，专门为敬香的人设置，大家将香蜡裱纸烧在那里面。荣阿姨跪在巧娘娘塑像前面说道："巧娘娘，保佑我家女儿，让她早日开窍，给她智慧，好好念书，保佑儿子和丈夫都工作顺利，保佑家里的人平安、工作的人顺利、读书的人考上学校。"

目前，西和晚霞湖旅游景点的浩大工程依然在进行着。有意思的是，虽然地方政府接受了专家们的建议，但在巧娘娘塑像落成之后，他们还是加入了牛郎织女的传说故事以及相关景点的建设；比如，巧娘娘塑像所在的文化广场右前方的晚霞湖水面上，修建一个水上长廊，象征鹊桥相会，回廊两边的汉白玉栏杆上雕刻姿态各异的喜鹊，共九百九十九只，象征忠贞的爱情，他们还打算在巧娘娘对面的山坡上修建一个小型广场，上面竖一尊牛郎雕像。

2009年，我正好赶上落成仪式的准备工作；那时，我在当地还无熟人，只能借助县上的协调来找调查地点，从阴历六月二十五到二十九，我用了四天走了三个乡，最后也没找到合适的地点。六月二十五，文联的人联系我，让我跟一位姓李的主任到远道镇去，那里有乞巧的准备活动；在去远道镇的路上，我发现一同去的还有一位幼儿园园长，被誉为西和乞巧传人，这时我才明白原来我是跟着去看他们为晚霞湖水库塑像落成仪式编排的乞巧节目。① 我们中午才到远道镇,他们直奔当地的中学,一到那里,发现一群女学生已经排好队在等候;园长边看这群学生的表演边告诉我,她们主要依据长相和唱功共选拔了四十名女学生。中途,天空飘起了雨线,园长就和李主任到校长办公室去,园长带去的两位舞蹈老师继续给学生们排练。在几天后的落成仪式上,我看到了这群女学生的表演,那时她们都穿上县上配发的统一传统服装、脸上也是统一的化妆,县电视台的摄像机对准她们。

落成仪式之后,我便到离县城十里地的十里乡去看乞巧,那里的姑娘们告诉我,七月初七那天,她们要去晚霞湖水库;她们说县上传出消息,说那一天会组织竞赛,前三名有奖品。初七那一天,杨老师带着我和另外两位兰州来的学生去十里乡的横岭山,杨老师说,横岭山有个九眼泉,初七上午,周围村子里乞巧的姑娘们都会到这里来取神水,留作晚上照花瓣用。在去往横岭山的路上,我恰巧碰上之前见过的姑娘们,兴奋地告诉我她们正在等公车去晚霞湖水库。我们和杨老师到了横岭山之后,发现只有一些敬神的老阿婆在祭拜龙王。我们不得不转道。中途,下起了雨,到了晚霞湖之后,看到很多乞巧的姑娘们早就到了那里,看到她们气急败坏,才得知组织竞赛的说法原是谣传。在晚霞湖的农家乐刚好遇到带我去远道镇的李主任,他是晚霞湖景区建设的负责人之一,他说竞赛的说法确是县上故意传出来的,主要是害怕七月初七晚霞湖新建的巧娘娘广场不够热闹。

中午,这位李主任在农家乐请我们吃饭,席间,他给我们讲了一些有趣的事情。

在晚霞湖动工修建这个文化广场的过程中出了五件巧事。

---

① 远道镇是西和最北边的一个乡镇,离现县城三十公里,解放初曾是西和县城所在地;我到了那里之后,和副镇长说想在那里找一个村落参与当地的乞巧活动,副镇长说可以,而且还兴奋地告诉我有一个村子很不错,就是有点远,她会尽快帮我联系,到时候还可以送我过去。可是,就在那天下午,李主任和园长都准备返城时,副镇长告诉我,他们无法帮助我到那个村子去,镇政府仅有的一辆车子领导用了,我说没有关系,告诉我在哪里,我搭车过去,她坚决不告诉我村子在哪里。她最终向我表露,其实是她不愿意我去,因为她承担不起我的人身安全,最后她对我说,晚上就在镇子上看看算了,她的宿舍可以借给我住。

一巧：他们到石材厂选购塑像的材料时，竟然选到了合乎雕塑者要求的五尺长的大理石，雕塑的设计者听说后非常兴奋，因为大理石能达这样要求的概率微乎其微。二巧：雕像在兰州完工之后，运往晚霞湖的广场时，天空中出现了一道彩虹，而当时的时间是下午七点钟左右。三巧：巧娘娘塑像在广场上竖起来时，人们听到塑像前方的湖水里传来声声牛叫，大家都说，这是牛郎来了，得在织女像对面再塑一尊牛郎像。四巧：寻牛郎记。因为听到了牛郎的声音，有的人说是在湖水里，有的人说是在对面的山上；李让司机开着车，他们沿着声音到对面山上去找，途中一块大石头挡住了去路，他下车之后，发现这块石头貌似牛头，因为雨天积水，这块石头就如牛卧在水中纳凉一般。李说，他当时就把这块石头搬回来放到了雕像的旁边，心中还默念："织女，牛郎我给您找来了。"五巧：塑像正式竖立的当天，在政府安排的学生表演中，舞动的彩绸竟然汇成了一个"秦"字，李说当场他并没有发现，而是在之后洗出来的照片中看到的，他认为这是织女在告诉世人她是秦人的祖先女修。①

台子之二：分会场的故事

次年，即 2010 年八月份乞巧结束之后，一年的田野便告一段落，我也要告别西和。这一年，西和县政府继续前年举办"乞巧文化旅游节"，除了县城内的主会场，又分别在四个乡镇的旅游景点设立分会场。我连续两年都在十里乡参与观看乞巧，十里乡刚好也是分会场之一，地点设在景点横岭山九眼泉。在我提前与乡上联系，表露这一年

---

① 在讲述这五件事情的时候，我注意到一个细节，李主任一直要求我准确地记下这些，并且在最后表达了希望我回北京后能够拿出来讲，他说这些在大城市人看来都是新鲜、奇异的事件，肯定有人会对这个地方感兴趣的。在我提议想看下那块石头时，李主任左右搪塞没有带我去，之后，我又到巧娘娘雕像前去寻，并没有看到有什么石头。关于牛叫声，当地人告诉我，牛叫声大约持续了半个月左右，随着来晚霞湖的人多了，牛叫声也就没有了。我想说的是，不论这些事情的真假，也不管这些事情的巧合程度，以及说法的目的何在，一个特殊的空间被建构出来之后，人们马上就会用一套自己的方式赋予这个空间以完整的意义体系。

还想去他们那里看乞巧时,乡长说正好他们也要到各村去采风,提议我与他们一起。十里乡的工作人员告诉我,县上要求设立分会场并让各会场自筹经费,分会场需要搭建一个舞台和彩门,还需要策划节目;横岭山的九眼泉在 90 年代就成了县上水保局所在地,由县上协调,他们承担了舞台和彩门的搭建工作,十里乡乡政府负责节目的组织和编排,他们最后将此任务安排到了十里乡中学。县上要求原生态的乞巧表演,他们采风的目的就是为了寻找原生态的乞巧;同行的人告诉我,这让他们很为难,让那些自发乞巧的人到舞台上去表演,这是一件太难办的事情。最后,他们决定先在乡里张贴告示,鼓励自愿报名,结果报名的人少之又少,他们不得不到附近的村落去寻找乞巧。我问为什么不把这个作为一个任务派给各村委会,他们说那样的话,就更不好办了;村民肯定会要求资金补贴。他们说其实找乞巧并不难,到处都是自发的乞巧活动,问题是县上要求原汁原味,得想办法让她们上台,她们都是村里人,直接上舞台肯定不行,还得让她们提前去练几回,这太难了。2010 年 8 月 7 日,我与他们一起到十里乡避雨村杨家后弯寻找乞巧时,记录下了这段对话:

  乡上:听说你们村子每年耍得都好,就找过来了。你们好好练练,要传统形式,不要现代舞、现代形式。练好后,再去台子上练几回,以防怯台子。

  妇人 a:那就吓死了。跟城里人不一样,我们日里做活累死了。

  乡上:对你们要求不高,能唱、能跳就行。

  妇人 a:不好组织,说话大家也不听,要好看的队形,让老成人①站中间,年轻人站旁边,这都不听。

  乡上:歌舞原汁原味最好。

  妇人 b:那难听死了,要台子上演得那样才好的。

  乡上:你们主要是演乞巧,其他文艺节目由十里中学和乡上

---

① 老成人,西和人方言,意思是年龄大的人。

负责;你们就按老规程,要的就是传统的,原汁原味的,像《十送红军》都算流行歌,就不要了。①

乡上:把情况说一下,初六、初七两天,乡上在横岭山搭了个台子,到时候有电视台现场直播,你们上台子上表演下乞巧。有七个村报名的,十几个队伍呢,大家反映说你们这里好,我们就找过来了。县上会发一个歌词本,原汁原味的,你们就按照那个歌词本练,要返璞归真。你们上台子上演的,我们要挑一下,其他的你们就在村子里耍,我们不干涉。年龄和体型要统一,好看一些嘛。

妇人f:农村里女人一年到头苦了,都是各个村子的姑娘聚到一起的,也是缘分,我们狂巧娘娘是为了高兴;年龄都四十几岁了,集中到一起拍个片子,是为了纪念。我们对村上、县上的名誉也不感兴趣,让全县人看,我们也不感兴趣。

乡上:知道了就寻来了嘛。

妇人f:上台子我们没这个能力,时间有限,我们也才开始,一直会有人加进来,不能乱当家,不好弄。

乡上:大家组织一下,哪个节目好,选一段就上去了。

妇人f:上台子,服装都不好。

乡上:就是为了原汁原味,补助的话,我们也没有能力;人太多了,想去就给你们提供一个平台,要耍就耍得好一些,我们只能给平台让全县人看一下,不是要你们以乡上为主,你们该怎么狂,就怎么狂,该怎么行情还怎么行,就到时候去一下,到时候把日程安排给你们送过来。

妇人f:白天干活累死了,晚上回来还要喂猪,晚上都用睡觉

---

① 杨家后弯在当地算是一个比较富裕的社,这个社基本上每年会乞巧,用当地人的话说,这个社的妇人们爱狂巧娘娘,今年她们准备得比较好,因为她们想把自己的乞巧过程拍成片子留作纪念。当谈话进行到这里,巧头之一a,觉得这是件好事,既然乡上看中咱们,那是给咱们面子,因此基本把这个事情应允了下来,直到另一位巧头f出现。f平时爱敬神,也爱唱爱跳,她到场之前,a就对乡上的人说,f脾气有些古怪,不太好说话,但她爱敬神,懂得多,她说话才算数。

的时间练的,我们没时间去上台子。我们啥都不图,就是为了拍个片子做留念,二十几个妇人家聚到一起都是缘分,都快有儿媳妇了,以后也不好狂巧娘娘了,以后给儿媳妇、给孙子看一下说,哦,我婆原来是这样子的。是纪念。

回去的路上,还没等我开口,他们就很有把握地对我说,今天这么来了一回,她们平时晚上练三个小时,今天晚上就要练四个小时,那个妇人f说得那么好,其实是要补助呢。与他们不同,我倒觉得妇人f的说法不只是要补助,也是真情实感。接下来,我跟着他们又到后来跟我比较熟的张晶的乞巧点,但他们说只是去看一下,不抱希望,因为女娃娃们肯定都是现代舞、不会传统的了。到了那里,他们问了些简单的问题,就留了一份县上准备的歌词,让她们照着练。几天之后,我自己又来找张晶这群小姑娘,这群女娃娃们很热情,张晶告诉我她们后悔报名了,觉得去上台子表演没啥意思,关键是乡上要求她们唱传统老歌,因为从小时候狂巧娘娘开始就一直是现代歌曲伴舞蹈,那些老歌她们都不喜欢了;乡上给了她们几页歌词,我一看,正是2009年我刚到西和时,远道镇中学那场为巧娘娘塑像落成仪式编排的节目里用的歌词。

几天之后,我在横岭山的舞台上,既没有看到张晶她们的身影,也没有看到杨后湾村的那群妇人们。

第七章

结语 乞巧与"心上"的人类学意义

第一节 | 西和乞巧的多重维度

多重维度的混融

西和乞巧仪式展示了多重维度的混融,包括仪式的神圣性与日常生活、集体情感与非定向性情感以及神学观念与狂欢精神的同时在场。西和乞巧是一项基于巧娘娘信仰的民间宗教仪式,在西和人神学观念的支撑下,乞巧的仪式过程充满神圣性,也可见仪式与日常生活之间的清晰边界;此外,西和乞巧为当地女性提供了"站在门坎上"的机会,让她们可以短暂地抽离家庭,抽离日常生活。但是,这些都并不表示西和乞巧仪式与日常生活之间是相互隔离的,实际上,日常生活被乞巧仪式参与者深深地带入了乞巧仪式当中,比如杨兰花在乞巧中讲述的儿媳妇对自己的狠心、张雀从被丈夫打骂的笑话而引发的对自身命运的感叹、慧美对家庭的间歇性厌倦,等等。西和乞巧仪式激发了仪式参与者的集体情感,同时来自于定向性情感之外的非定向性情感亦在其中显现。西和乞巧仪式是多重维度的混融,严肃的敬神仪式反映和延续着西和人的神学观念,而那些轻松愉悦的歌舞活动则深刻体现了西和人的"狂耍"观念。

西和乞巧仪式中这种多重维度的混融在西和当地并不少见,北关泰山庙的庙产出租也是一个类似的例子。2009 年 10 月 12 日,在到达西和两个月后,随着我住进北关村的赵叔家,我在西和的田野调查才算真正开始。住进赵叔家之后,我慢慢融入他们家的生活,我经常跟随赵叔的妻子荣阿姨一起去庙里进香。北关村的村庙叫泰山庙,就是我们常说的东岳庙,里面供奉东岳大帝,北关人称之为泰山爷,他们说泰山爷就是《封神演义》里的黄飞虎。荣阿姨第一次带我去泰山庙进香时,顺着她指的方向,我没能一下子辨别出庙宇来,因为泰山庙淹没在一片农贸市场之中。北关村地处西和县城的北面,是整个县城的交通要道,自然也是主要的经济活动场所;泰山庙处在北关村与县城主干道的交界处。与大多数庙宇的命运一样,泰山庙在"文化大革命"期间被摧毁过,20 世纪 80 年代,北关村的信众开始自发筹款重修庙宇;到 2010 年 9 月,也就是我最后一次离开西和时为止,北关人重修了戏台和泰山庙的整体部分。

当初庙宇被摧毁之后,村委会曾占用过庙宇所在地。新中国建立后,特别是在庙宇重修的过程中,村委会开始逐渐介入到村里的信仰活动中,泰山庙的部分庙产也归村委会所有,其中包括戏台前面的一大块广场。90 年代,基于泰山庙所处的优越位置,村委会将广场及其四周的房子租了出去,房子主要作为店铺。广场被村里一位矿主租下,他硬化了地面,逢集、庙会期间,他将广场出租给小商贩,平时主要用作收费停车场,秋冬之际,常常出租给摊贩搞物资交流会,而当夏季来临时,则变为啤酒广场。特别是在夏季,不论白天还是夜晚,泰山庙似乎消失在了一片灯红酒绿之中。此外,泰山庙的戏台也出租给一位村民用来办家政公司,这个家政公司并没有正规的营业执照,也不要求有一个正规的办公地点,主要是通过熟人介绍以及电话联络来确定业务事宜;老板租下戏台主要是为了堆放家政公司的用具,庙会期间会主动让出戏台。

最初看到的这片景象给人一种印象,那就是圣/俗的混融,它呈现了神圣与凡俗两个范畴之间的模糊边界。"圣/俗"之说就是涂尔干关于神圣和凡俗的界定。泰山庙的景象虽然是一种直观印象，但是却可以带来较为严肃的沉思：涂尔干在《宗教生活的基本形式》中不是强调神圣与凡俗的二分吗？不是强调神圣与凡俗之间不能相互浸染吗？他还说，特别是神圣一旦沾染了凡俗的气息，那么，就不再是神圣的。如果按照涂尔干的这种界定，泰山庙的这种情况又该作何解释呢？西和乞巧中多重维度的融合又该作何解释呢？

涂尔干情感理论的局限

涂尔干所划分出来的神圣和凡俗的范畴实际上是一种分类，在这一点上，涂尔干秉承了康德的思想和方法论，即对世界的认识要借助于人类理性所划分出来的范畴，譬如时间和空间就是人们认识的最基本的两大范畴。涂尔干和莫斯（2000：4）指出，分类是指人们把事物、事件以及有关世界的事实划分为类和种，并确定它们之间的包含关系或排斥关系。另外，我们不难发现，涂尔干划分出神圣和凡俗是一种二元结构，二者之间是二元对立的关系。的确，在人类的分类体系中到处可见二元结构，诸如男人和女人、上和下、左和右。但是，正如涂尔干和莫斯所言，在分类过程中有一个核心的东西在起作用，那就是人的情感价值，基于这个情感价值[①]，人们会在不同的类属之间进行高低等级的区分，而这正是二元结构以及涂尔干圣/俗二分模式的根本问题所在。

[①] 涂尔干和莫斯所说的"情感价值"是集体意义上的。他们在给出分类概念之后，就指出这与逻辑学家和心理学家的观点是不同的，人类基于情感价值的分类能力并不是简单和先天的东西，或者至少不是单凭个体自身的力量就可以形成的能力。毫无疑问，他们认为这种力量应该来自于社会。首先，他们在社会发展史的角度指出，分类能力是人类心灵演化的结果；分类概念是借用亚里士多德的"属"概念，随着人类心灵从混沌到区隔的演化，属与属之间的边界逐渐清晰，即人们不再像原始状态那样，认为事物之间是可以相互转化的。其次，他们提出"集体心灵"的概念，认为分类的观念最终是根据社会所提供的模式组织起来的，分类是群体而非个体意义上，因此"情感价值"实际上是与"集体心灵"紧密相关的，当"集体心灵"形成之后，就能够反作用于它的原因，即社会，并能够促使社会发生变化。总而言之，涂尔干和莫斯假设个体心灵是没有分类能力的，是接受了社会的分类以后才具有分类能力。此外，涂尔干和莫斯关于分类的思想还与秩序直接相关，即分类的过程实际上就是将世界秩序化的过程，尤其是涂尔干，他更多关注的恰恰就是世界的秩序化问题。但是我认为，在秩序化过程中，那些未被秩序化的无序以及尚处无序的事物同样也需要我们的关注。

涂尔干提出的"集体情感"概念以及他的情感理论都是建立在这种二元论基础上的。处在社会转型期的学者大多会面对这样一个棘手的问题,那就是随着旧的社会制度的崩溃,一个新的社会如何可能?涂尔干也是如此,他一直寻找新的道德团体得以形成的根基。他主要从内外两个方面给出了答案。首先,涂尔干指出人性之中含有能够促成社会团结的因素,那就是他所说的"集体情感";其次,涂尔干还指出社会的形成和再生产还源自于一种外在力量,就是他常说的"社会力"。借助这两种力量,涂尔干所展望的一种新的道德团体形成了,其基本的社会理想以社会和集体利益为第一要义,主张人应该放弃人性中非理性和个人性的一面,向着社会性超越。这样一种社会理想确实对于社会和公共道德生活的重建非常有效,但是也不容置疑地导致了价值体系上的一元性。

这种一元性深刻地体现在涂尔干圣俗二分思想所导向的不可逆的价值等级关系中,那就是神圣始终处在价值体系的顶端,是值得人们去追求的唯一,而凡俗则是毫无意义的,甚至会羁绊人们对神圣的超越,同时也如同其建立的社会与个体间关系那样,强调社会是无条件高于个体的。涂尔干毕其一生都在探讨宗教问题,而他对宗教的关注其实是有其深层的关怀的,那就是社会是如何产生以及如何再生产的。毫无疑问,很多时候,他都是将社会等同于宗教,社会也因此具备了宗教的性质,是神圣的、对个体具有召唤的能力、是纯粹的。涂尔干尤其强调宗教和社会的这种纯粹性,他将世界分为神圣和凡俗之后便指出二者之间不能相互浸染,特别是神圣不能沾染凡俗的气息,否则便不再是神圣。这种纯粹性还体现在宗教仪式中,涂尔干认为正是周期性的宗教仪式巩固了人们心中的集体情感,让人们从日常生活中超越出来;日常生活是涂尔干非常鄙夷的,在他看来,日常生活是琐碎的、毫无意义的,只会滋生人的私心,让人沉迷于对一己之利的追逐中。言外之意,宗教仪式是纯粹神圣性的,不能杂糅日常生活的成分。

概言之,涂尔干对神圣与凡俗的划分存在以下几个问题。首先,圣/俗二分的模式是一种简化的认识论,这同时也是当时法国学界流行的新康德主义的特点之一①;用二分的结构来认识世界会消解世界本身的复杂性,另外,将神圣与凡俗界定为相互对立的关系,并且强调这种相互对立是绝对的,这固化了两个范畴之间的边界。

涂尔干关于神圣与凡俗的思想至少构成了两方面的影响。第一,进一步巩固了关于宗教的认识论基础,即二元论。涂尔干在对世界做了神圣与凡俗的划分之后,紧接着就指出宗教属于神圣的范畴。涂尔干(2003:240—242)在《人性的两重性及其社会条件》一文中一再强调人性是二元的,那就是基于精神和肉体而形成的社会性和个人性。在对待个人性与社会性的关系问题上,涂尔干无疑是一位康德主义者,即认为心灵与实在之间不可能具有直接的联系,换言之,二者之间是不可以直接过渡的。涂尔干将凡俗世界总结为个人性的范畴,宗教世界总结为社会性的范畴。由此可见,宗教对个人具有绝对权威。这与希腊人文主义传统将身体视作与人的本性相对,以及基督教将身体看作偶然的生存方式的思想是一致的。

第二,圣俗二分的思想奠定了人类学仪式研究的基础,而这同时也造成了人类学仪式研究中的一些缺陷。在仪式研究方面,维克多·特纳和玛丽·道格拉斯是深受涂尔干影响的两位学者,他们的共同之处就是延续了涂尔干对仪式的界定。正如包尔丹(2005:215)所总结的,"世俗是由日常的事务构成的领域——由普通的、任意的、基本上不重要的事务构成;神圣的领域则恰恰相反,它是超自然的领域,由非凡的、值得纪念的重要事务构成"。在涂尔干圣俗二分思想影响下的仪式研究的最大缺陷就是对日常生活的忽略和否定。

---

① 正如巴尔特(2008:201)所言,涂尔干受新康德主义的影响在学界已达成了共识。法国新康德主义哲学家代表是查尔斯·勒努维耶(Charles Renouvier)。卢克斯把涂尔干对康德的理性主义的修改追溯到了勒努维耶那里,这种修改的方向是朝着范畴的偶然性以及它们被社会决定的维度,如同《原始分类》及其后的《宗教生活的基本形式》都强有力阐明的那样;尽管涂尔干对康德本人的大多数著作都心存怀疑,他对两分法的青睐(个人/社会;神圣/凡俗)却可以直接追溯到这位德国大师。

第二节 | 消极情感与积极情感

以赛亚·伯林(2003:170)曾经区分过政治学中的两种自由概念，他分别称之为消极自由和积极自由，简单来说，所谓消极自由指的是克服外在蓄意强制力量而获得的自由，积极自由则是指人作为主体和行动者运用自身的理性主动争取的自由；伯林在这里所言的消极和积极二词均属客观描述，不含价值判断。伯林关于自由的这种区分方式也可以运用到对情感概念的认识上。涂尔干的"集体情感"概念强调外在力量(宗教力、社会力)对人性的召唤，从而克服人性中个人性的一面，而促使社会性一面的滋长，可以视为一种消极情感概念。而与涂尔干同时期的法国哲学家柏格森也提出了一种情感理论，强调情感在人的自我实现中起着关键作用，这可以视为一种积极情感。而笔者在本书中提出的"非定向性情感"的概念正属柏格森意义上的积极情感范畴。此外，纵观西方情感人类学的理论发展，可以说，其中情感概念的发展过程经历了伯林意义上的消极向积极的转变。

消极情感：涂尔干情感理论的内涵

消极情感是指被限制的一种情感状态，具体而言，就是指被理性所限制、要求自我克制的情感状态。消极情感观念有其深厚的古代传统，柏拉图和亚里士多德都曾论述过人的情感，他们认为处于自然状态的情感是变动不居、容易激动的，会使人做出不好的事情，从而不利于城邦的稳定，因此，情感需要完全服从理性的统治和引导。不过，消极情感观念对情感的态度并不是彻底否定的，而是持一种"去其糟粕，取其精华"的态度，即要用理性改造情感从而使其发挥积极作用；这其中的立场就是以群体的利益为第一要义。因此，消极情感所坚持的第一要义是建立在对情感限制成功与否的基础上，但由此也显然可见，情感被否定的同时也与理性一起成为决定外在秩序的核心和基本的要素。涂尔干正是在这个意义上谈论情感的。涂尔干关于情感的观点主要集中在其提出的"集体情感"概念之中,而他提出集体情感这个概念又是为了论证其社会团结的理论。涂尔干对社会团结终其一生的热衷并非偶然,大革命之后的法国面临着社会(道德、制度、社会关系等)重建的问题。涂尔干认为社会团结的机制并不仅仅是外在的,也是内在于人的基本属性中的。他在《人性的两重性及其社会条件》中指出人的属性是二元的,即可以区分为个人性和社会性两个方面:所谓的个人性主要是指与身体有关的部分,比如官能、感受、情感、性,而社会性则是与灵魂相关的部分,比如理性、理智;涂尔干认为个人性和社会性是相互矛盾、相互否定的关系(涂尔干,2003:240)。那么,人性中既然存在着这样一个矛盾,那又如何能够促成外在的社会团结呢?涂尔干认为人的这种基本属性中所蕴含的社会团结机制表现在两个方面,首先社会性这一属性可以引导人进行超越,即向更高的善的超越,其次是个人性这个属性蕴藏着深层的危机,它那变动不居的特性恰恰会干扰人进行超越,但其中也包含着一股潜在的力量,它可以扭转甚至是改变人性中个人性的特质,即消除其潜在的危险性,而这股力量就是"情感"。

进一步讲,涂尔干(2006:399—400)将这种可以促使个人性向社会性超越的情感称为"集体情感",所谓集体情感是指集体中每一个人都具有的相同的情感,这种情感是外在力量(社会)在人身上作用的产物,因此也叫做社会情感。涂尔干对集体情感的界定是建立在对两种情感的区分之上,他将人的情感划分为个体情感和集体情感两种类型,而他对情感的这种二元划分是与其圣俗二分思想一脉相承的;涂尔干用神圣和凡俗两个范畴对世界进行了二元划分,对此,他在《宗教生活的基本形式》中说道:"整个世界被划分为两大领域,一个领域包括所有神圣的事物,另一个领域包括所有凡俗的事物,宗教思想的显著特征便是这种划分。神圣事物与凡俗事物之间区分的标准是异质性,而且这种异质性是绝对的。"(涂尔干,2006:33)涂尔干(2006:400)认为个人情感在凡俗世界或者说日常生活中占主要位置,集体情感则在神圣世界中完全压制个体情感。在经验的层面上,集体欢腾是集体情感得以巩固和发展的最典型的时空架构,集体情感通过周期性重复的仪式活动最终会演变为集体意识,从而促成社会团结。由此可见,涂尔干一方面将情感划分为两种类型,认为二者处于二元对立的关系中,而集体情感由于分享了神圣事物的特质而具备了社会性,同时也具有了一种先天的优势和权威,这样,涂尔干就将个人情感排除出了促成社会团结的内在因素,准确地说,他认为个体情感无助于社会团结的达成。

不过,涂尔干消极情感理论中存在的问题也是非常明显的。消极情感所包含的意思始终是坚持一种强制或者说制约的手段来管理或者说控制人的情感向度,这无需赘言,情感在消极情感的概念中是一股针对社会秩序而言涌动不安的危险之流,而这种危险正是反应在个人性上,也就是"个体情感"。个人领域曾经被视为解放或者说人们获得自由的最后的壁垒,但是在消极情感这里,这个最后的壁垒从一开始就被攻破了。但是,涂尔干的消极情感理论的出现并非偶然。涂尔干是一位社会决定论者,这代表了当时流行于欧洲哲学里的机械决定论,即在牛顿力学的影响下,认为未来的细节受到当下因果关系的决定,而且过程是可以重读的,这种思想无疑是在否定人的自由意志。涂尔干赋予社会优先于个人的权威,而且这种权威是绝对的,这决定了他对情感的二元划分,并且也决定了他对个体情感的扬弃。此外,涂尔干的社会决定论是建立在二元论之上的,而二元论的最核心机制不是对事物的二元区分而是区分之后所形成的价值等级秩序,而且该价值等级秩序是将某一元视为不可动摇的价值诉求的;比如他将世界分为神圣和凡俗两个范畴的同时也将神圣置于凡俗之上,并且神圣范畴的至高地位是固定不变的,同样的,涂尔干所划分的集体情感和个体情感也处在这样的秩序结构当中,个体情感的命运从一开始就被注定了的。

积极情感:柏格森对涂尔干的超越

在涂尔干的《宗教生活的基本形式》(1912 年)付梓二十年后,柏格森专门写了一本名为《道德和宗教的两个来源》的书来批评这本书。柏格森是与涂尔干同时代的哲学家，他是法国现代哲学的开启者，因其哲学思想直面生命本身而被誉为生命哲学。柏格森在《道德和宗教的两个来源》中从三个层次上批评了涂尔干的宗教理论，而他使用的核心概念也正是涂尔干在建立社会团结理论时所用的概念，那就是情感。

积极情感观念是对消极情感概念的一个反思和批评，是指一种主动寻求自我实现的情感状态；进一步讲，积极情感认为人的情感在人性中能够起到与理性同样重要的作用，甚至有时候可以决定理性。积极情感是伴随着现代哲学的兴起而出现的，现代哲学开始强调人的内在力量的自我决定性，比如说我的选择是由我自己来决定而不是来自于外在的某种强制力（比如柏拉图的城邦正义、涂尔干的社会），并且能够为自己的选择负得起责任，在这个意义上，人才是真正的主体和行动者。消极情感认为人之所以能够独立地进行选择，其能力来自于人的理性，而情感并不单独具有这种能力，就如消极情感认为情感是一种低级的人类本性，包含着无法控制的涌动之流。积极情感恰恰是要批评这一论断，要将情感置于与理性同等重要或者是更重要的位置。如果说消极情感概念带出的是个体和集体或者说个人和社会的区分，那么，积极情感概念包含的则是理性和非理性的区分。

柏格森将情感划分为原始情感和面向全人类的高级情感。如果说涂尔干是在共时的层面上将情感划分为个体情感和集体情感，那么，柏格森则是从历时的角度对情感进行了划分，认为二者处在进化的序列上；柏格森所说的进化并不是进化论意义上的进化，而是指绵延，它强调整体是一个连续的序列，其中的每一个瞬间都汇集着过去，都是新的、不可重复的。柏格森（2011:63—64）在对情感进行划分之后随即指出，理性处在原始情感与高级情感之间，它并非自足的人类本性，它与情感相互混融、相互渗透；虽然情感具有流动性和不固定的特质，但也正是这一点使其具有了开放的特性。因此，它可以消解以理性为名义的绝对命令对人的压制和定向，自由也才有可能发生。虽然,柏格森将情感划分为两种类型,但这种划分并没有使二者之间构成二元对立的关系,相反,它们之间是一种"你中有我,我中有你"的关系,同理,理性与情感之间的关系亦是如此。实际上,柏格森对情感的论述最终是要批评涂尔干以二元论为基础的社会决定论。

首先,柏格森反思了涂尔干对人性两重性的认识。柏格森和涂尔干一样也认为人具有两重性,但不同于涂尔干的个人性和社会性,他称之为生物性和社会性,生物性与个人性基本上属于同一范畴,但在看待二者的关系上,柏格森和涂尔干产生了根本性的分歧。总体上看,涂尔干认为个人性与社会性之间在本质上是异质和断裂的,而柏格森则主张二者是延续的关系。这主要体现在三个方面,第一,二者的思想背景有所差异,涂尔干主要面对的是战后法国社会重建的问题,而柏格森则是重在反思当时的新康德主义以及理性泛滥的问题,从而主张重建理性与生命之间的联系(White,2013)。第二,柏格森认为本能和社会在对人的约束性上是相似的,二者是程度上而非性质上的差别。第三,对涂尔干而言,社会生活必然是理智的,但柏格森主张社会生活应该由本能和理智共同构成。因此,在柏格森看来,人性当中的社会性一面并不具有先天的优越性,也不具有绝对的权威。

其次,柏格森反对涂尔干的社会决定论并非反对其社会的概念,而是反对将社会作为个体的终极价值目标以及社会对个人的压制。其实,在对待个人与社会的关系上,柏格森和涂尔干有一致的地方,他不否认只有当社会自我被置于个体自我之上时,社会团结才有可能,而且,他也认为社会是内在于人之中的。柏格森(2011:2)认为社会对人的影响是基于习惯(habit):"社会对我们施加压力,是一个建在习惯之上的封闭的系统,是非人格的。产生一种服从的习惯,而绝大多数服从的习惯都会对我们的意志产生压迫,这就是义务感。这是社会对我们的要求,每一器官都直接或间接对应于一种社会需要。这些习惯全部结合在一起,就形成某种固定的整体。"涂尔干在处理个人与社会关系时的一个核心概念是超越,即个人在社会力的作用下从生物性和个体性向社会性的转变,意味着从低等向高等的根本性变化,以及人与人之间建立起各种各样的社会关系。"超越"一词蕴含着社会是个人追求的终极目标。柏格森(2011：175)对之诘难的理由是人的社会性并非高于个体性，而是人的本能，比如蜜蜂和蚂蚁凭借着本能也可以建造群体生活；因此，家庭、国家、社会这些社会范畴的组织在柏格森看来都是基于人的本能冲动，如果每一个人都以此为终极追求，那么小范围内的团结势必造成群体间的争斗与冲突。柏格森(2011：6)认为人属于社会的程度和属于自己的程度是一样的，对此，他用了一个比喻：水生植物在水的表面上，叶子相互交缠在一起获得了稳定性，但更为稳固的还是各自的根茎，但是在根茎与叶子的附着点上，自我本身就被社会化了。涂尔干认为人存在的意义就在于从生物性或个体性向社会性的超越，而柏格森则认为人类的独特之处恰恰是对社会性的超越。

最后，柏格森所主张的对社会性的超越在于开放社会的建立。柏格森提出封闭社会和开放社会一对概念，类似于涂尔干的机械团结和有机团结。封闭社会是指人类社会发展的初期阶段，类似于蜜蜂一样的群居动物，个人的理性尚未发展起来，社会的运行完全依靠习惯系统；随着理性的发展，个人与社会之间产生了冲突。面对这一冲突问题，涂尔干主张社会优先，而柏格森则认为治病良方是人的情感。柏格森(2011：21—26)指出在封闭社会中，人们的情感以血缘、亲属和地域关系为主，是本能的、排外的且可以生出仇恨；然而，还有一种超越个人和社会的情感，它是面向全人类的，比如宗教中的"爱"通过圣人传达给每一个人。封闭社会是凝固的、强制个人的，而由面向全人类的情感引导的开放社会将会像绵延一样，是敞开的，处于不断的更新中。在开放社会中，群体之间的战争和冲突将减少，"爱"可以引导理性走向更好的未来。

两种情感概念对于情感人类学的启示

作为一个视情感为专门研究对象的人类学研究领域，情感人类学从一开始就如柏格森一样将反思情感与理性的二元结构作为第一任务,这具体表现为情感人类学早期理论发展中对情感的去本质化的努力。20世纪80年代末开始,受实践理论的影响,情感人类学在理论上又分别经历了将情感视为话语(discourse)到涉身性(embodiment)的转向。由此可以说,人类学对于人类情感属性的探讨主要区分了三个方面,即强调情感的文化属性、社会属性以及生物属性;其中,涉身性理论对情感的生物性的强调并不是以否定情感的文化属性和社会属性为前提的,而是强调人的情感属性应该是一个混融的概念,三个层面都在其中,没有高低之分。

但不得不强调的是,涉身性理论主要是受现代西方哲学思想的影响,后者至少有两大特征,其一,旗帜鲜明地指向以往的理性主义传统;其二,开始关注那些一直被忽视和压制的人类属性,譬如欲望、身体、情感等,以此来反对以往对人类属性的界定。第一点是对理性主义中可能会包含的等级观念的反思,这在客观上消解了理性主义传统中的先验范畴,在此基础上的第二点便构成了对知识确定性的反思,后者取消了先验的形式,因此,质料与质料之间的组合便具有了随机性和偶然性。不难发现,这两个方面的反思都透露出对个人自由的彰显。但是,情感人类学理论发展到涉身性这里不免出现了局限,不管是话语理论还是涉身性理论,虽然都可以有力地批评以往的理性主义,但它们同时也引出了一系列的理论困境,比如情感究竟是个人的还是社会的?当从个人角度消解了社会权威之后,如何保证社会秩序以及社会的稳定?这种消解是否是成功的?如果反过来坚持社会的权威,那又如何能保证个人的自由?

尽管涂尔干的消极情感理论有其不容忽视的问题,但对我们重新理解和思考情感人类学依然有所助益。首先,涂尔干论述的社会团结的内在机制建立了人的情感的社会性,即集体情感与外在的社会秩序之间的积极关系,涂尔干所建立的情感的社会性正是我们将情感作为人类学研究对象的前提和基础。其次,虽然涂尔干是在集体情感的意义上承认人的情感的积极意义,而且他从社会团结的角度否定了日常生活和个体情感的社会意义,但是他将个体情感置于日常生活的主要地位的同时也意味着个体情感在日常生活领域中是不受集体情感的影响和控制的,这为情感人类学探讨人的情感留下了巨大的空间。因此,从积极的角度可以说,涂尔干将个体情感排除在社会团结的内在机制之外恰恰在客观上为个体情感提供了一种自由,即一种不受社会和集体情感限制的自由。

虽然,柏格森批评了涂尔干的社会决定论,但在对待人类属性中的社会性上,他和涂尔干持同样肯定的态度;柏格森和涂尔干最大的区别是在于,涂尔干认为人性中的个人性与社会性是相对立的关系,而柏格森则认为二者是相互融合的。正是这种差异决定了涂尔干将个体情感和集体情感置于同样的二元对立关系中,而柏格森则用原始情感和高级情感的划分超越了涂尔干对于情感的二元论。在此基础上,柏格森提倡重回生物学。总体来讲,柏格森的积极情感理论对情感人类学的启发可以表现在以下两个方面。

一方面,柏格森消解情感与理性之间的对立关系,二者以无差异的形式共同构成了人的生命过程,相互混融、相互渗透;二者在不同的情境下相互引导。对于生命本身而言,情感是优先于理性的,不是理性而是情感使人之为人。因此,关注生命本身或许是情感人类学跳出以往二元对立的权力框架的路径之一。

另一方面,柏格森对生命本身的强调,这正是人类学最能够发挥特长之处。除了关注曾经被忽略的非定向性情感,情感人类学还应该重视人的生命过程。面对人的生命体验,我们很难将其简单地划分为相对立的两个部分。我们既在身体的意义上活着,也在心灵的层面活着;既拥有超越的能力,也拥有体验平常的热情。柏格森给我们的启示是,不能通过赋予心灵的优先性来否定身体,实际上,身体中的某些东西甚至是高于心灵的。对于生命而言,没有神圣和凡俗的区分。像涂尔干那样,单从某一部分的价值优先性出发去否定另一部分的意义,必然存在很大的风险。

总之,从柏拉图以城邦正义的名义来要求情感服从理性的统治,不难看出人类情感所蕴含着的强大爆发力。这种力量在保守者看来是危险的,在激进者看来是变革的源泉,在中间者看来是一股可以成就人类的力量。涂尔干以社会的名义对情感进行分类,一方面否定了个体情感,另一方面将剔除个体因素的集体情感提升至社会的层面加以肯定,从而强调情感对社会团结、社会道德建设的正面意义。涂尔干无意之中为个体情感留下了自由的空间,这也就是在实践理论影响下的情感人类学所强调的情感的抵抗性,即个体情感是人的能动性的一部分,蕴藏了抵抗外在社会结构对个人的压制的力量;但这种主张显然是在强调个人自由的同时忽略了社会的重要性,甚至可以说,这一主张依然没有跳出二元论的框架。情感在个人与社会的二元结构中上下倒转。柏格森通过对生命过程的强调有力地弥补了这一状况,他首先消解了二元结构中的上下等级关系,通过绵延概念指出情感与理性、情感内部要素之间是相互成就而非相互对立的关系,没有谁可以决定谁。柏格森认为强调理性为第一要义的话语体系忽略了生命和生命过程,他认为类似于康德所创立的理性认知范畴是边界清晰的,在对生命呈现的过程中必然有所欠缺,事物的发展并不是由先验的形式决定了的,我们无法预先知道其发展的轨迹,不受先验形式控制的自由意志将在其中自由驰骋。

第三节 | 情感自觉与社会主体

一种"狂耍"的生活方式与情感的出口

福柯在《何谓启蒙》中特别提到康德所说的"出口"概念,他说,"他把这出口确定为一种事实,一种正在展开的过程,但又把这出口描述为任务和义务"(福柯,1998:530)。福柯认为康德在这里强调的是人们从未成年状态走向成年状态的努力,冲破蒙昧、走向理性的过程。"出口"既是一个名词,也是一个动词,既是指解决问题的具体办法,也是指寻求解决之道的行为和行动;是指人对自身所处"未成年"状态的洞察,以及自己能够对自身所处现状进行改变的能力,总之,人能够自觉地自我启蒙。理性在康德看来是"出口"以及人能够自觉的一个核心要素，而现代哲学开始强调不只有理性，非理性的情感也能够促成人的自觉。我在此意义上重提"出口"概念，并在康德意义上加入情感的维度，"出口"也不再仅仅是摆脱未成年状态，冲破蒙昧的行为，也指人对于自身被压制状态的知觉，尤其是自身情感世界被规训和压抑的状态。

在"非定向性情感"概念的背后包含着这样一种观点，那就是人的完整性是被压抑的，不管是西和的乞巧还是社火，还是唱山歌抑或是女人们之间的悄悄话等，都表明人的情感需要有宣泄的路径，是为情感的"出口"。西和的乞巧和社火分别是当地女性和男性的情感出口之一，同时，人们能够在传统的文化形式中，将信仰、仪式以及自身的情感表达融为一个有机的整体，这种智慧或实践也是情感的"出口"。西和人的这种情感"出口"具有一种特殊的精神气质（ethos），从而形成了一种别样的生活状态，我称之为"一种'狂耍'的生活方式"。

"狂耍"是小城西和的一个地方性概念，它首先是行为的集合，更深层讲，它也是人们心态与价值观念的集合，它与当地的那些具有愉悦和狂欢性质的文化活动直接相关，既是这些文化形式得以存在的观念基础，又是这些文化形式的外在行为表现。"狂耍"之所以是当地人的一种价值观念，恰恰在于它与当地的另一个地方性概念"心上"之间的紧密关系。

"心上"在当地人的日常对话中频繁出现，他们用不同的形容词来描述自己内心里的感受，借用费孝通的话来说，他们的这类内心感受大多发生于人事圈局当中。倘若是孤家寡人在一个与世隔绝之处，其内心也难免生出各种各样的状况，也有自己的喜怒哀乐，但西和人的"心上"却不是在这个意义上使用的。当一个人感觉到自己"心上"有了异样的感受时，这往往是缘于社会互动，比如，自己何时何地面对何人，没有能够如社会礼仪规范所要求得那样做好自己应该做好的事情，对此，西和人常会说"心上熬糟着"，而当一个人特别好地完成和履行了自己所充当的角色要求的礼仪行为，他/她便会觉得"心上是亮清的"。但是，问题在于，一个人是否做好了自己应该履行的社会行为，这在某种程度上并不是被预定的,换言之,社会规范着人的行为,但这并不代表每个人都会如约践行,因为,人除了行为之外,尚有内心的情感世界。某种程度上讲,一个社会对人的行为规范愈发强烈和细致入微,那么,人的内在情感世界便相应地愈发波动起伏。

这些源自情感与社会规范相冲突的情感或情绪终归需要有宣泄、表达和讲述的机会和空间,不过,这类情感的表达和讲述却无论如何无法,也不能在社会规范所在的社会空间内发生。因此,就愈加急切需要另外一种性质的社会空间和文化形式的存在。换言之,也正是西和人对"心上"的重视使得他们寻找情感的"出口"成为可能。

一个小孩子对家长说"想出去找同伴狂一下",这往往是自己完成了功课或家务活,想得到大人的同意到外面去自由自在地、不受家庭约束地玩耍一把。大人偶尔到外面找些场合娱乐放松一下也大致基于类似的原因。如果,那些具有狂耍色彩的娱乐活动具有了时间、空间、主体上的严格划分和规定的话,它们便成为一种文化形式,就如"狂巧娘娘"与"耍社火"。更有意思的是,通过活动中所祭拜的神,它们又与当地人的信仰世界融为一体。这类人们可以借之进行情感表达的文化活动便具有了约定俗成的性质,每年,快接近那些特殊的时间点时,人们便蠢蠢欲动。这类具有狂耍性质的文化活动已经成为当地人情感生活的一部分了。西和人认为人活着不单单是要养家糊口,"狂耍"也很重要。

"心上"的状况源自于人事圜局、日常生活和社会生活,"狂耍"却恰恰是要与此远离,但是却最终又指向它们。"狂耍"与"心上"之间的关系是辩证式的,互为基础和条件。当地人在两类不同范畴之间的穿梭恰恰体现了他们生活的智慧和艺术。"狂耍的社会生活"涵盖着两层含义,首先,这并不是说人们完全放弃日常生活和社会生活,过着一种消散、消极的日子,相反,日常生活和社会生活依然是人们的重心;其次,"狂耍的社会生活"概念本身就包含着人们对日常生活和社会生活的重视,只不过,在这个概念范畴下,过日子与狂耍之间是互补和协调的关系,二者在人们的观念里都是有意义的,过日子是人们最基本的生活状态、柴米油盐、传宗接代、做一个好公民等,而"狂耍"中则带有浓郁的审美意涵,二者互为补充,人的整个生存状态便呈现出别样的意蕴。

毋庸置疑,狂耍的生活方式与以经济理性为主导的社会生活必然形成鲜明的对比,两种生活方式中,人们的情感状况也势必有着质的差异。也正是在这个意义上,人类学对于普通人的生命情感和日常生活的关注和叙写,才显得尤为重要。

情感自觉的中国视野

1923 年 1 月 16 日,《晨报》副刊上登出一篇题为《谭仲逵丧妻得妻,沈厚培有妇无妇》的文章;文中的谭仲逵即谭熙鸿,曾任南京"临时总统府"的秘书,时为北京大学生物系教授;该文作者即标题中的沈厚培。文章的背景大概是,谭的妻子因病去世后不到两年,谭遂与前来北京求学的妻妹陈淑君结为连理,沈是陈淑君的昔日恋人,他发出檄文,指责谭熙鸿身为教授竟和姐夫横刀夺爱,是为道德沦丧、有辱斯文。

文章一刊便引起轩然大波。据说,这件事背后隐藏着另外一段恩怨。原来,谭熙鸿的两任妻子,她们还有一位姊姊,那便是汪精卫的妻子,陈璧君。陈璧君与谭熙鸿似乎一直不和,陈看不起谭的清贫出身,对于小妹又嫁谭熙鸿一事,陈璧君实在难以接受。她便找到沈厚培,并介绍他与《晨报》编辑孙伏园认识,他们共同导演了这场兴师问罪之戏。

正如陈、沈二君所望,文章既出,谭熙鸿之事即刻满城风雨,自北京波及上海和广州。且不说此事件的结果,我觉得最有意思的地方在于,它在那个时代可以成为一个热门话题,可以成为道德谴责的手段。当时,众多学人陆续参与进来,如鲁迅、周作人、许广平、丁文安、张竞生等都先后投稿《晨报》讨论究竟应该如何恋爱、恋爱要遵循什么样的规则、恋爱与婚姻是什么关系等。虽然谭熙鸿之私事因此被公布于众,最后所引发的讨论却不仅仅是指责,而是演变成了两种恋爱观的论争。

　　这种场面已经不能简单地归结为孙伏园的策划周全,可以说,这在更深层次上源于那个特殊年代中两股力量之间的冲撞,两种力量同时存在,构成紧张关系。一方面,传统观念首先对自由恋爱进行压制和道德谴责,同时,追求自由恋爱是对传统婚姻观念的反抗。李海燕在研究中国人的情感问题时,就曾指出五四时期中国思想界对于自由恋爱的提倡是与当时的自由、平等话语直接相关的。

　　人们对于情感的态度,重视它或忽略它,都受到话语体系的支配并包含着历史变迁的维度。从批判的角度讲,就如埃利亚斯(1998;2005)和福柯(1999)所言,人的情感受到权力的隐形控制和规划①,从建设性的角度看,一如吉登斯的研究表明,恋爱方式(亲密关系)的改变是民主社会得以形成的重要基础之一。情感一直都是西方哲学中重要的议题之一。在中国,自近现代以来,情感被另外一种方式提出和加以重视,即对情感的表达是个人自由的一种表征。情感是一种私人事物,但它又绝不仅仅是一个私人问题。

　　在关于中国人情感问题的现有研究中,要数阎云翔(2009)和李海燕(Lee Haiyan,2007)的研究较为突出,前者是经验性研究,后者属史料研究。二者的观点都是极具启发性的,实际上,他们的观点与费孝通对于中国人情感问题的论述存在着一定的关联和延续。费孝通首先指出人的情感都是定向的,即被社会文化所规定着的,他主要是从东、西比较的视野出发,认为西方是重情感的表达,而中国人则是相反的;这尤其表现在家庭生活的夫妻之间,他指出乡土中国里的男人与妻子之间根本不谈论情感,家庭是承载基本生计和香火传递的理性工具,男人休闲和放松的空间恰恰不是在家里,而是在家外的胡同巷口、茶馆。阎云翔和李海燕的研究则表明,随着中国社会的变革,中国人

---

① 当然,福柯对于权力与个人的关系有着较为复杂的观点,他趋向于主张权力关系的辩证性,一个最常被提到的例子便是,维多利亚时代对性(sexuality)以及性话语的控制,这虽然表现为国家在总体上对人及其生活方式的规划,但福柯认为这种控制将性神秘化的同时也驱使人们对其产生浓厚的兴趣,因此,他认为权力关系并不是单方面的,而是表现为力量间的相互关系。

也逐渐开始重视起情感问题,在家庭内,情感的表达逐渐成为亲密关系的重要部分。费孝通将乡土中国称为"无声的社会",而阎云翔则指出随着中国社会的变革,特别是改革开放的影响,中国人的情感表达,特别是男女之间的爱情生活已经由遮蔽转向奔放甚至是毫无遮拦。

阎云翔和李海燕的研究虽然在历史变迁的维度适当地修正了费孝通关于中国人情感问题的观点,但总体而言,他们却都没能跳出费孝通的思维框架,那就是他所提出的"定向性情感"。费孝通在论述乡土中国人的情感问题时,他首先从文化人类学的角度将人的情感界定为定向性的;我不同意费孝通的界定,因为"定向性情感"的定义其背后预设的前提是人们对于自身被社会文化的"定向"或规定是毫无反应的。因此,我在定向性情感的基础上又提出一个"非定向性情感",恰恰是指定向性情感之外的人们的情感以及情感生活。我所预设的前提是人们对于社会文化对自身的规定和约束是有主动反应的。一方面,定向性情感与社会的礼仪规范是一致的,即社会文化告诉人们在什么样的场合下应该表露出什么样的情感类型,什么样的情感是不被提倡的甚至是不允许的;但另一方面,我认为人是整体性的,社会文化对人的约束和规范导致的结果是对人的整体性的压制和削减,这个时候,我们的研究不能只关注定向性情感而忽视这部分被压抑了的情感,我认为这类情感必然会通过另外的形式得以表达和宣泄。

20世纪20年代,《努力周报》等杂志曾引发过一次有关科学与玄学的论争,争论的焦点是,真理到底是形而下还是形而上的? 其背后的诉求是,中国到底应该走经济实用型道路,还是更多地进行精神追求? 其中,并没有正面参与论战的唯情论者朱谦之,他在其《一个唯情论者的宇宙观及人生观》中说道:"由此可见孔家生活绝不是无忧,也许他的忧比常人还要来得重些,但他有忧而后始乐,好比孔子哭颜渊至恸,恸而后心里才能痛快,痛快就自然乐了。再明白告诉大家,孔子终身受用的实学,全在'愤乐相生'四个字,人心本自乐,本与天地相为流通,但才有一些我见,便搅此和畅之体,便不能乐了。"(朱谦之,1924:102) 他无外乎在强调,人的情感之宣泄和对乐的追求是天经地义之事,是人之本性的一部分。

就是在近现代的变迁之中,中国的地方社会、普通百姓,他们的日常生活和情感世界逐渐被置于一种尴尬的境地。虽然,从五四时期开始,中国人对个人情感的重视随着对传统家庭结构和社会结构的坍塌而愈发凸显,冲破礼教和家庭的束缚成为那个时期追求个人自由的重要表现。20世纪80年代的改革开放将中国人从集体状态一下子推向个体状态,个人似乎获得了充分的自由,个人情感的表达也随之愈发泛滥。但是,与此同时,也产生了另外一种认知,那就是对于小地方、普通人的污名化。不论是公众抑或是专业性的学科研究,都或多或少地认为,小地方、普通人都是无足轻重的;更为甚者,小地方、普通人及其日常生活是散沙一片,需要有外部的力量对之引导和改造。五四运动时期对于农村、小地方和普通人持有这样一种看法,即认为那是一片愚昧之地、一群"未成年"之人,这种看法到现在其实一直未曾彻底改变过。

五四时期的这种精英思想导致了此后对于小地方和普通人的偏颇认识,从而也模糊了他们原本丰富多彩的情感世界。五四时期和20世纪80年代对于个人的解放是不彻底的,并不能将一己之情的释放简单地等同于个人自由的获得,个人自由是否能够真正地获得还需要考量个人是否成为真正的社会主体。反过来说,社会主体的产生需要平等地看待不同的地域和不同的人,尊重他们的情感世界,尊重每一个人的情感体验。每个人都能够对自身的情感状态所有知觉,将情感的解放视为目的本身,而不再像五四时期那样,情感的解放被当作革新的工具;对于社会变革急于求成,情感和个人的解放实际上成为粗糙的中间环节,因此是不彻底的。

21世纪初,我国非物质文化遗产的出现对于地方社会、地方民俗的影响是巨大的。晚霞湖水库上的巧娘娘塑像刚刚竖立起来的时候,西和人对之一片唏嘘,尤其是一些年龄稍长的人认为这是逆天的做法,因为在西和人的神学观念里,巧娘娘是没有塑像的,这决定了西和人只在,也只能在每年阴历的七月初一到初七这几天年时间才能祭拜巧娘娘。晚霞湖上的巧娘娘塑像颠覆了西和人的神学观念,乞巧结束后,巧娘娘像依然伫立在那里。但同时,我也发现了西和人的辩证法,就在他们批评县政府做法的时候,巧娘娘塑像竖立起来之后,他们又很快围绕着这尊塑像建立起一个新的信仰空间;甚至一些庙宇随后也开始准备在庙里塑一尊巧娘娘像。① 西和县政府在乞巧文化艺术节期间所宣扬的"原汁原味"的乞巧并未受到西和老百姓的一致认同,但是,政府通过非遗申报和保护工作使得西和乞巧由原先的消极事物荣升为国家级的遗产,这对西和人的激励是巨大的。原先,被诉诸封建迷信的"糟粕"转身变为"精华"。由糟粕变为精华的过程是我们社会的一个深刻转变,譬如西和乞巧的民俗文化原本就应是国家文化的精华,只是在中国近现代的社会变革中,它们连同其实践主体一步步被表述为落后的封建残余,是需要被改造的对象。非遗的出现使得事物初步恢复了其原本应该的模样,但是这还不足够,就如西和人感受到乞巧性质的转变并不代表西和乞巧彻底地脱离了封建迷信的阴影,只有当人们借此建立起对自己以及自身文化的自信,才能说彻底从那个阴影中走出来,而这首先需要一个"情感自觉"的维度。

情感自觉

所谓情感自觉,是指人自觉地认识到内心的情感以及日常或非日常中的情感体验是自身生命以及生命活动的重要组成部分,同时能够关心自己的情感状态并找到表达和宣泄的出口。这一出口可以是个人性的诉说,也可以是群体性的文化表达,后者通常体现为较为成熟的文化模式,比如西和乞巧。这里的个人性和群体性之间构成一种相互嵌入的关系,尤其表现为群体性的文化表达可以容纳个人性表达。第一,从外部环境上讲,情感自觉的达成需要一个被承认的空间。民间社会中的情感表达机制以及文化形式一直以来都是被否定和压制

---

① 就在我修订本书期间,西和的朋友传来消息说,西和远道镇的一座山的庙宇在2015年7月已经修建完成了一尊巧娘娘塑像,另一个乡的一座山上的庙也正在筹备修建巧娘娘塑像一事。

的。比如在近现代中国的几次大型社会变革中,人的情感维度一直没有被真正地认可和强调。纵使五四新文化运动期间以提倡恋爱自由和个体解放为口号,但是这一时期人们的情感以及情感表达并未受到真正的重视,而是变相地被变革家庭结构、传统文化的激情所替代。改革开放以来,政治意识形态式微,但人们却即刻跌入了经济理性的浪潮之中;国家追求经济发展、GDP增长,民众也将物质追求置于最高的位置。

自五四运动以来,对于个人的解放是伴生在革新传统的过程中的,传统的大家庭逐朝着核心家庭转变,人们感受到传统文化的礼仪规范对自己的约束愈发式微;尤其是改革开放以来,个人的表达愈发多元和奔放。但是,却不能简单地将这些视为个人自由的获得,在此过程中的个人情感的表达也不是完全意义上的情感自觉。换言之,情感自觉并不仅仅是对外界压制的一种反抗,亦有一种自我约束;反思社会决定论、反抗意识形态的压制以及经济理性的诱导,并不等于提倡毫无节制地释放个人情感,比如故意触犯法律、扰乱社会稳定、与他人为敌,等等。因此,情感自觉不仅需要一个被承认的空间,同时,个人对于外在的社会、文化等群体性事物也需要持有一种尊重的态度,总之,情感自觉应该被视为个人和集体相互嵌入和融合的过程和结果。

第二,在此基础上,我提倡在民间宗教仪式研究中应加入情感自觉的维度,这同时也是对人类学仪式研究一元论价值体系的警觉。这种一元论价值体系主要源自涂尔干的仪式研究传统。涂尔干承认了世界的复杂性,并将之划分为凡俗与神圣两个部分,继而在价值诉求上只承认神圣世界的积极意义;因此,涂尔干虽然在思想上持一种二元论,但在价值观念上实际上是坚持一种一元论,即他的社会决定论思想。一元论价值体系能够建立起社会的主导思想,能够让民众在心中建立一种强有力的生命价值观念,即认为什么是最重要的、什么是不重要的。比如,西和人认为"狂"和"耍"之事是不重要的,因为不能挣钱,甚至还要贴钱进去。笔者曾经问过他们什么事情是重要的,他们说,人的一生中最重要的事情莫过于挣钱、养家糊口以及追求生活富裕。乞巧不仅不是养家之事,反而要出钱出力,所以说西和人常说乞巧是不重要的事情。西和人关于重要与不重要的区分是一种典型的理性主义观念。"以生计为第一要义"一度成为诸多学者对中国社会和中国文化的表述模式,中国人也一直被表述为扎根于土地、只会劳作不讲究情感表达的理性机器。但是在西和人的实际经验上,他们又百般浸淫于乞巧这样的不重要之事,不惜物力和财力,他们喜爱"狂耍",也需要"狂耍"。

所谓情感自觉,也是要在这个维度上主张要恢复被涂尔干贬低的个体情感和凡俗世界的地位,以此对抗价值观念的一元化。西和乞巧仪式中集体情感和个体情感的融合、西和人在行动上对不重要之事的喜爱,以及包含着"狂耍"维度的社会生活,都说明了社会生活、人们的世界及其价值追求并非是单向度的。一旦打通仪式与日常生活之间的边界,就会发现,民间宗教仪式既是集体意义上的也是个体意义上,只有在这个意义上,我们看到的仪式活动以及人们的情感表达才是更为真实的,否则便可能是片面化的。

第三,对情感自觉的强调还在于补充民间宗教仪式研究中情感的多重维度。涂尔干所建立的仪式研究的情感维度有着重要意义,即承认了情感是人性的重要组成部分,同时人的情感维度对外在的社会团结也具有积极的意义,可以说,情感是人之为人的必要条件。但是,涂尔干也指出了,积极的情感仅仅是集体情感,人的个体情感不仅不具有积极意义,有时甚至会起到消极的作用,因此,个体情感是要受到控制的。涂尔干虽然承认了情感的重要性,但同时也发展出一套情感控制的理论。情感确实需要有区别地对待,比如蓄意攻击他人和群体的情感、分裂国家和社会的破坏性情感等,都必须时刻警惕与控制。但是,涂尔干从社会团结的角度完全否定个体情感的做法显然有些笼统和片面,个体情感和日常生活是人们放置自身意义最基本的范畴,它或许对社会团结不构成直接的积极作用,但是它对个人和家庭而言是不可缺的组成部分。

第四,对迈向情感自觉的提倡就是想强调要将人作为更为真实的存在来看待。更为真实是体现在生命活动的诸多维度的意义上,体现在他们具体的日常实践和行动上,也体现在他们诸多的集体活动上,总之,体现在他们自己所认为的所有有意义的生命活动上,反过来,这些生命活动因被他们所重视,从而产生一系列的文化形式、社会制度、社会习俗等可见和不可见的形式。可以说,在涂尔干所建立的仪式研究的情感路径中,人都是被片面地承认的,要么是积极的集体人,要么是反抗的个体人,而这两种都不会是人的真实存在状态。宗教仪式的空间与日常生活之间的边界并不是完全如涂尔干所言是相互隔绝的,涂尔干认为日常生活是乏味的、毫无意义的。但是我们应该明白他当时所面对的社会现实是战争后的法国,是一种松散的社会状态,他集中要思考的问题是如何让法国社会尽快地进入到有序的社会状态之中,因此,他偏向于在人性中寻找把人们凝聚起来的力量。不过,这种思想并不能因其经典而固化,面对不同的经验现实,这种理论已然或多或少地失去其解释力。在后社会主义时代,我们很难再强调人的意义仅仅在于集体性和社会性,很难再去贬低个人性的一面。一个步向更加成熟的、更加文明的社会,应该是逐渐将公民视为完整的人的过程,即能够将人视为真正的主体并作为一种社会理想来实现,而不是将人进行片面化的处理。

民间宗教的情感路径需要加入情感自觉的维度,民间宗教仪式不仅仅是理性化的集体意识的外化,也包含着非理性化的生活碎片,既包含系统化的情感表达,也包含点点滴滴的日常情绪。人是多面的存在,这种多面是因其不同的境遇而生,一旦我们将评价标准置于人自身的具体情境,就很难用唯一的标准来衡量和评价哪一面是最有意义的。换言之,涂尔干传统里的一元论价值体系是建立在一种外化的评价标准之上的,虽然涂尔干找到了外在社会团结的内在动因,即人的情感维度,但是,他所做出的价值判断都是外在于人的。因此,这里所提倡的情感自觉还在于一种内在于人的研究视角,即从活生生的人的角度出发来理解和体验他们的情感世界。总之,只有像西和乞巧这样的仪式活动及其文化形式在外部环境中得到真正的尊重和承认,人们才能够在其中更为顺畅地达成情感的自觉,人们才是情感的主体,才能够成为真正的社会主体。

第四节 | 来自情感人类学的启示

情感人类学在西方人类学中也只是短暂地出现过,用昙花一现来形容并不为过。他们首先从文化体系中的精神气质出发,关注非西方社会的情感表达,在其理论和经验研究的高峰期,虽然情感人类学大体上强调从日常生活切入、考察人们的情感世界,但最终是要在日常生活中寻找政治,比如其中的女性主义研究,始终强调"反抗""权力""话语"这类福柯式的关键词。这在一定意义上丢失了对普通人日常生活智慧和艺术的体悟。

情感人类学为我们提供了认知普通人情感世界的机会,让我们看到人内心世界和地方文化的丰富性。我们可以通过认识人的情感,通过仪式和日常生活,将人看成是社会生活的主体或者表述的主角。这种既关注文化形式、社会规范,同时又体悟普通人情感世界的叙述正是我们现在所缺乏的。传统的人类学研究通常都将人的情感抽象掉,而借助于情感人类学的方法,让普通人的情感成为我们认识他们的路径和方式,也因此,这样的认识才会更丰富、更真切,也更完整。因此,我也在此呼吁,我们需要重提人的情感向度和情感人类学的研究方法。情感人类学会为我们认识中国文化、中国社会提供新的机会。

情感人类学对我们的启发在于三个方面。第一,情感人类学提出了人的情感向度的重要性,以往的人类学研究往往偏重于社会结构、价值体系、文化秩序这类宏大问题,在这样的研究中,很难见到活生生的个人及其生命活动,人成为社会结构和文化体系的"代言人";而情感人类学则指出,个人与外在的社会结构或文化秩序之间具有内在的张力,正是人的情感维度使得人成为行动的主体。

第二,情感人类学赋予了情感以社会性和文化特质,使得对人的情感进行经验研究成为可能;虽然在情感人类学之前的文化与人格学派也注重对情感问题的关注,但他们主要是在抽象层面概括出某种文化的精神气质类型,而情感人类学建立了人的情感与外在的社会秩序、文化体系之间的关联,并且在此二者之间给个人留下了空间。

第三,在情感人类学的启示下,除了关注一个社会当中定向性情感,还应该关注那些与社会秩序有潜在矛盾的情感表达。总体来讲,情感人类学对情感的研究大致采取了两种方式,一种是预设人的情感一部分是社会结构化了的,就如博厄斯学派的文化理论所强调得那样,情感以及情感的表达方式是由个人从文化中习得的,是"定向性情感";另一种则是更多从实践理论的角度强调个人的能动性,即除了定向性情感之外,人的情感还包括另一个未被结构化了的维度,或者说,在既有的伦理道德规范中悬置的那部分情感,就如 Abu-Lughod 研究的贝都因社会里的情歌所表达的情感,是没有被定向了的情感,也就是非定向性情感,这类情感往往与社会结构之间构成潜在的张力。不论是定向性情感还是非定向性情感,都是对涂尔干集体情感及其情感理论的一种补充。

中国向来被誉为礼仪之邦,在礼仪的范畴之下,中国也是一个讲究等级和差序的社会,在礼仪面前,哪类情感允许被表达、哪类情感不允许被表达都具有明晰的界限。以往我们对中国社会的研究往往侧重于关注社会的等级和差序,我们顶多注意到礼仪规范下的中国社会不注重西方意义上的个人情感表达,却未曾关注过个人在社会等级和差序中的情感表达问题。中国人不在公开场合讲究个人情感的表达并不代表中国社会中没有情感表达的方式,媳妇在公婆面前的缄默,这本身是一种情感态度,属于定向性的情感,但我们并不能就此止步,认为中国社会的女人天生就是缄默的,或者说缄默是她们的情感本质。我们的研究视域应该从公婆在场的空间扩大到公婆不在场的空间,也就是说礼仪暂时被悬置的社会空间,看媳妇在公婆不在的场合中的情感态度。这样的研究视域有着潜在的前提,即将人视为社会礼仪和社会规范下的人,同时又将其视为超越礼仪的生命主体。

因此，我们提倡，在人类学的中国研究也应该适当地关注社会中的情感表达机制，关注普通人的情感世界，这是对个体生命尊重的基础。其次，还要在容易观察到的"定向性情感"之外，看到中国社会中非定向性情感以及它与社会规范之间的内在张力。我们主张要在社会规范与情感之间，以日常生活为背景，呈现出活生生的个人。在这个意义上，人不再是一个原子化的个人、不是凝固于各自的社会位置和角色中的功能性存在。在人的情感维度中，每一个人都是同等重要的，每一个人的内心都构成一个意义世界，生活中的每一件琐事都可以在各自的内心中结成霜冻或者绽放出花朵。如何消除霜冻、保持花朵的绽放，每个人都有其解决之道，文化也会赋予他们解决的途径。但问题在于，对人们藉之进行情感表达的文化形式进行正面提倡、不压制，这却并不是每个社会都能够做得到的。

一个好的社会是要建立在尊重每一个生命个体的基础上，要承认生活之流中普通人的主体性；而对每一个人的尊重和承认，首先就要认识并且承认他们的情感世界。人类学讲究地方性知识，但只有努力去接近人们的情感世界，才能说看到了活生生的人。通过情感人类学对人的情感向度的观照将是一个新的起点和挑战。近现代以来，中国文化和社会的命运几多劫难，可以说，在中国的近现代变革中，中国文化一直都在趋向一种理性文明的靠拢，而这恰恰是以牺牲原本作为审美向度的文化形式为代价的。一种好的文明，是要为普通人设计一种好的生活。对于好的生活状态究竟是何样，我们很难予以回答，但如果是对作为自然本性的情感进行刻意排斥甚至是压抑的话，我们可以断言，这不是一种好的文明。

从普通人的情感出发，会发现的确有很多故事正在发生着，如果我们不身临其境，还以为那里平淡如水。

参考文献

（一）中文

阿格妮丝·赫勒：《日常生活》（衣俊卿译），重庆出版社1990年版。

阿诺尔德·范热内普：《过渡礼仪》（张举文译），商务印书馆2010年版。

爱弥尔·涂尔干：《乱伦禁忌及其起源》（汲喆、付德根、渠东译），上海人民出版社2003年版。

爱弥尔·涂尔干、马塞尔·莫斯：《原始分类》（汲喆译，渠东校），上海人民出版社2000年版。

爱弥尔·涂尔干：《社会分工论》（渠东译），生活·读书·新知三联书店2000年版。

爱弥尔·涂尔干：《宗教生活的基本形式》（渠东、汲喆译），上海人民出版社2006年版。

巴赫金：《巴赫金全集》第6卷（钱中文主编，白春仁、顾亚铃译），河北教育出版社1998年版。

巴赫金：《陀思妥耶夫斯基诗学问题》（白春仁、顾亚铃译），生活·读书·新知三联书店1988年版。

柏拉图：《理想国》（郭斌和、张竹明译），商务印书馆1986年版。

包尔丹：《宗教的七种理论》（陶飞亚、刘义、钮圣妮译），上海古籍出版社2005年版。

费孝通：《乡土中国 生育制度》，北京大学出版社1998年版。

弗吉尼亚·吴尔夫：《到灯塔去》（马爱农译），人民文学出版社2013年版。

甘肃省西和县文化局:《西和县乞巧节申报国家级非物质文化遗产资料》,中华人民共和国文化部印制,2007年。

格雷戈里·贝特森:《纳文:围绕一个新几内亚部落的一项仪式所展开的民族志实验》(李霞译),商务印书馆2008年版。

葛兰言:《古代中国的节庆与歌谣》(赵丙祥、张宏明译),广西师范大学出版社2005年版。

何元元:《何元元文集》,个人印刷资料,2005年。

亨利·柏格森:《道德与宗教的两个来源》(王作虹、成穷译),译林出版社2011年版。

简美玲:《贵州东部高地苗族的情感与婚姻》,贵州大学出版社2009年版。

克利福德·格尔茨:《文化的解释》(韩莉译),上海译林出版社1999年版。

雷德里克·巴尔特等:《人类学的四大传统:英国、德国、法国和美国的人类学》(高丙中等译),商务印书馆2008年版。

鲁恩·本尼迪克特:《文化模式》(张燕、傅铿译),浙江人民出版社1987年版。

路德维希·维特根斯坦:《哲学研究》(李步楼译,陈维杭校),商务印书馆1996年版。

露丝·贝哈:《动情的观察者:伤心人类学》(韩成燕、向星译),北京大学出版社2012年版。

米歇尔·福柯:《疯癫与文明》(刘北成、杨远婴译),生活·读书·新知三联书店1999年版。

米歇尔·福柯:《福柯集》(杜小真选编,顾嘉琛译),上海远东出版社1998年版。

诺贝特·埃利亚斯:《论文明、权力与知识》(斯蒂芬·古德斯布洛姆编,刘佳林译),南京大学出版社2005年版。

诺贝特·埃利亚斯:《文明的进程:文明的社会起源和心理起源的研究》(王佩莉译),生活·读书·新知三联书店1998年版。

王殿元、邱大英、朱绣梓:《西和县志》,西和县志办公室校点内部资料,2006年。

维克多·特纳:《戏剧、场景及隐喻:人类社会的象征性行为》(刘珩、石毅译),民族出版社2007年版。

维克多·特纳:《仪式过程:结构与反结构》(黄剑波、柳博赟译),中国人民大学出版社2006年版。

西和县志编纂委员会编:《西和县志》,陕西人民出版社1997年版。

亚里士多德:《尼各马可伦理学》(廖申白译),商务印书馆2003年版。

阎云翔:《私人生活的变革:一个中国村庄里的爱情、家庭与亲密关系(1949—1999)》(龚小夏译),上海书店出版社2009年版。

杨克栋:《仇池乞巧风俗录》,个人印刷资料,2006年。

伊塔洛·卡尔维诺:《新千年文学备忘录》(黄灿然译),译林出版社2009年版。

以赛亚·伯林:《自由论》(胡传胜译),译林出版社2003年版。

约翰·奥斯汀:《感觉与可感物》(陈嘉映译),商务印书馆2010年版。

赵殿举:《西和乞巧歌》(赵逵夫校),香港银河出版社2010年版。

朱迪斯·巴特勒:《消解性别》(郭劼译),上海三联书店2009年版。

朱谦之:《一个唯情论者的宇宙观及人生观》,泰东图书局1924年版。

（二）英文

Abu-Lughod, Lila, "Shifting Politics in Bedouin Love Poetry," in Lutz, Catherine A. and Lila Abu-Lughod, eds., *Language and The Politics of Emotion* (New York: Cambridge University Press, 1990), pp. 24—45.

Abu-Lughod, Lila, *Veiled Sentiments: Honor and Poetry in a Bedouin Society* (Berkeley: University of California Press, 1986).

Asad, Talal, "Anthropological Conceptions of Religion: Reflections on Geertz," *Man*, New Series, Vol. 18, 1983, pp. 237—259.

Desjarlais, Robert R., *Body and Emotion: The Aesthetics of Illness and Healing in the Nepal Himalayas* (Philadelphian: University of Pennsylvania Press, 1992).

Geertz, Clifford, "Person, Time, and Conduct in Bali," in *The Interpretation of Cultures* (New York: Basic Books, 1973), pp. 360—411.

Geertz, Hildred, "The Vocabulary of Emotion: A Study of Javanese Socialization Processes," *Psychiatry*, Vol. 22, 1959, pp. 225—237.

Haiyan, Lee, *Revolution of The Heart: A Genealogy of Love in China 1900—1950* (Stanford, Calif.: Stanford University Press, 2007).

Hirschman, A. D., *The Passions and the Interests: Political Arguments for Capitalism Before its Triumph* (N. J.: Princeton University Press, 1977).

Hwang, K. K., "Face and Favor: The Chinese Power Game," *American Journal* of Sociology, Vol. 4, 1992, pp. 944—974.

Kipnis, Andrew B. , Producing Guanxi: Sentiment, Self, and Subculture in a North China Village(Durham, N. C. : Duke University Press, 1997).

Kleinman, Arthur and Joan Kleiman, "Suffering and its Professional Transformation: Towards an Ethnography of Interpersonal Experience," Culture, Medicine and Psychiatry, Vol. 15(3), 1991, pp. 275—301.

Lutz, Catherine A. , "Emotion, Thought, and Estrangement: Emotion as a Cultural Category," Cultural Anthropology, Vol. 1, 1986, pp. 287—309.

Lutz, Catherine and Geoffrey White, "The Anthropology of Emotion," Annual Review of Anthropology, Vol. 15, 1986, pp. 405—436.

Lutz, Catherine and Lila Abu-Lughod, eds. , Language and The Politics of Emotion(New York: Cambridge University Press,1990).

Lutz, Catherine A. , "Nurturance, and the Emotions on a Pacific Atoll," in Marks, Joel and Roger T. Ames, eds. , Emotions in Asian Thoughts: A Dialogue in Comparative Philosophy(New York: State University of New York Press, 1995), pp. 235—252.

Lutz, Catherine A. , "Parental Goals, Ethnopsychology, and the Development of Emotional Memory," Ethos, Vol. 11, 1983, pp. 246—262.

Lutz, Catherine A. , Unnatural Emotions: Everyday Sentiments on a Micronesian Atoll & Their Challenge to Western Theory (Chicago: University of Chicago Press, 1988).

Ortner,Sherry B. ,Anthropology and Social Theory: Culture, Power, and The Acting Subject(Durham: Duke University Press, 2006).

Potter, Sulamith, "The Cultural Construction of Emotion in Rural Chinese Social Life," Ethos, Vol. 16, 1988, pp. 181—208.

Rosaldo, Michelle ,Knowledge and Passion: Ilongot Notions of Self and Social Life (Cambridge: Cambridge University Press, 1980).

Rosaldo, Michelle, "Toward an Anthropology of Self and Feeling," in Shweder, Richard A. and Robert A. LeVine, eds. ,Culture Theory: Essays on Mind, Self, and Emotion(New York: Cambridge University Press, 1984), pp. 137—157.

Scheper-Hughes, Nancy, Death Without Weeping: The Violence of Everyday Life in Brazil(California: University of California Press, 1992).

White, Melanie, "Habit as a Force of Life in Durkheim and Bergson," *Body and Society*, Vol. 19, 2013, pp. 240—262.

Wilce, J. , "Passionate Scholarship: Recent Anthropologies of Emotion," *Reviews in Anthropology*, Vol. 33, 2004, pp. 1—17.

Williams, Raymond, *Marxism and Literature* (Oxford: Oxford University Press, 1977).

Yang Mayfair Mei-hui, *Gifts Favors and Banquets: The Art of Social Relationships in China* (New York: Cornell University Press, 1994).

"是石头要开花的时候了"
(代后记)

"是石头要开花的时候了",这是我最喜欢的一句诗。保尔·策兰的《卡罗那》,现在可见的译本大概有四个,而我最钟爱北岛所译。我天生不是诗人,因此在第一次读到它时的停顿是源于一个逻辑困境:石头怎么会开花?

后来,我曾有意寻找策兰的生平来读,方知《卡罗那》是他20世纪40年代流亡维也纳,写给他在那里的情人巴赫曼的。我对战争、历史、地理知识都没有先天的爱好和敏锐的记忆,因此,对于策兰的那种"背负奥斯维辛寻找耶路撒冷"的人生故事也就渐渐淡忘了。反倒是这句诗,在我大悲或大喜时,总是萦绕于耳的唯一话语,反反复复。它也始终伴随着我写作本书的整个心路历程,从初入田野到书稿初成。

1970年4月20日,移居巴黎二十二年的策兰投塞纳河自尽。面对只能在纸片里寻觅的前贤,心底总会念起刘禹锡的一句诗"人世几回伤往事,山形依旧枕寒流"。是的,我们无论如何也不再能够真切地体会在那段悲惨动乱中的策兰,他身为犹太人的苦痛与人生体验,我们也无法抵达那时遭遇不幸的每一位普通人,虽然我们都在试图言说他们的伤痛,一如我在这本书中想要贴近那些人内在情感世界的尝试。

《卡罗那》是在讲述他与巴赫曼的爱情,这种爱情是如此不同,他们交谈着战争中各自的经历,"我们相爱像罂粟和回忆/我们睡去像海螺中的酒",他们是用爱来疗伤。策兰是一位时刻浸淫于沉重的诗人,因为他的生命始于沉重、终于沉重，而他又始终想通过写作挣脱这种种，他不停地在言说生与死、光明与黑暗、沉重与轻盈。再一次读到他说"是石头要开花的时候了"，我才有点明白石头与开花的关系了，也仿佛听到一种既宣泄又略带内敛的呼喊，淡淡的反抗和对自由的渴求。

我首先要将这句诗献给本书里的那些"人物"，她们是慧美、杨兰花、张雀、张晶和茜茜，我坚信，在拥有当地日常生活智慧的前提下，她们的内心一定时常绽放出最美丽的花朵。我还想将这句诗献给我在西和相遇的所有人，他们是赵宏全家和他的亲友们、杨克栋先生、张惠女士、诗人胡询之、郭辉老师全家、通过西和县文联结识的朋友们、北关村的那些忘年交、南关村那些短暂交谈的人们、西和县政府部门的相关领导，还有许多没有提及但一直存于脑海的人，他们对于地方文化的自觉让我振奋，他们对于日常生活的敬重以及处理问题的智慧或许是我终其一生也难以习得的。

我总是会将自己想象为策兰面前的一块石头，在最消沉或最充满希望时，我都会坚信自己会如花般绽放，不管是自己的人生，还是借以安身立命的学术生活。这时，我会想起李立、杨磊以及他们的昆明读书小组，他们对于学术的至诚至爱，就像策兰的那句诗一样，让我在读书的路上备感激动。

本书是在我博士论文的基础上修订而成的。在田野调查中，我曾几次三番搅扰李立、宋奕、王立阳三位师兄，感谢他们的经验分享和鼓励；感谢高卉，她不时的电话和嘘寒问暖；感谢文静，细心地帮我打理学校的所有事情。感谢赖立里的鼓励和帮助，在她的建议下，2010年我还体验了一下写作小组的乐趣；感谢写作小组的成员，他们是马强、宋奕、王立阳。感谢高卉、李荣荣、赵德雷的倾听。感谢曾经的"取经小分队"，那些一起喝酒、唱歌、看球的日子依然历历在目，他们是大师兄夏循祥、二师兄马强、沙师兄王立阳、梁文静和宋红娟。

最要感谢的人是我的导师，高丙中教授。2006年，我幸运地考到高老师门下，跟随老师学习人类学。在高老师的指导下，曾经对于人类学的那种忧郁热带式的浪漫想象逐渐转变为一种对布满切肤之感的智慧创作的追求。高老师悉心了解着每一位学生的秉性，哪个学生能受得住批评，哪个学生属于需要鼓励的类型，他都了然于心。我乃自信心偏少的学生，跟随高老师整整六年的读书时光，即使自己做事、为人再过笨拙，也鲜有听到老师对自己的批评。感谢高老师带我走入学术的生涯，他的智慧和无限的包容，让我在求知的路上感受着无限的自由。

本书的写作要感谢很多人，尤其要感谢参加我们博士论文预答辩的那些老师们，他们是中央民族大学的王建民老师、中国社会科学院的色音老师、北京大学社会学系的朱晓阳老师和方文老师，他们对本书初稿的点拨推动并鼓励我继续前行。

感谢一起读书的同门，他们是龚浩群、康敏、谢元媛、吴晓黎、杨春宇、周歆红、李荣荣、马强、章邵增、夏循祥、李立、张金岭、刘嵘、赖立里、袁年新、洪颖、王立阳、宋奕、高卉、梁文静、赵萱、韦伟……

感谢北京大学社会学系的所有老师们。感谢蔡华老师、王铭铭老师、朱晓阳老师、周云老师的课。感谢谢立中老师几次三番地为我写推荐信，感谢方文老师的帮助和鼓励。还要感谢其他院系的老师们，选修他们的课程总是让我受益匪浅，比如历史系的罗志田老师、哲学系的吴飞老师。

感谢武汉大学社会学系，以及系里的领导和各位老师。在武大的两年时光，朱炳祥老师在学术思想上给予我莫大的帮助和鼓励。

2014年，我来到云南大学民族研究院，感谢何明老师及院里的同事们，让我有充足的时间修订本书。

感谢北京大学出版社的周丽锦女士和董郑芳女士。

书中部分文字已发表在《人类学研究》《西南边疆民族研究》《中南民族大学学报》《民俗研究》《国外社会科学》《北方民族大学学报》以及《民族艺术》等刊物上，在此表示感谢。

以此，献给保尔·策兰，和那些让我心怀感动的老师、友人和亲人。

宋红娟
2015年10月12日于昆明